【図説】日本の鉄道

全国通勤電車大解剖

満員電車を解消することはできるのか？

川島令三

プロローグ

——通勤電車歳時記——

通勤ラッシュが相当にひどかった1960年代ごろ、ピーク時1時間あたりの混雑率は300％近くに達していた。1965年度の横須賀線では、300％を超えて307％にもなっていた。ひどい混雑をしているといわれていた中央快速線も289％になっていた。

ここでいう混雑率とは、ピーク1時間の平均の混雑率である。しかし、1961年に国鉄は中央快速線の10分毎の平均混雑率を公表したことがある。当時の最混雑区間は新宿→四ツ谷間で、8時20分から8時30分の10分間が混雑率330％にもなっていた。現在では考えられない混みようである。

公団住宅や一般のマンションやアパートの畳の寸法が、縦170㎝、横85㎝である。そのいわゆる団地サイズの4畳半の部屋に、61人が詰め込まれている状態が混雑率330％である。

●中央快速線10分毎の平均混雑率
1961（昭和36）年11月交通量調査　新宿→四ツ谷間

時間	混雑率
7:00〜7:10	61
7:10〜7:20	62
7:20〜7:30	96
7:30〜7:40	101
7:40〜7:50	137
7:50〜8:00	206
8:00〜8:10	286
8:10〜8:20	310
8:20〜8:30	330
8:30〜8:40	310
8:40〜8:50	262
8:50〜9:00	217
9:00〜9:10	147
9:10〜9:20	145
9:20〜9:30	127
9:30〜9:40	139
9:40〜9:50	164
9:50〜10:00	138

着ぶくれラッシュ

この３３０％の混雑率を調査したのは１９６１年11月のことで、まもなく冬がやってくる。冬になると人々は厚着をして、さらにコートを着て通勤電車に乗り込む。そうすると一人当たりの体積は夏にくらべて1・2倍ほどになるから、３３０％の混雑率が４００％近くになってしまう。

これほど混んでいる電車に乗るのは難しい。それでも乗ろうとするから各駅でなかなか発車できず、電車は遅れてしまう。やっと発車しても次の駅でまた、大勢が乗り込もうとする。20分や30分の遅れは当たり前のようになる。

毎冬、この状態になることから「着ぶくれラッシュ」と呼ばれるようになった。

それでも鉄道会社側は冬に起こる着ぶくれラッシュを乗り切ろうと、毎年のごとく輸送力増強を行うとともに、ホームに人があふれないようにホームと階段の間にロープを張る「階段規制」をし、身体の半分は車内に入れたものの乗れない人を押し込む「押し屋」と呼ばれる学生アルバイトの駅員を電車の扉ごとに配置していた。混雑がひどい駅では「押し屋」ではなく、乗り込もうとする客をホームに引っ張り降ろす「はぎとり屋」に変身する。

中央線では輸送力増強のために2分間隔で走る時間帯を拡大、全電車を10両編成にするとともに、小田急線や京王線から中央線に乗り換える乗客を減らすために、都心へ直通する営団地下鉄（現・東京メトロ）千代田線や都営新宿線を建設していった。さらに働き方の変化でピーク時間帯に乗る人を減らし、混雑率は200％を下回った。

とはいえ、現在でも冬の着ぶくれラッシュは続いている。先述のように人々の体積が増加すれば、そのぶん混んでしまうのは当然だが、厚着してさらにコートを着ていると、人々の動きが鈍くなる。通常であればさっと乗り降りができるのに、冬はスムーズに乗り降りできず、それだけ停車時間が長くなってしまう。

さらに、乗り込むときに他人のバッグにボタンが引っ掛かって乗降に手間取ったり、着ているコートやバッグが電車の扉に挟まれたりして、再度開けて閉める、いわゆる再開閉をすることで停車時間が延びてダイヤが乱れ混乱したりする。もはや着ぶくれラッシュは冬の風物詩になっている。

新入りラッシュ

着ぶくれラッシュは12月に始まって2月ごろまで続く。暖かくなってコートを着ずに通勤できる3月はあまり遅れもなく、通勤電車にスムーズに乗ることができる。さらに3月下旬になると学校は春休みになり学生が朝のラッシュ時に乗らなくなる。

一年で夏とともに快適に乗れる時期が3月下旬といってもいい。

ところが4月の初めになると事態は一変する。急に電車が遅れるようになる。新入社員が4月1日に入社式を終え、翌日から不慣れな電車通勤をしはじめるからである。

学生のころから通学に電車を利用していた新入社員は、その延長で電車通勤をするから満員

多くの通学生が右側の改札口への通路へ進んでいるのに、まだホームを歩いているだけでなく、車内から降りていない通学生もいる。地方の通学列車はすべての通学生が降りるまで扉を開けたまま待っている

電車の乗り方を心得ているが、地方からやってきた新入社員は、はじめて混雑電車に乗る。電車の奥に進むと降りることができなくなると恐れ、電車の扉の近くに踏みとどまって他の乗客の乗降を妨げる。

奥へ進めないから扉が閉まりにくい。さらにカバンを扉に挟んだりもし、電車は遅れてしまって、大混乱する。それだけではない。ホームや駅の階段でも整然と歩かないために混乱する。ときには人とぶつかってホームから落ちてしまい電車が非常停止することもある。

新入社員だけではない。4月の第2週あたりからは、はじめて電車通学をする新入生も加わる。とくに地方からやってきた学生は戸惑ってしまう。地方の通学列車は、通学生が全員降りるまで、扉を開けて待っていてくれる列車が多いため、通学生はホームにのんびり降りていたが、都会ではそんなことはしてくれない。
このため4月になるとダイヤが相当に乱れはじめる。これを「新入りラッシュ」という。とはいっても、新入りの通勤者、通学生はすぐに電車の乗り方、ホームや階段の歩き方を習得していく。4月半ばになると新入りラッシュは収束してしまう。

梅雨ラッシュ

新入りラッシュが終わると、通勤電車は遅れることも少なくなり、ホームの人の流れはスムーズになる。電車への乗り降りもあまりストレスを感じなくなる。

しかし、これが梅雨になるとダイヤが乱れるようになる。傘を持っての乗車でスムーズな乗客の流れが妨げられ、停車時間が延びるのが一つ、それに加えて電車が思うように速度を出せなくなって遅れてしまうのである。

どしゃ降りの雨のときは、電車の車輪が乗っているレールの上面はゴミの付着も少なく、晴天のときと同様に電車の車輪があまり空転せずにスムーズに加速でき、スムーズに停まることもできる。視界が悪いために運転士は速度を抑えめに走らせるから、やや乱れがちではあるが、大きくは乱れない。

ところがシトシト雨のときは、レールの上面にゴミや油などがこびりついて電車の車輪は空転を繰り返してしまうので、思うように加速できない。停まるときもあまり強くブレーキをかけると車輪がロックしてしまう。これをスキッドというが、この心配があるために運転士は速度を落としぎみに走らせることになる。

現在の電車はなめらかな加速や減速ができるようになって、一昔《ひとむかし》、いや二昔《ふたむかし》前の電車にくらべて空転やスキッドは起こりにくくなってはいるが、加速性能も上がっているので、シトシト雨のときは結構この現象が起こっている。

「梅雨ラッシュ」は、乗客による原因もあるが、鉄道そのものの宿命であるといってもよい。空転やスキッドを避けるには、四輪駆動車のように全部の車軸を動軸にするか、レールの上面に砂などを撒くかだが、これは不経済でありあまり行っていない。

レジャーラッシュ

梅雨ラッシュが終わると夏が到来する。夏になると通学生がいなくなるため、3月下旬と同様に快適通勤ができるようになる。

ただし通学生がいないから混雑はないが、夏休みのレジャー客がラッシュ時に乗ってくる。電車に乗り慣れていない子どもたちや主婦、そしてベビーカーが乗り込んでくる。電車はそれほど混んでいないからいいが、それでもダイヤが乱れることがある。

「レジャーラッシュ」である。ただし、朝ラッシュ時の平日ダイヤはあらかじめ遅れを考慮して組んでいる。停車時間に余裕を持たせているために、乗降に少々手間取って乗降時間が少々延びても、深刻になるほど遅れはしない。夏期の平日のラッシュ時に乗ると、乗降が終了しても、不必要に思えるほど長い時間、扉を開けているように思ってしまうのはこのためである。

朝ラッシュ時の東急田園都市線南町田駅

レジャーラッシュはさほど深刻なものにはならないし、大半のレジャー客は都心へ向かう上り方向ではなく、郊外へ向かう下り方向に乗るので、そう混乱はしない。
　秋になると天候もいいことから、通学生が加わって混んではいてもダイヤの乱れは少ない。このため鉄道の交通量調査はこの時期に行われる。ただし、台風がやってくると運休になったりするので、台風があまり来なくなる11月に交通量調査を行うのである。
　そして12月になると再び着ぶくれラッシュが起こる。さらに首都圏以西のあまり雪の降らない地域では、積雪に対して不慣れなので降雪によってもダイヤが大幅に乱れることがある。
　これが通勤ラッシュの歳時記だが、このごろは一年を通じて乗りにくくなってきている。それは通勤ラッシュに乗り慣れていない外国人が、新入りラッシュと同様に扉の近くに固まったりするためである。さらに大型のキャリーバッグを引っ張って乗り込んでくるからなおさらである。

日本の電車は世界に冠たる過密運転をし、しかも定時運転をしていることで有名だが、鉄道会社が日々努力しているだけではなく、乗客が整然と乗降しているからこそ過密ダイヤが維持できるのである。つまり、乗客の協力なしには通勤ラッシュをこなせないのである。

全国 通勤電車大解剖

満員電車を解消することはできるのか？

◎目次

第二章　地域別・路線別のラッシュ事情徹底チェック

札幌都市圏

仙台都市圏

新潟都市圏

埼玉地区

千葉・茨城地区

西東京地区

神奈川地区

東京郊外路線

東京都心路線

神戸都市圏

第三章　各駅の乗車人数でわかる混雑事情

第四章　満員電車アラカルト

第五章　ホームドアが普及していないわけ

第六章　流行の「通勤ライナー」を考察する

第七章　混雑緩和に秘策はあるか？

編集部注●本書内の記述は、採用したデータ等の時点に基づいており、ダイヤや運行形態が現在（最新）の状況とは異なる場合があります。

第一章　満員電車のメカニズムを解き明かす

普通と各駅停車は列車の種類が違っている——列車種別の話——

混雑電車の話をするまえに、列車には種類がいろいろあることを説明したい。多くの路線で特急や急行などが運転され、途中の駅を通過して所要時間を短縮している。これを優等列車といい、特急や急行に加えて快速や準急などいろいろな優等列車が走っている。

国鉄からそれを引き継いだＪＲでは、大きく分けて特急と快速しかない。しかしかつては特急と快速のほかに急行、準急があった。

停車駅が少ない順にあげると特急、急行、準急、快速となっていた。このうち快速以外は運賃のほかに特急料金や準急料金などを徴収していた。当然、特急が一番風格があり、昭和30年ごろまでは東海道・山陽本線くらいでしか走っておらず、一般の人々にとっては料金が高く乗りづらかった。一般の人々が利用するのは急行だったが、その急行も庶民には敬遠されがちだったので、もっと料金の安い準急を設定したのである。

その後、優等列車の運転本数の拡大と、急行と準急の差別化が難しくなったことから、準急をすべて急行に格上げしてしまった。さらにL特急と称した特急の増発がなされ、急行の出る幕も少なくなっていったのである。

ＪＲで最後まで残っていた急行「はまなす」

ＪＲになってから、主として閑散線区の急行は快速に格下げされ、大いに利用される急行は特急に格上げをするようになった。この結果、急行はどんどん減ってしまい、最後に残ったのは青森—札幌間の夜行寝台急行「はまなす」だけになってしまったが、その「はまなす」も北海道新幹線の開業で廃止され、急行は消滅してしまった。

急行はなくなってしまったが、特急料金面でみると元急行だった特急は安くしている。特急料金は基本的にA特急料金とB特急料金に分けられている。A特急料金が高く、B特急料金は安くなっている。さらにA特急料金では普通乗車券と併用しなければ乗れないが、B特急料金は定期券とでも併用でき、通勤・通学利用が可能なのである。具体的には「スーパービュー踊り子」はA特急料金で、同じ区間を走る「踊り子」はB特急料金である。

さらに快速も関西地区や名古屋地区では新快速、首都圏等では特別快速などと称して通常の快速よりも速い電車を設定している。さらに中央快速線には通勤特快や通勤快速がある。

また、普通といっても、中距離を走る普通を単に普通とし、東京、大阪の電車特定区間だけを走る普通を各駅停車としている。そしてこの各駅停車電車を緩行《かんこう》という。つまり急行は「急いで行く」を略したもので、その対極にある電車を「緩く行く」とし、緩行とはそれを略したものである。

普通と緩行（各駅停車）は区別されているのである。たとえば東海道・山陽本線では京都—西明石間が電車特定区間となっている。同区間には特急、新快速、快速、普通が走っているが、ＪＲ時刻表には快速の表示はない。

時刻表では快速停車駅を掲載し、緩行だけが停車する駅は電車特定区間として別に掲載されている。時刻表で電車特定区間外を走る緩行を記載しないわけにはいかないので、各駅停車として表示している。ただし駅や停車駅案内等では緩行あるいは各駅停車とはせずに普通として案内している。

ともあれ、快速は電車特定区間外では普通であり、電車特定区間に入ると快速となるが、時刻表では表示していない。

京都―西明石間は快速と表記していないので、慣れない人は戸惑うが、東京口の東海道本線では電車特定区間が東京―大船間であり、時刻表の東海道本線の欄では大船以西を走る普通しか載せていない。しかし、東京―横浜間では京浜東北線の電車、横浜―大船間では横須賀線の電車が並走する。京浜東北線・横須賀線の電車は各駅停車、東海道本線の電車は普通と分けているのである。

首都圏の電車特定区間は東北本線は大宮駅、常磐線は取手駅、総武本線は千葉駅、横須賀線は全線、中央線は高尾駅までとなっている。これを時刻表では今でもE電（区間）と称している。それらの境界駅を越えて走るのが普通であり、越えずに走る普通は緩行なのである。

常磐線では急行線と緩行線に分けた複々線になっており、急行線には取手駅まで走る快速と取手駅を通り越す普通が走っている。しかし、普通は快速と停車駅が同じでも快速とはせずあくまで普通、あるいは中距離電車（略して中電）と称している。

電車特定区間と電車特定区間外では鉄道側の運用の違いがあるほか、電車特定区間では運賃

南海高野線の各停三日市町行

南海本線の普通難波行

中央快速線西荻窪－吉祥寺間を走る普通松本行9両編成。新宿駅を出ると立川駅までノンストップ（のちに三鷹駅に停車）で走っていた

が他の区間よりも割安に設定されている。また、山手線内（東京電車環状線内、略して東京電環内）と大阪環状線内はさらに安くなっている。

かつて常磐線中電は三河島と南千住、北千住（朝ラッシュ時上りは停車）、柏、天王台の各駅を通過していた。中央快速線普通の新宿―高尾間の停車駅は1972年時点で立川、八王子の2駅だけだった。特快よりも停車駅が少なかったのである。所要時間も10分速い52分だった。

私鉄では快速のほうが準急よりも速いところもある

一方、私鉄で各駅停車と普通とを分けて案内しているのは南海電鉄だけである。難波―岸里玉出間で南海本線と高野線とで線路別複々線になっている。同区間で高野線には今宮戎、新今宮、萩ノ茶屋、天下茶屋の4駅があるが、南海本線には今宮戎、萩ノ茶屋の2駅がない。

そこで南海本線の各駅に停車する電車を普通、高野線のそれは各駅停車と称しているのである。

阪急電鉄の梅田―十三《じゅうそう》間は神戸線、宝塚線、京都線による3複線になっている。神戸・宝塚の両線には途中に中津駅があるが京都線には中津駅がない。しかし、どの路線も普通と称している。

京都線に中津駅がないのは京都線用の複線は宝塚線の線路増設線（略して線増線）として急行線扱いで建設されたためであり、正式な京都本線区間は十三―河原町間である。だから本来は普通とせず快速、あるいは神戸・宝塚線は各駅停車、京都線は普通とすべきだが、混乱のもとなのですべて普通にしている。

ところで南海電鉄の列車種別は特急、快速急行（高野線のみ）、急行、区間急行、準急、普通（南海線）、各停（高野線）と7種がある。このうち区間急行とはある一定の区間で各駅に停車することを意味している。関西だけの列車種別だったが、近年では首都圏の東武鉄道や京王電鉄が採用するようになった。南海本線でいえば泉佐野以遠、高野線では北野田以遠で各駅に停車する。

阪急では神戸線が特急、通勤特急、快速急行、急行、通勤急行、準急、普通、宝塚線が日生エクスプレス、通勤特急、急行、準急、普通、京都線が快速特急、特急、通勤特急、快速急行、快速、準急、普通と列車種別のオンパレードである。

国鉄は快速よりも準急のほうが格上だったが、阪急では快速のほうが上になっている。準急と快速の違いは、準急が高槻市以遠で各駅停車になるのに対して快速は高槻市以遠で通勤特

松原団地（現・獨協大学前〈草加松原〉）駅を通過する東武の区間快速会津田島・東武日光行

急、快速急行と同じ停車駅になっていることである。

２０１７年４月まで走っていた東武鉄道の浅草駅と日光・鬼怒川方面を結ぶ快速と区間快速は、準急よりも上であるだけではなく急行よりも上で特急の次に速かった。もともとは特急、急行、快速、準急の順だったが、「りょうもう」号などで料金を取っていた急行を特急に統一し、一般電車の主力の準急を急行とし、新越谷以遠で各駅に停車するのを準急、さらに北千住以南で各駅に停車するのを区間準急にした。

しかし、急行よりも速い快速はおかしいということで２０１７年４月に快速と区間快速を廃止した。代わって南栗橋—東武日光・新藤原間を走る急行、区間急行を新設し、浅草方面からは南栗橋駅乗り換えとした。

以前の快速・区間快速、現在の南栗橋以遠の急行・区間急行は2扉ボックス式セミクロスシート車を使い、南栗橋以南を走る急行、区間急行は10両編成の4扉ロングシート車を使うために南栗橋駅で乗り換えになるようにした。

また、2013年の改正では東上線に急行よりも速い快速が登場した。それまでは急行の上は快速急行だったが、その中間の優等列車を設定する必要があった。ところが準快速急行とするわけにもいかず、結局快速とした。どうも伊勢崎線区と東上線区とは意思の疎通があまりうまくいっていないように思える。

特急や急行の頭に「快速」の文字を入れている列車は特急や急行よりも格上、通勤が付くと格下ということが多いが、これは阪急でのことである。通勤を付けても停車駅が少ないところもある。阪急京都線では、準急の上であれば快速準急としてもいいところだが、ほぼ全区間で通過運転するので単に快速にしている。なお、快速準急はかつて小田急電鉄が走らせていた。

快速特急の列車種別は京浜急行が付けたが、現在は快速特急とせず、略称の快特を正式な列車種別にしている。京急ではずっと以前に海水浴特急、略して海特を夏に走らせていた。「かいとく」という響きに京急としては懐かしさを感じているようである。

格上とは停車駅が少ないほうのことを指すが、一部にどちらが格上かわからない列車種別がある。西武鉄道池袋線では料金を取る特急、S－TRAIN、そして快速急行、急行、通勤急行、快速、通勤準急、準急、各駅停車の順としている。西武も準急よりも快速のほうを格上にしている。それはそれとして通勤急行は急行が停車するひばりヶ丘駅を通過し、東久留米駅、保谷駅、大泉学園駅に停車する。通勤準急も快速、準急が停車する石神井公園駅を通過している。

これらは朝ラッシュ時に走っている。石神井公園駅やひばりヶ丘駅は乗降人員が多く、停車時間が長くなる。すべての列車を停車させると、団子状態になってノロノロ運転になる。一部を通過させることによって運転本数を増やし、さらにノロノロ運転も解消できる。

これを選択停車または千鳥式運転などという。千鳥式運転は阪神電鉄が車両数不足となっていた大正時代に全線を4区間に分けて、区間内通過、あるいは区間内で各駅に停車をして所要時間を短くすることによって、車両運用の回転をよくし、輸送力不足をしのいだ。

後に急行運転を開始するが、1960年代にはラッシュ時に準急や区間急行を設定した。このとき準急は急行や区間急行が停車する尼崎駅を通過していた。その後、西宮以西で準急の運転を開始したときも特急が停車する芦屋駅を通過していた。また、区間特急を新設したときにも芦屋駅を通過していた。

現在でも特急や快速急行が停車する西宮駅を区間特急は通過する。区間特急は御影駅から香櫨園《こうろえん》駅まで、乗客が少なく御影駅から500mほどしか離れていない住吉駅を除いて各駅に停車する。

次の西宮駅に停車すると後続の特急に追い付かれそうになる。これをできるだけなくすために西宮駅は通過する。特急や快速急行が停車するなら、区間特急は通過してもさほど西宮駅の

阪神に乗り入れている近鉄奈良線の21m大形車

乗客は困らない。

　できれば特急や快速急行が停車する魚崎駅や芦屋駅も通過したいが、魚崎駅では六甲ライナーからの乗換客、芦屋駅では海浜埋め立て地区からの通勤・通学客を取り込みたいために通過しない。西宮駅付近にも海浜埋め立て地区はあるが、ここからのバス路線はほぼ独占している。芦屋駅のほうはＪＲ芦屋駅へのバスがあるために油断できないのである。

　さらに快速急行は御影駅を通過する。これはそれまでのように所要時間や運転間隔を短縮するためという理由ではない。快速急行は近鉄所有の車両も使っているが、近鉄の車両は阪神の車両よりも長い。御影駅は急カーブ上にあり、ここに車体が長い近鉄車が停車するとホームと電車との間に隙間が大きくできてしまう。このため快速急行が御影駅に停車するのは危険ということで通過している。

小田急は2018年春に代々木上原―登戸間の複々線での運行を開始し、大幅な増発とスピードアップをする。朝ラッシュ時の上りには通勤急行と通勤準急が新しく加わる。

通勤急行は多摩線の唐木田駅または小田急多摩センター駅から新宿駅まで走る。停車駅は小田急多摩センター、小田急永山、栗平、新百合ヶ丘、向ヶ丘遊園、成城学園前、下北沢、代々木上原である。ラッシュ時にも走る快速急行は向ヶ丘遊園駅を通過して登戸駅に停まるが、通勤急行は向ヶ丘遊園駅に停車して登戸駅を通過する。小田急も選択停車を開始するが、運転間隔を詰めるのが目的ではなく、各列車に乗客を分散させることとスピードダウンを防ぐことが狙いである。

通勤準急は本厚木始発で登戸までの各駅、成城学園前、経堂、下北沢を経て、代々木上原からは東京メトロ千代田線に各駅停車で直通する。改正前の準急の停車駅と変わらないが、通勤準急としたのは改正後の準急が狛江、祖師ヶ谷大蔵、千歳船橋の各駅にも停車することから分けたのである。なお、準急、通勤準急は急行線ではなく緩行線を走る。京阪電鉄が緩行線に区間急行を走らせているのと同様に複々線区間では完全な緩急分離をしていない。

特急は特別急行の略称として使用されはじめた。特急より速いものを京急は快特、京阪は快速特急としている。京成電鉄は一般電車を使う特急の上に、スカイライナーやモーニングライナー、イブニングライナーなど列車の愛称をそのまま列車種別にしたものを設定している。あるようでないのが超特急である。今後も採用することはないだろう。また、京王電鉄には特急よりも下位の列車種別として準特急が、上位に京王ライナーがある。当初は奇異に感じられたが、現在は慣れてしまった人が多い。京王ライナーは新５０００系車両による座席指定列車で、京成のスカイライナーなどや西武のＳ－ＴＲＡＩＮ、東武東上線のＴＪライナーのように列車愛称と列車種別を同じにした列車である。

　列車種別は、どれが格上かあるいは格下かは各社でまちまちである。これを統一した方がいいように思うが、逆にバラバラなほうが鉄道趣味的には魅力がある。

京王の新5000系車両（左）による準特急橋本行。右は9000系

混雑率１００％は非常に混んでいる

　毎年、国土交通省（国交省）が公表している混雑率。最近では一番混んでいる路線でも２００％程度で、かつてのように２５０％などの超満員にはなっていない。ともあれ混雑率２００％は定員の２倍が乗っている状態のことである。しからば定員とはなにかということになる。

　車体の長さが19・5ｍ、幅が2・8ｍ、そして片側４つの扉があるのが日本でもっともポピュラーな通勤用の電車である。このタイプで運転台がない中間に連結されている電車を中間車といい、この車両の定員は国鉄時代には小数点以下を切り捨てた１４３人としていた。このうち座席定員は54人である。ところが同じタイプであっても東武鉄道８０００系のように定員を１７０人とし、うち座席定員を58人にしている車両がある。

以前の座席定員は法律で全定員の３分の1以上にすることと定められていた。このため、東武８０００系はどうみても58人も座れないのにこの座席定員としているのは、全定員を１７０人にしたためである。

会社によって定員の算出方法がバラバラだと混雑の度合いを比較できない。そこで国交省では通勤電車の定員の算出方法を運輸省時代に定めた。

ロングシート車の場合、座席や立席を含む車両の有効床面積を０・３５㎡で割ったものを定員と定めたのである。車体の側壁の厚さを１００㎜とするのが標準的なので、国鉄や東武の車両はこの数値で有効床面積を計算すると50・２㎡となり、定員は１４３人ということになる。

ともあれ通勤電車の定員は０・３５㎡に一人がいる状態である。要は1辺の長さ59㎝の正方形に一人がいる状態、あるいは掛け幅43㎝、奥行き81㎝の空間に座っている状態である。いいかえると一般のマンションや公団住宅に使用する団地サイズの1畳を縦１７０㎝、横85㎝とした4畳半の部屋に、18人－αが詰め込まれた状態が混雑率１００％である。これは非常に混んでいる状態にしか見えない。

通常の考え方では、座席がすべて埋まっていて、つり革の一つ一つに人がつかまって立ち、そして座席と座席との間に適度に人がいる状態が定員ということになろう。

先述のもっともポピュラーな通勤電車の座席定員は54人、つり革の数は76個あるので、これで130人、踊り場の面積は4・8㎡で4ヵ所あるので19・2㎡である。1㎡に1人いるとすると19人となり、全部で149人となる。運輸省の定員算出方法とさほど変わらない数値で、いずれにしても混雑率100%は結構混んでいる状態である。

満員電車でないとみなせる座席がすべて埋まっているときの混雑率は36%である。満員電車をなくすといっても、どの状態にもっていくのかを定める必要がある。座席定員がすべて埋まる混雑率36%までもっていくのか、あるいはこれに加えて立つ人が20人ほどいる50%程度にするのか、定員乗車の100%にもっていくのか、どの状態にするかで対処方法は大きく違ってくるのである。なお、東武8000系の定員は国交省の指示に従った数値で割り出した混雑率を提出している。

各路線の混雑率の算出方法は統一されていない

混雑率は、各路線の一番混んでいる区間の一番混んでいる1時間に乗車した人数を輸送力で割ったパーセンテージである。

一番混んでいる区間は、定期券や切符の販売で人数を割り出すか、毎年秋に行われる交通量調査によって割り出している。

一番混んでいる時間も同様の方法で割り出すが、その時間は、たとえば東海道本線では川崎

→品川間でいえば、川崎駅を発車する時間ではなく、品川駅に到着する時間を採用するのが基本である。

山手線と大阪環状線では内回りも外回りも混んでいるから、内回りと外回りそれぞれを取り上げている。また、都心を貫通している路線では上下線ごとに取り上げ、列車種別ごとに混雑率が違う区間もあるので列車種別ごとに取り上げている区間もある。

常磐線では緩行と快速、それに中距離電車（中電）の3列車それぞれの混雑率を出している。複々線区間では急行線（快速線）と緩行線に分けているところが多いために快速と緩行それぞれの混雑率を出している。

輸送力は最混雑時間帯1時間に通過した各車両の定員を合わせたものである。

混雑率はあくまでピーク1時間の平均であり、10分刻みなどもっと細分化すると、平均混雑率よりも混んでいたり、空いていたりする。また、1編成の電車でも先頭の車両が混んでいて後方の車両が空いていたりするところもある。あくまでも平均した混雑率で、それでもこのデータによって混んでいるかどうかが判断される。しかし、その混雑率は次に述べるように統一した手法で計算されてはいない。これでは混雑率そのものの信頼度がゆらぎ、由々しき問題だ。是正が必要である。

その定員の計算方法は国交省鉄道局の定めによって、ロングシート車（電車の両側の内壁に並行して長い座席がある）の場合は座席部分も含む有効床面積を0・35㎡で割った値としていることはすでに述べた。

しかし、車両にはオールクロスシート車があったりクロスシートとロングシートが混在するセミクロスシート車があったりする。クロスシートとは電車内の両側の壁に直角に座席が設置されているもので、座席の専有面積が大きくなるために定員が減ってしまう。

そこで国交省鉄道局では、特急車などをのぞきセミクロスシート車は有効床面積を0・4㎡で割った値を定員とし、オールクロスシート車は座席の数イコール定員としている。

車体長19・5mの一般的な通勤形車両は、連結器の長さを加えると20mになる。このため20m車という。この20m車の定員は、一部ばらつきがあるものの乗務員室がある先頭車が128人、中間車が143人となる。ただしこの場合、小数点以下は切り捨てる。10両編成だと定員は1400人となる。10両編成の1両当たりの平均定員は140人になる。

中央快速線の一部などでは6両編成と4両編成を足した10両編成を走らせている。このような10両編成を厳密に計算するのは煩雑であり、さらに6両編成くらいまででは定員に大差がないことから、20m車の定員計算は6両編成程度までは140人でも大差がないとして旧国鉄とこれを引き継いだJRは国交省に提出し、国交省もそれを黙認しているようである。

側壁の厚さは100㎜が標準だが90㎜になっている車両もある。この場合、中間車では1人増えることになるが、これを厳密に計算しているところは少ない。逆にオール中間車の10両編成として算出、1両平均の定員を142人にして提出しているところもある。

しかし、常磐緩行線の1両の平均定員は140人だが、相互直通をしている東京メトロ千代田線の平均定員は、同じ車両を使っているのに142・4人となっている。これでは比較にならない。2・4人分多いために3ポイント混雑率が下がっている。

さらに北総鉄道では18m中形車を使っている。平均定員は122・3人（8両編成）のはずなのに140人にしている。これではいくらなんでも混雑率の誤差が大きくなってしまう。混雑率は75％と公表されているが、実際は100％になる。

また、セミクロスシート車の場合は0・4㎡で割るとしているが、セミクロスシートといっても3扉車と4扉車では立席面積に大きく差がある。また、横列でみて片方は1列、もう片方は2列（これを1＆2列という）となっているオールクロスシート車やセミクロスシート車がある。

オールクロスシート車であっても、国鉄117系では扉部分や座席の間の通路も立席面積としてよいくらいに広い。実際混んでいるときにはここにも乗客は立っている。

第二章で掲げた混雑率の表には各鉄道会社から提出された数値をもとに国交省が公表した混雑率のほかに、筆者が各社の各車両の図面をもとに有効床面積を計算して定員を定め、混雑率を是正したものを下段に併記した。

セミクロスシート車では3扉車は0・4㎡で割るものの、4扉車や横1＆2列のクロスシート車では0・37㎡で割ることにした。オールクロスシート車でも特急車両ではない一般用では、扉部分や座席間通路の床面積を割り出して0・35㎡で割った数値を座席数に足した。

公表されている混雑率では通勤ライナーとグリーン車、特急列車は省かれている。本来、これも輸送力として組み入れるべきなので、これを考慮したものも併記した。これらの車両は座席数イコール定員とした。ただし、通勤ライナーやグリーン車に乗っている人数、すなわちこれらの輸送人員は別にしている可能性もあるので参考値である。

それらを第二章で述べるが、混雑が深刻なのは首都圏だけ、今や関西圏でもそれほど混んではいない。といっても140％程度の混雑率の路線も多いから混んでいるといえば混んでいるが、昔ほどの混雑ではないし、首都圏にくらべるとゆったりしている。

近年では混雑解消をすべき路線はすべて首都圏に集まっている。また、地方都市圏では100％を割っている路線が圧倒的だし、ラッシュ時に座席定員にも満たない混雑率しかない路線も多い。もっと乗ってほしいというのが地方路線の本音である。

満員電車をなくせなどといわれている首都圏の路線は、地方都市圏の路線を運行する鉄道会社からはなんとうらやましいことかと思われている。

昔はもっと混んでいた

現在、混雑率が200％を超えている路線は、公表では一つもない。筆者が修正した混雑率では東京メトロ東西線の西行が202％になっている。

ところが、昭和60（1985）年度には200％どころか250％を超えている路線はいくらでもあった。昭和40（1965）年度の横須賀線は307％にも達していた。さすがに300％を超えている路線はあまりなかった。

横須賀線が307％になっていたのは東海道本線と同じ線路を走っていたため、運転本数を増やせなかったことと10両編成だったことが原因である。

３００％は異常だが、２５０％前後の混雑もすさまじいものがあった。扉がなかなか閉まらないので発車できない。そのため押し屋あるいは、はぎとり屋が各ホームに配置されていた。

やっと扉が閉まったものの、運悪く体が浮いてしまうことも少なくなかった。揺れで足が床につくかと思われようが、なかなか床につくことができなくなることもある。あまりにも混んでいるので身じろぎひとつできない。

あまりにも混むと駅で扉が開かないこともある。そんなとき、ホームにいる駅員がこじ開けることも、よくあった。

東西線の南砂町駅から門前仲町駅まで通っていた小柄な女性から聞いた話だが、南砂町駅でやっと乗っても門前仲町駅で降りられないという。東西線西行の最混雑区間は南砂町↓東陽町間で混雑率２２０％前後だった。南砂町駅は島式ホームで右側の扉が開く。門前仲町駅は相対式ホームで左側の扉が開く。

途中、東陽町駅では左側、木場駅では右側が開くものの、さほど乗客は降りない。どっと降りるのは門前仲町駅の次の茅場町駅や日本橋駅である。そのために右側の扉あたりにいると人垣によって降りることができない。

声をかけて道を空けてもらうこともできるが、反対側の扉付近にいる人はその声が届かないというより、一度ホームに降りてしまうと乗り込むことが大変になるから、踏ん張っている人も多い。毎日のことだから面倒なので、結局、そのまま茅場町駅に行って門前仲町駅に戻るという通勤をしていたという。列車内の2・6mの壁といったところである。

ところで、200%くらいの混雑率でも、乗客が扉付近に群がっているとなかなか乗れない。ようやく乗って扉が閉まる。次の駅ではもう乗れないように思えるが、不思議なことに押し込めばまだまだ乗れるのである。次の駅までの間に電車は左右に揺れながら加速し、そして減速して駅に停まる。扉を開けるころになると、まだ乗れる空間ができてしまっている。バケツに砂を満杯に入れて揺らすとまだ入る、という経験をお持ちのことだと思う。つまり、これと同じ現象が車内で起こっているのである。

関西圏では大阪環状線の京橋→桜ノ宮間が昭和40年度に309%の混雑率になっていたものの、私鉄も含め、その他の線区では200%前後で推移していた。名古屋圏も同じである。

混雑率は100%を超えるが、乗車率は100%を超えない

混雑率は、もっとも混んでいる区間でもっとも混んでいる1時間の輸送人員を輸送力で割ったものである。1時間に何本も走る列車を平均したものである。

それに対して、乗車率とは基本的に一つの列車がどれくらい利用されているかを示したものである。要するに個々の列車の利用率である。

基本的には立席がない指定席のみの長距離列車に対して、どのくらい座っているかを示すものである。このため100%を基本的には超えない。

また、平均乗車率という言い方をするときは、個々の列車に対する1週間あるいは1ヵ月な

どの期間の、平均した乗車率のことである。

平均乗車率は70％くらいになるのがベストである。70％ならば、閑散期は50％程度、繁忙期には１００％となり、乗客からするといつでも乗れる列車ということになる。

お盆や年末年始の列車で乗車率１５０％といった報道がなされるが、これは自由席車両の乗車率のことである。１００％を超えた50％の人々はデッキや通路に立つことになるが、立つことを考慮していない場所なので、１５０％ともなると通勤時の満員電車以上にぎゅうぎゅう詰めになってしまう。なお、東武の「リバティ」は一般電車で走ることもあるとして、立席定員を計上している。このためデッキは広くとってある。

そうなると広いデッキがある指定席車に自由席券を持つ客が流れ込んでくることになるが、基本的には禁止されている。しかし、自由席車が１５０％にもなると座れなかった客は悲惨である。そこで指定席車に流れ込んできて立っていても、車掌は黙認しているのが現状である。

ただし、グリーン車では普通車の客は通り抜けすることはできても、立っていることは絶対に禁止になっている。東海道・山陽新幹線のグリーン車の中にある喫煙室も基本的には普通車の利用者は入室禁止である。しかし、これは黙認されている。

東海道本線などに連結されている普通列車のグリーン車は、座席を指定していない自由席グリーン車になっている。座席がいっぱいで座れずに立つことになったとしてもグリーン料金の払い戻しはない。運悪く立つことになっても普通車のように押しあいへしあいの混雑にはなっていないから、その面でグリーン車乗車にメリットがあるからである。

また、デッキなどはグリーン車ではないと思ってグリーン券なしで乗ると、車掌やアテンダントがやってきてグリーン料金を徴収される。さらに朝ラッシュ時には普通車との間の貫通扉は鎖錠《さじょう》されて、走行中にグリーン車に乗り移ることができないようになっている。

集中率で路線の状態がわかる

集中率は終日の輸送人員のうち、最混雑時の1時間にどれだけ乗ってくるかのパーセンテージである。集中率は一方通行でのものなので、各乗客の帰宅時は逆方向なのでカウントはされない。

たとえば、東京メトロ銀座線赤坂見附→溜池山王間の集中率は平成24（2012）年度で15・9％となっている。山手線の上野→御徒町間は25・6％、常磐線中電は42・9％である。

全国で一番集中率が低いのは京都市営地下鉄東西線御陵《みささぎ》→蹴上《けあげ》間の10・2％、次に大阪環状線玉造→鶴橋間の11％、そして千葉の流鉄流山線小金城趾→幸谷間の11・1％である。低い路線は通勤ラッシュがひどくなく、そして沿線の街の成熟度が基本的に高いところである。

京都市営地下鉄東西線は街中にあるだけでなく、京阪京津《けいしん》線の電車が乗り入れてくる。京津線は終日足代わりに使われていて、もともと集中率は低かったのである。

流山線は住宅街の中を走っており、東京都心へ向かう乗客は近くを走るつくばエクスプレスを利用する。こちらのほうが非常に便利なので、流山線を利用する通勤客が大きく減ってしまった。それでもつくばエクスプレスが開通する前の平成10（1998）年度の集中率は16・5

%と低かった。

集中率と後述する定期比率は比例関係にある。定期客は基本的に一番混雑する時間帯に利用するからである。集中率と混雑率との関係は、集中率が低いと混雑率も低くなるといえるが、東京メトロ銀座線のように、集中率が低くても混雑率が153%と高い路線は、閑散時であっても結構混んでいることを示している。

集中率が低くて混雑率も低い路線は、終日ガラガラの状態になっていることを示している。逆に集中率が高くて混雑率も高い路線は閑散時はあまり利用されておらず、朝ラッシュ時と閑散時の混雑度合いの落差が大きいことを示している。

集中率が高くて混雑率が低い路線は閑散時にはほとんど乗客がいないことを示す。そしてこのような路線は、ローカル路線に多い。つまり、朝ラッシュ時は通学生でいっぱいになるが、閑散時には一般客がパラパラと乗っているだけになってしまっている。

首都圏で集中率が一番高いのは常磐線中電の42・9%、次に常磐緩行線の39・3%である。朝ラッシュ時は非常に混んでいるが、閑散時は文字通り閑散としている。

一般に30%を超えていると通勤路線、30%未満は閑散時でもショッピングなどで足代わりに使う人が多くなる。また、開業当初は沿線がまだ開発途中なので集中率が高くなるが、成熟するにつれて下がってくる。

さらに集中率は昭和60年度にくらべると平成24年度は低くなっている傾向にある。朝9時始まりで17時終了という、一般的な勤務時間で働く人が減り、多様な勤務時間に移行していることが第一の要因である。時差通勤の呼びかけをしたこともあるが、朝10時始まりなどサービス業の人口が増えたことにも起因している。

首都圏以外でも集中率は下がっている。街が成熟していることもあるが、人口流出や都心回帰、少子高齢化などのあまりよくない要因で通勤客が大きく減ったためである。

各地区の路線を吟味する

まずは首都圏、中京圏、関西圏の各地区の路線の集中率と混雑率の関係を吟味してみよう。データは終日の輸送人員が公表されていて、集中率が算出できる平成24（2012）年度と10（1998）年度、昭和60（1985）年度を取り上げて、集中率と混雑率の推移がわかるようにした。

東京都心路線

基本的に山手線内を走る各路線である。街の成熟度が高いために集中率30％未満の路線が多い。山手線内回りと中央緩行線、東京メトロ銀座線、ゆりかもめは10％台になっている。

平成24年度以前の山手線外回りは上野東京ラインができていないために上野駅を終点とする東北・高崎・常磐の3路線からの通勤客が乗ってくることで集中率を上げ、混雑率も高くなっている。現在は上野東京ラインができているので集中率も混雑率も下がっている。

都営大江戸線と東京臨海高速鉄道は全線開通して年数がたっていないことと、大江戸線は練

●東京都心路線・集中率等

路線名・区間	昭和60年度（1985）	公表混雑率	平成10年度（1998）	公表混雑率	平成24年度（2012）	公表混雑率	備考
山手線外回り 上野→御徒町	25.9	243	25.4	237	25.6	200	
山手線内回り 新大久保→新宿	15.8	263	15.1	200	15.8	164	10年度は代々木→原宿
中央緩行線 代々木→千駄ヶ谷	21.2	186	18.1	97	18.6	90	
浅草線 本所吾妻橋→浅草	24.6	140	35.2	148	24.1	117	60年度は泉岳寺→三田 10年度は押上→本所吾妻橋
日比谷線 三ノ輪→入谷	35	231	25.4	177	25.2	155	
銀座線 赤坂見附→溜池山王	22.1	242	16.7	178	15.9	153	60年度は赤坂見附→虎ノ門
丸ノ内線荻窪方向 新大塚→茗荷谷	35	216	26.8	169	26.2	154	
丸ノ内線池袋方向 四ツ谷→赤坂見附	26.6	196	19.6	154	22.4	151	
東西線東行 高田馬場→早稲田	33.1	165	33.5	144	26.8	126	
東西線西行 木場→門前仲町	38.4	221	24.2	201	23.5	197	60年度は南砂町→東陽町 10年度は門前仲町→茅場町

馬駅などで新宿駅への通勤客、東京臨海高速鉄道は大崎駅でＪＲ各線、大井町駅で京浜東北線と東急大井町線からの通勤客が乗ってくることから30％前後の集中率になっている。

ゆりかもめの集中率は16％、混雑率は99％でゆったり通勤ができ、閑散時もさほど混んでいない。ただし、東京国際展示場などで催し物がある時や休日は、定期外客、すなわち普通の切符やＩＣカード利用者で混むことがある。つまり、朝8時前後の通勤時間帯以外のほうが利用されている。

東京メトロ有楽町線は東武東上線や西武池袋線からの直通通勤客が利用しはじめて日が余りたって

●東京都心路線・集中率等

路線名・区間	昭和60年度(1985)	公表混雑率	平成10年度(1998)	公表混雑率	平成24年度(2012)	公表混雑率	備考
三田線 西巣鴨→巣鴨	24.5	174	24.3	175	20.2	148	
南北線 駒込→本駒込			33.5	105	28.7	151	60年度は未開通
有楽町線 東池袋→護国寺	33.7	195	33.9	180	32.4	170	
千代田線 町屋→西日暮里	37.4	230	33.7	212	29.9	177	
新宿線 西大島→住吉	27.1	167	21.3	159	25.7	150	60年度、10年度は新宿→新宿三丁目
半蔵門線 渋谷→表参道	31.8	155	35.3	175	27.6	169	
大江戸線 中井→東中野			25.8	146	29.9	147	60年度は未開通
東京臨海高速鉄道 大井町→品川シーサイド			18.3	32	32.3	138	60年度は未開通 10年度は新木場→東雲
ゆりかもめ 汐留→竹芝			19.9	129	16	99	60年度は未開通、 10年度は新橋→竹芝

いないために集中率が32・4％と高くなっているといえよう。

昭和60年度の混雑率は山手線内回りが２６３％、地下鉄銀座線が２４２％とすさまじい混雑をしていた。集中率は地下鉄では東西線や日比谷線、有楽町線、千代田線、半蔵門線などは30％台になっている。山手線内回りの集中率は15・８％と平成24年度と変わらない。それなのに混雑率は２６３％にもなっていた。終日混んでいたのである。

平成10年度になると集中率も混雑率も減る傾向にある。しかし、都営浅草線は集中率が35・２％に上がっている。東武伊勢崎線から都心に行くには相互直通している地下鉄日比谷線に乗るのが便利だが、非常に混雑してい

●東京郊外路線・集中率等

路線名・区間	昭和60年度(1985)	公表混雑率	平成10年度(1998)	公表混雑率	平成24年度(2012)	公表混雑率	備考
東海道本線 川崎→品川	30.8	249	35.4	209	33.6	183	
横須賀線 新川崎→品川	31.3	243	28.8	193	25	193	60年度は保土ヶ谷→横浜
中央快速線 中野→新宿	31.2	259	25.5	223	23.9	193	
常磐線中電 松戸→北千住					42.9	173	60年度、10年度は統計になし
常磐快速線 松戸→北千住	29.6	268	31.2	211	29.3	168	
常磐緩行線 亀有→綾瀬	29.2	259	41.8	226	39.3	165	
京浜東北線南行 上野→御徒町	26.4	257	25.1	235	25.2	194	
京浜東北線北行 大井町→品川	24.6	254	28.2	234	26.7	183	
総武快速線 新小岩→錦糸町	31.3	267	34.5	211	35.9	178	

る。そのために業平橋（現・とうきょうスカイツリー）駅で都営浅草線に乗り換える人が増えて集中率を押し上げた。平成15（2003）年に半蔵門線が押上駅まで延伸され、伊勢崎線と相互直通をして都心直通の第2ルートができあがり、浅草線に乗り換える人が減って、もとの集中率に戻った。

東京郊外路線

集中率30％台は東海道本線、常磐緩行線、総武快速線、東武伊勢崎線、京成押上線である。混雑時以外はさほど利用されていないということである。

30％近い西武有楽町線は東京メトロ有楽町線と副都心線に大々的に直通してまだ日が浅いことと、池袋駅へ行くには西武池袋線にそのまま乗っていたほ

●東京郊外路線・集中率等

路線名・区間	昭和60年度(1985)	公表混雑率	平成10年度(1998)	公表混雑率	平成24年度(2012)	公表混雑率	備考
総武緩行線 錦糸町→両国	29.2	270	28	231	25.6	200	60年度は平井→亀戸
武蔵野線 東浦和→南浦和	28.5	238	31.4	221	29.7	183	60年度は新小平→西国分寺
埼京線(赤羽線) 板橋→池袋	23.8	224	26.2	212	23.6	199	
京葉線 葛西臨海公園→新木場			27.7	185	26.5	176	60年度は未開通
東急東横線 祐天寺→中目黒	23.8	204	23.3	188	19.7	168	
東急田園都市線 池尻大橋→渋谷	28.8	225	27.3	195	24	182	60年度は新玉川線
東急目黒線 不動前→目黒	25.2	163	21.7	115	28.1	155	60年度、10年度は目蒲線
東急大井町線 九品仏→自由が丘	26.3	176	23.5	148	21.5	161	
東急池上線 大崎広小路→五反田	25	159	23.1	135	19	129	
小田急小田原線 世田谷代田→下北沢	25.8	206	24.2	191	22.8	188	

うが楽なことから利用する人が少ない。

常磐線中電は42・9%にもなっている。基本的に取手よりも土浦寄りの各駅からの通勤利用は多いが、閑散時に東京都心に向かう人が少ないということが要因である。それにしても常磐線の各電車の集中率は高い。通勤通学以外では電車に乗る人が少ないためだと思われる。

20%前後になっている東急東横線祐天寺→中目黒間と京王井の頭線全線は、街が成熟して閑散時でも大いに利用されている。

多くの路線で集中率は昭和60年度にくらべて低くなっているが、東急目黒線は逆に高くなっている。昭和60年度は目黒—蒲田間を結ぶ路線が

●東京郊外路線・集中率等

路線名・区間	昭和60年度(1985)	公表混雑率	平成10年度(1998)	公表混雑率	平成24年度(2012)	公表混雑率	備考
京王線 下高井戸→明大前	25.5	193	25.9	168	24.2	164	
京王井の頭線 神泉→渋谷	22.6	180	22.2	150	20.2	146	
西武新宿線 下落合→高田馬場	28.5	199	25.6	169	24.8	158	
西武池袋線 椎名町→池袋	27.1	203	25.7	178	23.2	161	
西武有楽町線 新桜台→小竹向原	39.6	13	38.3	83	29.7	86	
東武伊勢崎線 小菅→北千住	33.5	184	32.4	161	32.5	136	
東武東上線 北池袋→池袋	27.9	179	24.2	151	22.8	137	
京成押上線 京成曳舟→押上	46.9	152	44.9	168	37.6	154	60年度は四ツ木→荒川(現・八広) 10年度は四ツ木→八広
東京モノレール 浜松町→天王洲アイル	17.2	122	19.5	113	19.3	93	60年度は浜松町→大井競馬場前

目蒲線だった。池上線と同様に街中を走る町内電車だった。平成12（2000）年に目黒線と東急多摩川線に分割され、東横線の田園調布―日吉間を複々線化して目黒―田園調布―日吉間を走る目黒線電車を設定、さらに東京メトロ南北線と都営三田線と直通している。そうなって日が浅いために集中率が高いのである。

平成10年度には常磐緩行線の集中率が41・8％に上がった。常磐快速線も高い。沿線の開発がまだ続いているのが要因である。私鉄でやはり高い東武伊勢崎線も沿線がまだ開発中であることが要因だが、西武有楽町線は池袋線と直通運転を開始したのが平成10年3月なので、地下鉄経由の都心直通の定期外客の移行がま

●横浜・川崎地区路線・集中率等

路線名・区間	昭和60年度(1985)	公表混雑率	平成10年度(1998)	公表混雑率	平成24年度(2012)	公表混雑率	備考
南武線 武蔵中原→武蔵小杉	28.2	228	33.3	177	28.6	194	60年度は矢向→尻手
横浜線 小机→新横浜	32.1	209	26.8	145	25.3	183	60年度は新横浜→菊名
根岸線 新杉田→磯子					36.8	170	60年度、10年度は統計にない
横浜市ブルーライン 阪東橋→伊勢佐木長者町	25.3	143	29.7	165	23.5	123	
京急本線 戸部→横浜	32.4	180	29.5	152	25.8	142	

だほとんどないために集中率が38・3%となっている。そして混雑率は83%でしかないのも定期客が多いためである。

横浜・川崎地区路線

江ノ島電鉄は沿線が成熟していて足代わりに利用されているために昭和60年度からずっと集中率が10%台になっている。平成10年度がさらに低くなったのは、閑散時に行楽客が利用するようになったためである。平成24年度は少し上がった。混雑率は89%とやや下がった。これは電車に乗るお年寄りが増え、少子化で通学生が減ってしまったものの、沿線の県立鎌倉高校が学区制を撤廃して少し通学生が増えたことで集中率が上がったものと思われる。

湘南モノレールの集中率が昭和60年度には30・1%もあったのに、ずっと減り続け、平成24年度は20・9%になってしまったのも、沿線の少子高齢化が進んでいるといえるが、混雑率は平成24年度でも172%にもなっている。昭和60年度は226%もあった。すべてを3両編成にし、座

●横浜・川崎地区路線・集中率等

路線名・区間	昭和60年度（1985）	公表混雑率	平成10年度（1998）	公表混雑率	平成24年度（2012）	公表混雑率	備考
相模鉄道 平沼橋→横浜	26.4	167	26.1	151	23.2	135	
江ノ島電鉄 石上→藤沢	19.6	121	13.5	90	14.2	89	60年度は由比ヶ浜→和田塚
湘南モノレール 富士見町→大船	30.1	226	22.2	209	20.9	172	
金沢シーサイドライン 新杉田→南部市場			5.9	113	27.6	116	60年度は未開通

席の一部をラッシュ時に収納式にしたりして輸送力を上げてはいるが、ラッシュ時の運転間隔はずっと7分30秒ごとになっている。単線だから増発ができないのである。混雑緩和は少子高齢化が進むのを待つしかない。

大手私鉄の京浜急行の最混雑区間は戸部↓横浜間になっている。横浜駅でJRに乗り換えて東京都心部へ向かう人が多いからである。これを阻止するために京急は横浜―品川間でスピードアップしたり、横浜駅を通過するモーニング・ウィング号、夕ラッシュ時や深夜の下りにウィング号を走らせたりしているが、まだ大きく阻止することはできていない。

しかし、集中率は昭和60年度の32・4％から25・8％に下がった。下がった一番の理由は横浜方面から直通する羽田空港への電車を走らせたことである。

JR根岸線の新杉田↓磯子間の集中率が36・8％と高く混雑率も高い。集中率が高くなっているのは、大船方面から関内駅の手前石川町駅までの間に行楽施設やショッピング街が少ないので、昼間時の通勤・通学以外の利用が少な

●西東京地区路線・集中率等

路線名・区間	昭和60年度(1985)	公表混雑率	平成10年度(1998)	公表混雑率	平成24年度(2012)	公表混雑率	備考（ＪＲ各線の平成10年度統計なしのため平成９年度）
五日市線 東秋留→拝島					33.5	151	60年度、10年度は統計になし
青梅線 西立川→立川	38.4	226	32.3	183	30.5	145	
京王相模原線 京王多摩川→調布	32	119	31.2	141	26.6	127	
小田急多摩線 五月台→新百合ヶ丘	23.7	80	21.3	68	19.1	80	60年度は五月台→新百合ヶ丘
多摩都市モノレール 高松→立川北					16.1	85	60年度、10年度は未開通

いのである。また、桜木町駅や関内駅のショッピング街などへは大船以西からは東海道本線などに乗って横浜経由で行くほうが便利だからでもある。混雑率が高いのは磯子始発の横浜方面行があり、磯子以遠からの運転本数が少ないためである。

西東京地区路線

多摩ニュータウンへのアクセス線の京王相模原線と小田急多摩線は集中率が減りつつある。このうち多摩線は小田急小田原線の梅ヶ丘—和泉多摩川間が複々線化され、朝ラッシュ時に多摩ニュータウンから新宿方面へ行くのに京王経由よりも速くなったことで混雑率を上げている。

青梅・五日市線は集中率が高い。周辺道路は都心にくらべると渋滞が少ない。昼間時のショッピングなどはクルマを利用したほうが便利なので高くなっているといえる。

●千葉・茨城地区路線・集中率等

路線名・区間	昭和60年度(1985)	公表混雑率	平成10年度(1998)	公表混雑率	平成24年度(2012)	公表混雑率	備考
京成本線 大神宮下→京成船橋	31.7	179	28.2	163	22.1	138	
北総鉄道 新柴又→京成高砂	39.6	129	41.1	133	31.9	89	60年度は北総開発鉄道西白井→北初富
新京成電鉄 上本郷→松戸	40	216	35.1	150	26.8	109	
関東鉄道 竜ヶ崎線竜ヶ崎→佐貫	28.8	85	27.8	67	20.6	26	
関東鉄道 常総線西取手→取手	43.3	146	39	125	28.7	58	60年度は取手→新取手
流鉄流山線 小金城趾→幸谷	21	121	16.5	111	11.1	61	
東葉高速鉄道 東海神→西船橋			42.9	132	34.4	101	60年度は未開通
千葉都市モノレール 千葉公園→千葉			27.6	128	22.2	121	60年度は未開通、10年度は桜木→都賀
山万ユーカリが丘線 地区センター→ユーカリが丘	30.2	28	34.7	27	17.5	29	

千葉・茨城地区路線

大手私鉄の京成電鉄は千葉県内の大神宮下↓京成船橋間が最混雑区間である。京成船橋駅でJR総武線に乗り換えるために通勤客がどっと降りるからである。

北総鉄道の集中率が高いのは、運賃が高いために閑散時の利用を差し控えられているためである。それに加えて千葉ニュータウン中央駅に大型ショッピングモールがあるため、閑散時の買い物等はここで済ます人が多い。しかもマイカー利用をし、北総鉄道を利用しない人が大半である。

千葉都市モノレールの集中率が22・2%と低い。沿線は住宅地だが、千葉駅でJRに乗り換える人とともに都賀駅で乗り換える人もいるために、分散

●大宮地区路線・集中率等

路線名・区間	昭和60年度(1985)	公表混雑率	平成10年度(1998)	公表混雑率	平成24年度(2012)	公表混雑率	備考
東北本線 土呂→大宮					33.8	169	60年度、10年度は統計になし
高崎線 宮原→大宮					30.8	188	60年度、10年度は統計になし
埼玉新都市交通 鉄道博物館→大宮	27.6	123	22.1	96	20.2	113	

●中京地区路線・集中率等

路線名・区間	昭和60年度(1985)	公表混雑率	平成10年度(1998)	公表混雑率	平成24年度(2012)	公表混雑率	備考(ＪＲ各線の平成10年度統計なしのため平成９年度)
東海道本線下り 熱田→名古屋	28.9	172	21.9	142	17.9	103	60年度は大府→名古屋
東海道本線上り 枇杷島→名古屋	31.8	168	31.9	141	24.2	116	60年度は大垣→名古屋
中央本線 新守山→大曽根	37	192	30.4	157	22.9	124	60年度は多治見→名古屋

されて集中率を下げている。

関東鉄道竜ケ崎線も20・6％となっている。こちらの混雑率は26％でそもそも混雑していない。昼間はさらに空いている。

大宮地区路線

東北本線と高崎線の集中率は30％台になっている。沿線はまだまだ市街地化されておらず、通勤・通学客以外には利用する人が少ない。

埼玉新都市交通ニューシャトルは20・2％となっている。沿線は成熟していてもともと集中率は低いが、さらに鉄道博物館からの帰宅客が増えたことも、集中率を下げている理由の一つである。

●中京地区路線・集中率等

路線名・区間	昭和60年度(1985)	公表混雑率	平成10年度(1998)	公表混雑率	平成24年度(2012)	公表混雑率	備考（ＪＲ各線の平成10年度統計なしのため平成９年度）
関西本線 八田→名古屋	37	143	35.2	116	30.8	112	60年度は四日市→名古屋
名古屋市東山線 名古屋→伏見	28.9	251	23.4	196	18.8	137	
名古屋市名城・名港線 金山→東別院	26.9	197	24.2	169	21	129	
名古屋市鶴舞線 川名→御器所	22.6	178	25.9	166	24.4	111	60年度は上前津→鶴舞
名古屋市桜通線 国際センター→丸の内			25.4	143	20.9	116	60年度は未開通
名古屋市上飯田線 上飯田→平安通					30.7	108	60年度、10年度は未開通
名古屋鉄道本線（東） 神宮前→金山	27.4	165	29.1	148	25.5	137	60年度は呼続→堀田
名古屋鉄道本線（西） 栄生→名鉄名古屋	27.1	184	27.7	141	28.8	137	60年度は栄生→新名古屋
名古屋鉄道常滑線 豊田本町→神宮前	26.2	198	28.7	138	25.2	141	

中京地区路線

昭和60年度の国鉄各線の集中率は軒並み高かった。しかし、東海道本線、中央本線、関西本線の混雑区間は一駅間ではない。数値的にはきっちりしたものではないようである。しかも名古屋鉄道管理局は予算配分を多くしてもらいたいために混雑時の輸送人員を水増ししていたともいわれる。ＪＲになって的確な数値を出しており、集中率は低くなった。各線の混雑率も１４３〜１９２％だったが、１０３〜１２４％と減っている。閑散時も含めて首都圏ほど混んではいない。

地下鉄の大半は20％前後の集中率となっている。私鉄線もほぼ落ち着いた集中率だが、名鉄瀬戸線と小牧線の集中率が高い。瀬戸線は閑散時の利用が

●中京地区路線・集中率等

路線名・区間	昭和60年度(1985)	公表混雑率	平成10年度(1998)	公表混雑率	平成24年度(2012)	公表混雑率	備考(JR各線の平成10年度統計なしのため平成9年度)
名古屋鉄道犬山線 下小田井→枇杷島分岐点	29.7	199	27.6	159	26.2	142	
名古屋鉄道瀬戸線 矢田→大曽根	28.2	187	35.6	181	33.7	143	
名古屋鉄道小牧線 味鋺→上飯田	32	167	44.6	102	35.9	118	
名古屋鉄道津島線 甚目寺→須ヶ口	34.2	177	39.2	144	31.3	131	
近鉄名古屋線 米野→近鉄名古屋	31.1	165	27.3	144	28.3	133	
三岐鉄道三岐線 三岐朝明信号場→近鉄富田	15.8	85	39.1	87	33.2	73	
樽見鉄道 大垣→東大垣	38.5	119	41.8	118	17.8	68	60年度は全線
長良川鉄道 前平公園→美濃太田			29.1	47	29.9	37	60年度は統計になし
愛知環状鉄道 末野原→三河豊田			32.5	112	33.2	87	60年度は未開通、10年度統計なしのため9年度の統計
桃花台新交通 東田中→小牧原			29.2	70			60年度は未開通、2006年に廃止
東海交通事業城北線 味美→比良			42.4	34	21.7	29	60年度は未開通

年々減っている。道路が整備されマイカー利用に移っているものと思われる。

　小牧線は地下鉄上飯田線に直通している。上飯田線の集中率が30・7%である。小牧線と相互直通をしていて、味鋺《あじま》↓上飯田↓平安通と一駅間ずつ隣り合わせになっている。それなのに上飯田駅を挟んで集中率が大きく違っている。通勤客の多くは地下鉄上飯田線に乗ってさらに名城・名港線に乗り換えて都心に出ず、上飯田駅でバスに乗り換えて名古屋都心部各地に向かっているといえる。

　樽見鉄道は終着の大垣駅へ向かうほうが混んでおらず、逆方

●京都地区路線・集中率等

路線名・区間	昭和60年度(1985)	公表混雑率	平成10年度(1998)	公表混雑率	平成24年度(2012)	公表混雑率	備考（ＪＲ各線の平成10年度統計なしのため平成９年度）
京都市烏丸線 京都→五条	26.5	185	25.2	137	13.2	104	60年度は五条→四条
京都市東西線 御陵→蹴上			27.2	113	10.2	86	60年度は未開通
近鉄京都線 桃山御陵前→近鉄丹波橋	33.1	171	29.1	148	25.3	126	
叡山電鉄 茶山→元田中	22.1	53	18.7	51	18.4	51	60年度は京福電鉄、修学院→一乗寺

●大阪地区路線・集中率等　ＪＲ

路線名・区間	昭和60年度(1985)	公表混雑率	平成10年度(1998)	公表混雑率	平成24年度(2012)	公表混雑率	備考（ＪＲ各線の平成10年度統計なしのため平成９年度）
東海道本線下り快速 茨木→新大阪	27.3	222	23.7	134	20.5	105	60年度は高槻→大阪
東海道本線下り緩行 新大阪→大阪	25.6	204	22.7	159	20.7	107	
東海道本線上り快速 尼崎→大阪	26.7	190	27.9	132	20.9	104	60年度、10年度は芦屋→大阪
東海道本線上り緩行 塚本→大阪	28.3	180	21	103	19.3	101	

向の大垣→東大垣間が最混雑区間になっている。県立大垣商業高校への通学生が混雑を引き上げているのである。しかし、混雑率は68％とさほど高くはない。集中率は17・8％なので閑散時もローカル鉄道としては比較的利用されているといえる。

長良川鉄道の集中率は29・9％もあり、そして混雑率は37％と低い。閑散時はあまり利用されていない。

京都地区路線

地下鉄烏丸線の集中率は13・2％と低い。これは最混雑区間が京都→五条間と街中にあるからである。東西線はもっと低い

●大阪地区路線・集中率等　ＪＲ

路線名・区間	昭和60年度(1985)	公表混雑率	平成10年度(1998)	公表混雑率	平成24年度(2012)	公表混雑率	備考(ＪＲ各線の平成10年度統計なしのため平成９年度)
大阪環状線内回り 鶴橋→玉造	19.3	225	19.3	174	17.4	121	
大阪環状線内回り 京橋→桜ノ宮	20	244	15.5	139	12.6	111	
大阪環状線外回り 玉造→鶴橋	15.2	176	11.1	86	11	91	
片町線 鴫野→京橋	30.9	242	23.2	151	22.9	134	
関西本線快速 久宝寺→天王寺	44.2	266	39.6	162	30.5	115	60年度は柏原→天王寺
関西本線緩行 東部市場前→天王寺	31.7	234	21	155	16.9	120	60年度は柏原→天王寺
阪和線快速 堺市→天王寺			35.4	121	24.2	112	60年度は統計になし
阪和線緩行 鳳→天王寺	23.2	183					10年度、24年度は統計になし
ＪＲ東西線 大阪天満宮→北新地			29.2	128	21.9	85	60年度は未開通、10年度は京橋→大阪城北詰

10・2％になっている。近鉄京都線はそれなりの数値である。叡山電鉄の集中率は18・4％と低く、混雑率は51％なので、終日ゆったりとしているといえる。この程度の集中率と混雑率が、乗客にとっては理想的である。

大阪地区路線・ＪＲ

昭和60年度にくらべて集中率は軒並み下がっている。東海道本線では新快速の充実と緩行の増発で閑散時も利用されるようになって集中率が下がった。

大阪環状線は京橋駅で京阪電車からの乗換客、鶴橋駅で近鉄電車からの乗換客があり混雑が深刻だったが、都心への地下鉄線の整備が進んでこちらを利用して都心に向かう人が増え、そも

●大阪地区路線・集中率等　地下鉄等

路線名・区間	昭和60年度(1985)	公表混雑率	平成10年度(1998)	公表混雑率	平成24年度(2012)	公表混雑率	備考（ＪＲ各線の平成10年度統計なしのため平成９年度）
大阪市御堂筋線南行 梅田→淀屋橋	20.1	208	19.7	152	18.6	140	
大阪市御堂筋線北行 難波→心斎橋	25	240	24.4	159	20.7	114	
大阪市谷町線南行 東梅田→南森町	23.4	158	22.4	107	21.6	96	
大阪市谷町線北行 谷九→谷六	28.5	172	27	137	27.4	108	
大阪市四つ橋線南行 西梅田→肥後橋	28.2	123	26.5	97	26.4	79	
大阪市四つ橋線北行 難波→四ツ橋	39	183	34.8	118	32.7	91	
大阪市中央線東行 本町→堺筋本町	19.4	104	15	83	14.1	86	
大阪市中央線西行 森ノ宮→谷四	17.7	94	25.8	127	27.5	132	60年度は堺筋本町→本町
大阪市千日前線西行 鶴橋→谷九	27.9	146	27.9	128	20.1	101	60年度は難波→桜川

※谷四＝谷町四丁目、谷六＝谷町六丁目、谷九＝谷町九丁目

そも京阪、近鉄とも乗客が減ったこともあって、乗換客は少なくなった。このため環状線の各区間では集中率も混雑率も減ってしまった。昭和60年度では京橋→桜ノ宮間の混雑率が２４４％、鶴橋→玉造間が２２５％、玉造→鶴橋間が１７６％もあったのが、嘘のように空くようになった。

関西本線快速は昭和60年度は集中率44・２％、混雑率２６６％にもなっていたが、これも嘘のように減ってしまった。

昭和60年度の数値は本当に嘘だった可能性が高い。当時は先述した名古屋鉄道管理局と同様に天王寺鉄道管理局がこの数値を国鉄本社に提出していた。

天王寺鉄道管理局は国鉄本社からす

●大阪地区路線・集中率等　地下鉄等

路線名・区間	昭和60年度(1985)	公表混雑率	平成10年度(1998)	公表混雑率	平成24年度(2012)	公表混雑率	備考(ＪＲ各線の平成10年度統計なしのため平成９年度)
大阪市千日前線 東行 鶴橋→今里	18.2	129	13.1	62	14.2	57	60年度は難波→日本橋
大阪市堺筋線 南行 南森町→北浜	25.9	139	23.6	80	23.1	85	
大阪市堺筋線 北行 日本橋→長堀橋	32.3	177	31.1	119	28.7	107	
大阪市長堀鶴見緑地線 東行 谷六→玉造			15	53	13.6	73	60年度は未開通、10年度は心斎橋→長堀橋
大阪市長堀鶴見緑地線 西行 蒲生四丁目→京橋			19.9	80	25.5	108	60年度は未開通
大阪市南港ポートタウン線 南行 コスモスクエア→トレードセンター前			33.7	31	23.9	86	60年度は未開通
大阪市南港ポートタウン線 北行 住之江公園→平林	14.7	131	18.9	96	26.1	75	

ると外様管理局とされていた。メインの阪和線は戦時中に国有化されたものであり、関西本線なども明治期に関西鉄道という私鉄を買収したものである。

その私鉄時代の風習がなかなか抜けず、国鉄本社のいうことをあまり聞かない。そこで天王寺鉄道管理局へ回す予算を本社は極力少なくしていた。関西本線、そして阪和線は確かに混んでいたが、本社がそうするならばということで、他時間帯の輸送人員を最混雑時間帯に回した。これによって混雑率も集中率も高くなってしまった。どうもこれが真相らしい。

大阪地区路線・地下鉄等

大阪市交通局の路線で、各線とも上下それぞれの最混雑区間を出している。集中率で一番低いのは長堀鶴見緑地線東行の13・6％で、混雑率は73％と終日空いている。中央線の東行や千

●大阪地区路線・集中率等　私鉄

路線名・区間	昭和60年度(1985)	公表混雑率	平成10年度(1998)	公表混雑率	平成24年度(2012)	公表混雑率	備考(JR各線の平成10年度統計なしのため平成9年度)
近鉄奈良線 河内永和→布施	33.3	185	29.7	160	27.1	137	
近鉄けいはんな線 荒本→長田			37.1	105	32.4	81	60年度は未開通
近鉄大阪線 俊徳道→布施	31.4	181	27.7	142	28.5	134	
近鉄南大阪線 北田辺→河堀口	33.9	163	31.8	140	29.1	125	
南海本線 湊→堺	33.1	179	33.2	140	26.7	116	
南海高野線 百舌鳥八幡→三国ヶ丘	39.3	184	37.1	158	31.2	120	60年度は帝塚山→岸ノ里
京阪本線 野江→京橋	30.4	172	30.2	148	23.8	114	
阪急京都線 上新庄→淡路	24.4	172	28.9	149	23.3	127	
阪急千里線 下新庄→淡路	22.1	157	22.3	108	20.2	109	
阪急宝塚線 三国→十三	29.8	173	30.1	152	27.5	138	

日前線の東行も同様である。

集中率が18・6％と低い御堂筋線南行の混雑率は140％と地下鉄の中で一番高い。要は終日混んでいるのである。梅田ではJR各線と阪神、阪急から淀屋橋や本町、難波へ向かう客が乗り換えるからである。ただし阪神は阪神なんば線の開通で神戸方面から、梅田駅経由で本町、難波へ向かう客は大きく減っている。

大阪地区路線・私鉄

南海高野線の集中率は減ったとはいえ31・2％もある。泉北高速鉄道も30・0％となっている。沿線は住宅地となっていて、遠距離に住宅地があるため遠距離通勤は

●大阪地区路線・集中率等　私鉄

路線名・区間	昭和60年度（1985）	公表混雑率	平成10年度（1998）	公表混雑率	平成24年度（2012）	公表混雑率	備考（ＪＲ各線の平成10年度統計なしのため平成９年度）
阪急神戸線 神崎川→十三	27.7	174	28.3	144	28.2	139	
阪神本線 出屋敷→尼崎	25.9	162	23.3	122	23.1	112	60年度は姫島→淀川
阪神なんば線 千鳥橋→西九条	27.4	114	22.3	70	19.9	81	60年度は西大阪線
北大阪急行電鉄 緑地公園→江坂	28.5	118	23.8	77	27.9	98	
泉北高速鉄道 深井→中百舌鳥	42.1	189	37.5	128	30	107	
水間鉄道 近義の里→貝塚市役所前	30.5	107	29.8	96	33.5	85	
能勢電鉄妙見線 絹延橋→川西能勢口	43.4	166	40.4	127	40.6	85	
能勢電鉄日生線 日生中央→山下	40.7	59	40	46	44.8	36	
阪堺電気軌道阪堺線 今船→今池	24.8	116	25.8	82	17.8	40	
阪堺電気軌道上町線 松虫→阿倍野	17.3	105	15.3	73	15.4	76	
大阪高速鉄道 沢良宜→摂津			16.4	82	27.6	115	60年度は未開通、 10年度は山田→千里中央

多いが、閑散時にショッピングで難波などへ行くことはあまりないのである。

現在は阿倍野駅に超高層の「あべのハルカス」があり、難波にもそれなりに新しいショッピングセンターができたが、遠距離住宅地からのショッピング客は少し増えただけである。

経済観念がしっかりしている節約志向の関西人は、高い運賃を払ってまで毎週のように大阪都心へのショッピングには行かないのだろう。

これは能勢電鉄日生線にもいえることで、集中率は44・8％にもなっている。妙見線も同様である。

●神戸地区路線・集中率等

路線名・区間	昭和60年度(1985)	公表混雑率	平成10年度(1998)	公表混雑率	平成24年度(2012)	公表混雑率	備考
神戸市西神線 妙法寺→板宿	34.7	170	26.6	172	24.1	127	
北神急行電鉄北神線 谷上→新神戸			34.9	78	35.1	79	60年度は未開通
山陽電鉄 西新町→山陽明石	29.7	116	39.8	127	29.1	111	60年度は滝の茶屋→塩屋
神戸電鉄 丸山→長田	38.5	186	42.9	139	28.7	103	
神戸新交通ポートライナー 三宮→貿易センター	22.1	109	26.5	116	29.7	131	
神戸新交通六甲ライナー 魚崎→南魚崎			21.7	118	21.2	96	60年度は未開通

神戸地区路線

地下鉄は昭和60年度に比べ集中率が10ポイント以上下がった。沿線で次々宅地開発が行われて成熟したためである。

北神急行電鉄の北神線は神戸電鉄から三宮へのショートカット路線である。しかし、運賃が高いために、自腹出費がない通勤客が多く、集中率は35・1%にもなっている。定期外客は相変わらず新開地経由の神戸高速線に乗っている。

山陽電鉄は東京の京浜急行や京成電鉄同様にもっと手前の山陽明石駅でJR山陽本線に乗り換えて神戸や大阪に行く人が多いために最混雑区間が西新町↓山陽明石間になっていて集中率は30%を切る。神戸電鉄は沿線にベッドタウンがあって通勤客が多かったが現在の集中率はやはり30%以下である。

ポートライナーは貿易センター駅付近が再開発されたために通勤客が増えて逆に集中率が増した。六甲ライナーは六甲アイランドで日常品の購入はできるが大型のショッピングセンターがないために、閑散時に電車の利用が増え集中率が21・2%になっている。

定期比率が高いと電車は混雑し鉄道会社は儲からない

定期比率は、全乗客のうち定期客が何パーセントを占めているかの比率である。基本的には集中率と比例している。

定期客小計	構成比%	定期外客	構成比%	合計
3,006,983	68	1,404,397	32	4,411,380
25,531,361	48	27,408,113	52	52,939,474
8.5		19.5		12
3,127,775	69	1,423,200	31	4,550,975
24,999,767	49	26,035,352	51	51,035,119
8		18.3		11.2
257,075	68	120,758	32	377,833
2,623,906	53	2,387,452	47	5,011,358
10.2		19.8		13.3

表は定期比率と集中率がともに高い京成押上線、そして郊外私鉄で一般的な京急本線、定期比率が低い京急空港線、通学定期客の比率が高い樽見鉄道、関西で一般的な定期比率である阪神本線などの通勤、通学定期客の統計と比率である。定期比率は年間の輸送人員をもとにした平成26（２０１４）年度のものである。

京成押上線は通勤定期客が61%、通学定期客が7%で合計の定期比率は68%、平成24年度の集中率は37・6%と高く、混雑率は１５４%である。

●定期・定期外輸送人キロと運賃収入の関係　　平成26（2014）年度

		通勤定期	構成比%	通学定期	構成比%
東京メトロ東西線	輸送人キロ（千人キロ）	2,611,352	59	395,631	9
	運賃収入（千円）	23,428,608	44	2,102,753	4
	乗客運賃 １人１キロ当たり収入（円）	9		5.3	
東急田園都市線	輸送人キロ（千人キロ）	2,491,584	55	636,191	14
	運賃収入（千円）	22,524,708	44	2,475,059	5
	乗客運賃 １人１キロ当たり収入（円）	9		3.9	
京成押上線	輸送人キロ（千人キロ）	229,965	61	27,110	7
	運賃収入（千円）	2,530,900	51	93,006	2
	乗客運賃 １人１キロ当たり収入（円）	11		3.4	

運賃収入での比率を見てみると通勤定期客は51%、通学定期客はわずか２%である。切符やＩＣカードで乗る定期外客の輸送人キロでの比率は32%なのに、定期外客の運賃収入の比率は47%となる。

割引率が高い定期客が多いと運賃収入が少なくなるのは当然で、さらに通学定期客になると、国の政策もあってもっと割引率が高い。樽見鉄道の通学定期客の比率は42%にもなるのに、通学定期客の運賃収入の比率は４%しかない。地方に行けば行くほど通学定期客の比率が増える。

地方ローカル私鉄の宿命で、赤字になる大きな要因である。そういったことから沿線の地方自治体などは赤字補填等を行っているのである。

ところが関西私鉄では、ＩＣカードのＰｉＴａＰａで同じ区間を月に11回以上乗ると11回目からは割引運賃になる、いわば回数券的運賃制度がある。これによって少し損はするが定期外客を増やすことで、阪神本線の輸送人キロの定期比率は50％に下がり、運賃収入は定期外客が65％に増えた。

さらに京急空港線では国内線、国際線の空港利用客が多く、輸送人キロの定期比率は26％と低い。そのため運賃収入の86％が定期外客である。

鉄道会社は、運賃収入が高い定期外客をどれだけ取り込むかいろいろ策を練っている。ラッ

定期客小計	構成比％	定期外客	構成比％	合計
3,511,317	63	2,075,182	37	5,586,499
26,528,216	42	35,963,082	58	62,491,298
7.6		17.3		11.2
68,555	26	199,168	74	267,723
1,236,887	14	7,707,948	86	8,944,835
18		38.7		33.4
4,417,666	69	1,955,378	31	6,373,044
15,819,067	44	20,571,018	56	36,390,085
3.6		10.5		5.7
3,996	51	3,794	49	7,790
20,390	18	92,198	82	112,588
5.1		24.3		14.5
846,396	38	1,392,942	62	2,239,338
16,321,315	26	46,110,923	74	62,432,238
19.3		33.1		27.9
1,024,454	50	1,014,249	50	2,038,703
9,936,310	35	18,418,275	65	28,354,585
9.7		18.2		13.9

●定期・定期外輸送人キロと運賃収入の関係

		通勤定期	構成比%	通学定期	構成比%
京急本線	輸送人キロ(千人キロ)	2,864,289	51	647,028	12
	運賃収入(千円)	24,706,457	39	1,821,759	3
	乗客運賃 1人1キロ当たり収入(円)	8.6		2.8	
京急空港線	輸送人キロ(千人キロ)	65,904	25	2,651	1
	運賃収入(千円)	1,224,949	14	11,938	0
	乗客運賃 1人1キロ当たり収入(円)	18.6		4.5	
名古屋鉄道 瀬戸線、豊川線 を除く全線	輸送人キロ(千人キロ)	2,564,050	40	1,853,616	29
	運賃収入(千円)	12,954,275	36	2,864,792	8
	乗客運賃 1人1キロ当たり収入(円)	5.1		1.5	
樽見鉄道	輸送人キロ(千人キロ)	688	9	3,308	42
	運賃収入(千円)	16,289	14	4,101	4
	乗客運賃 1人1キロ当たり収入(円)	23.7		1.2	
大阪市交通局 御堂筋線	輸送人キロ(千人キロ)	787,807	35	58,589	3
	運賃収入(千円)	15,191,524	24	1,129,791	2
	乗客運賃 1人1キロ当たり収入(円)	19.3		19.3	
阪神本線	輸送人キロ (千人キロ)	811,917	40	212,537	10
	運賃収入 (千円)	8,976,758	32	959,552	3
	乗客運賃 1人1キロ当たり収入(円)	11.1		4.5	

京急快特三崎口行
京急では電車バス乗車券と食事券など特典付きの「みさきまぐろきっぷ」などを発売している

シュ方向の逆から乗ることが一番多いのは行楽客である。基本的にターミナル駅に到着して各電車は折り返すが、これらは回送電車に近いガラガラの電車である。

車庫に戻したりするためにどうしても走らせなければならない。この折返電車にできるだけ乗ってもらおうということで、運賃を割り引いてでも行楽地でのアトラクションや食事券などとセットで格安割引チケットを発売したりしている。

近鉄ではラッシュ方向はロングシート車となり、折り返しはクロスシート車になるL／Cカーを導入して、行楽客を誘致している。

そしてこのL／Cカーを東武や西武、京王が導入して、ラッシュ時に料金を付加して着席できる電車を走らせるようになった。しかし、近鉄のような使い方が本来のあり方であり、東武や西武、京王の座席保証電車に対して筆者は疑問符をつけたくなってしまう。着席料金は安ければまだしも、小田急特急のロマンスカー並みの料金をとっているのはいかがなものかと思う。

第二章

地域別・路線別のラッシュ事情徹底チェック

満員電車は首都圏だけにあるわけではない。関西圏や中京圏、全国各地の都市圏でも通勤・通学ラッシュがある。これらのラッシュに関するデータは国交省が公表している。しかし、各社が提出している各車両の定員はなぜか国交省が定めた基準で計算されていない。これでは比較にならない。そこで国交省の基準で計算しなおしたものを中段に、さらに全員着席をする通勤ライナーや特急列車、グリーン車も定員乗車として輸送力に加えたものを下段に掲げた。公表された輸送人員に、着席乗車している乗客を加えているか否かは定かではないが、一応参考値として公表の輸送人員で混雑率を算出している。平成26年度版の都市交通年報のデータで算出し、記述もその内容に沿っている。

ラッシュの多くは、終着の大きなターミナルと、その一駅手前との一駅間が最混雑区間になるが、そうでない路線もある。なぜそうなるかについても言及する。

札幌都市圏

函館本線下り

最混雑区間は琴似《ことに》→桑園間となっている。札幌駅の一つ手前の桑園駅には札幌駅から続くオフィスビルが多くあり、北海道大学のキャンパスも近く、琴似以遠からの通勤・通学客の降車が多いからである。

公表では6両編成10本の計60両が走っており、平均定員は138人としている。しかし、3

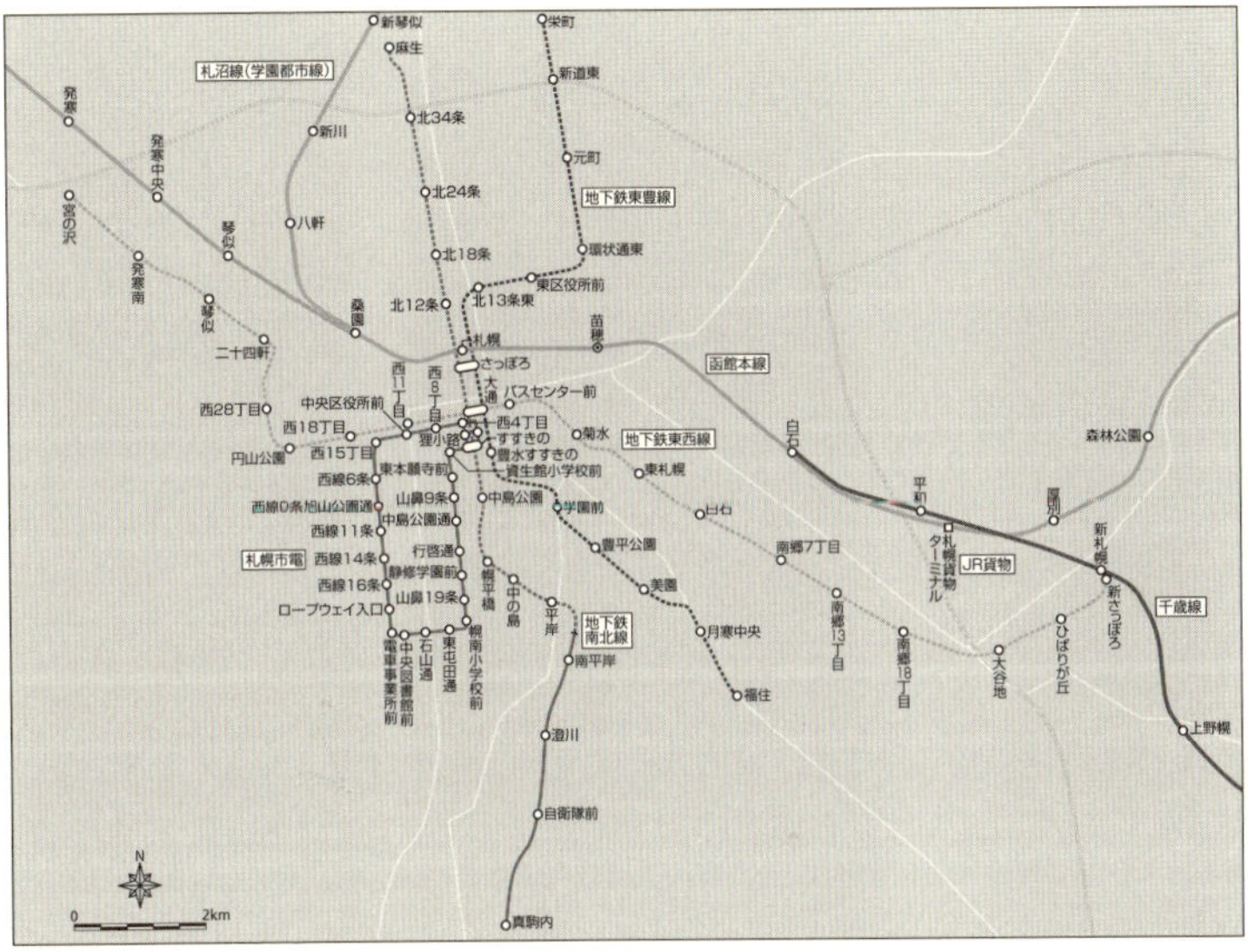

両編成の通勤形２編成を連結した６両編成が８本、それに快速エアポート用のＵシート車を連結した６両編成がある。この６両編成のうちＵシート車以外はロングシートの通勤形である。Ｕシート車は快速エアポートに使用しているときは指定席料金が必要だが、普通や区間快速に使用しているときはだれでも料金なしで乗れる。

　通勤形先頭車の定員はトイレなしが１４２人、トイレ付が１３３人、中間車が１５５人である。首都圏の20ｍ４扉車よりも定員が多いのは先頭車が全長21・２ｍ、中間車が20・８ｍと長くなっていて、そのぶん有効床面積が広いからである。

　Ｕシート車は座席定員が43人、立席定員はＪＲ北海道の公表では29人となって

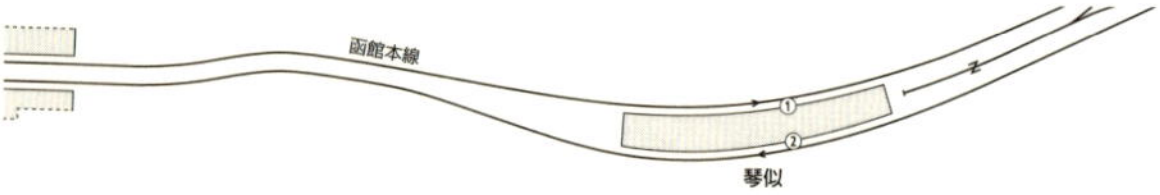
函館本線
琴似
N

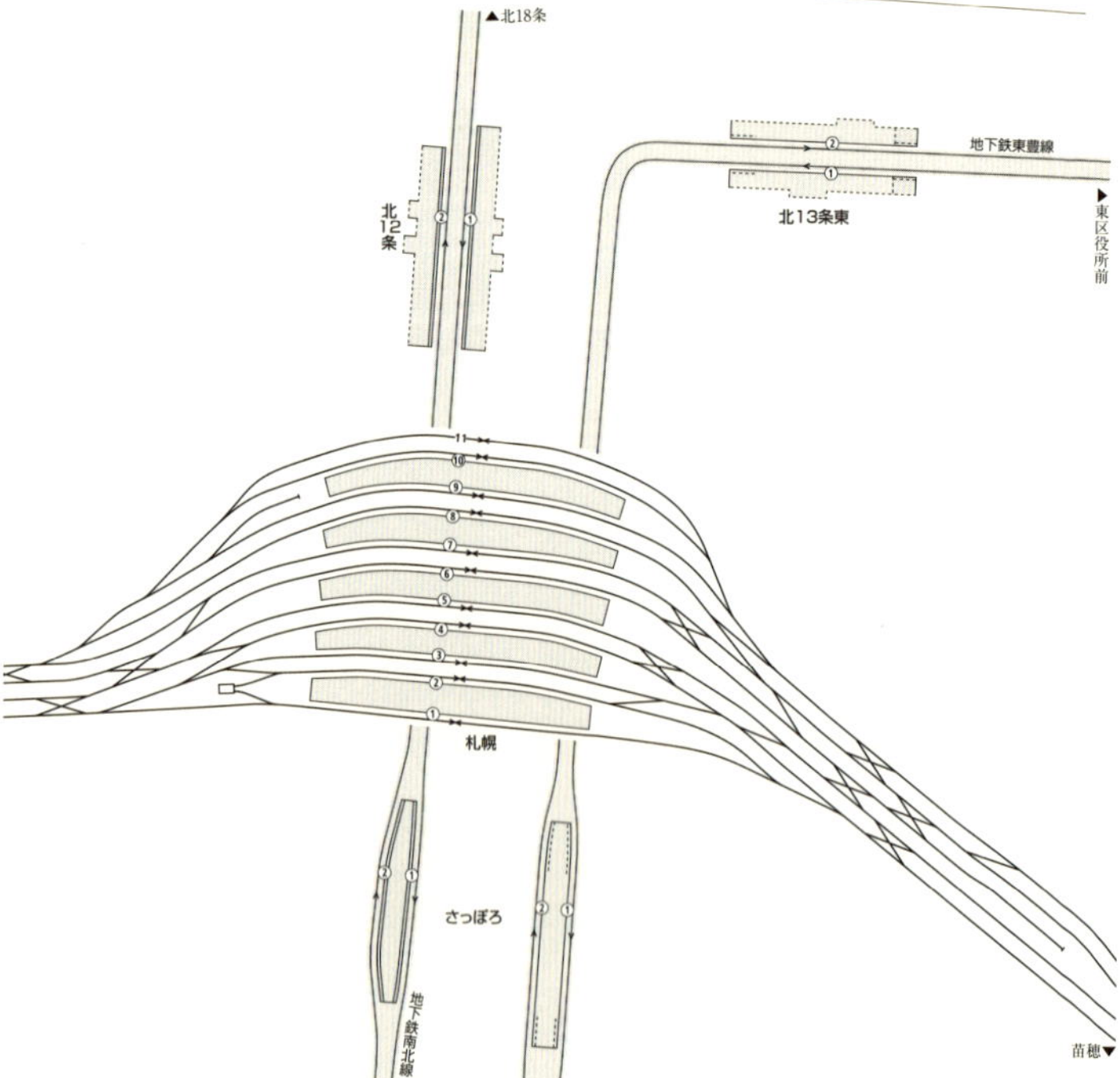
▲北18条
北12条
地下鉄東豊線
北13条東
▶東区役所前
札幌
さっぽろ
地下鉄南北線
苗穂▼
▼大通
▼大通

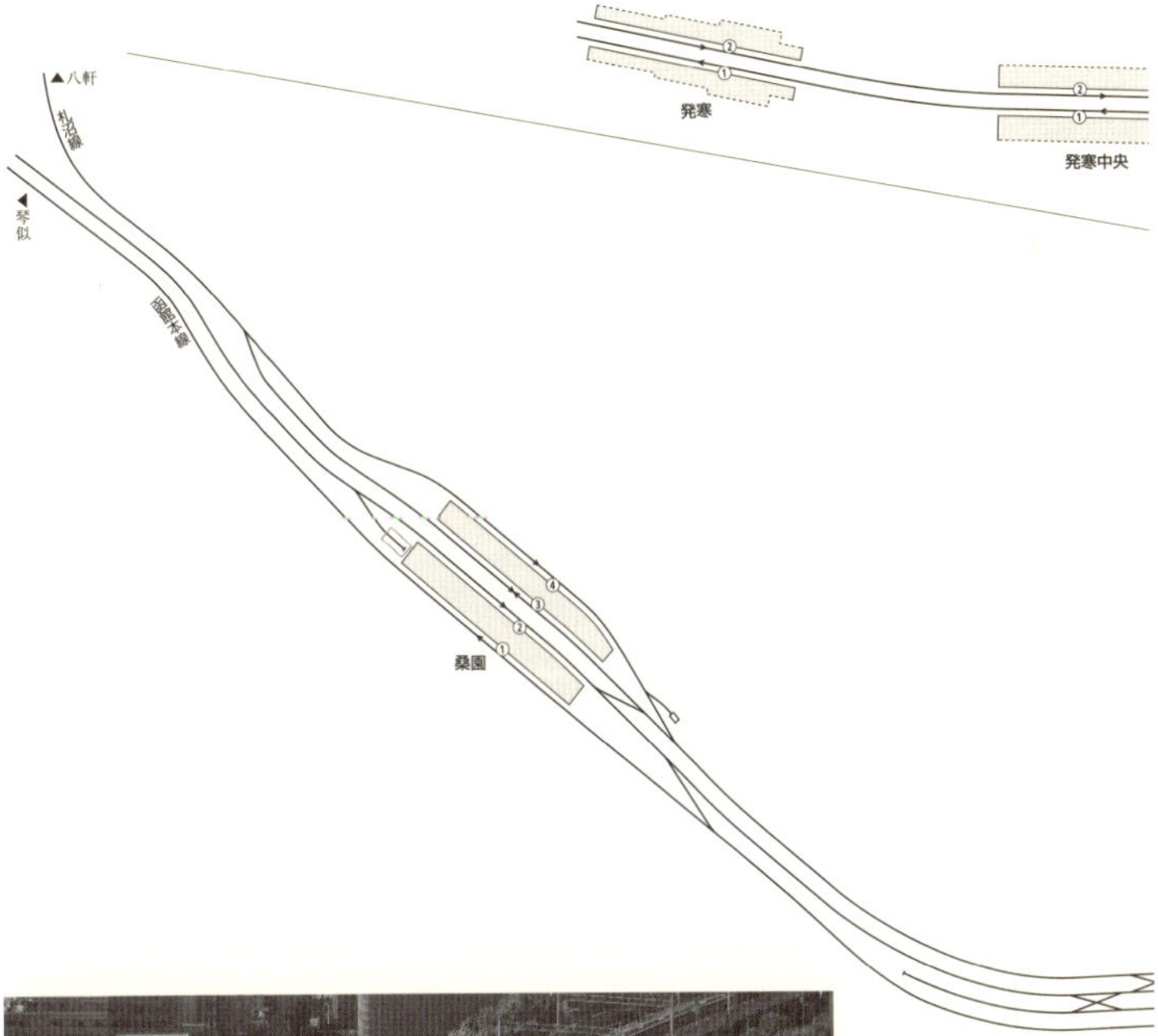

ＪＲタワーの展望室から見た函館本線の札幌－桑園間。線路の左に並行している緑地帯が北海道新幹線の用地として確保されているが、一部区間でマンションがすぐそばまで建てられたりして建設が難しかったり、札幌駅の新幹線用地そのものがＪＲタワーに流用されたりしており、写真のあたりの地下に設置する案が出ている

1両 平均定員	輸送力	輸送人員	混雑率%	編成定員	車種別定員
138	8280	10017	121		
142.3	8536		117	ロング車3＋3の6両編成860人 Uシート車連結6両編成828人	先頭車142人 同トイレ付133人 中間車155人 Uシート車88人
129.2	9226		109	261系5両編成250人 183系７両編成440人	
137	7398	8136	110		
142.7	7708		106		
139	5838	5902	101		
141.8	5956		99		

いるが、3ヵ所あるデッキ部分と左右の座席間の通路を立席とすると、有効床面積は16㎡もある。立席定員は45人ということになって合計定員は88人である。

この輸送力で混雑率を計算し直すと117%となる。

さらに特急「スーパーとかち」1号になる前の編成が、手稲発札幌行の「ホームライナー」として走っている。「スーパーとかち」1号は261系5両編成である。また特急「北斗」6号（現在は「スーパー北斗」6号）の編成も、「ホームライナー」として手稲↓札幌間を走る。使用車両は183系7両編成（現在は261系）である。

「ホームライナー」は乗車整理券が必要だが、その料金はたったの100円である。このため気軽に利用されている。この2本の「ホームライナー」を輸送力に加えると混雑率は109%に下がる。ただし、参考値である。

なお、「ホームライナー」は札幌駅に到着して、そ

●札幌都市圏

路線名	区間	時間帯	編成両数×運転本数	通過車両数
函館本線下り	琴似→桑園	7:32〜8:29	6×10 ロング車(3+3)×8 Uシート車付6×2	60
			ホームライナー 2本追加	72
函館本線上り	白石→苗穂	7:35〜8:34	6×9 ロング車(3+3)×8 Uシート車付6×1	54
千歳線	白石→苗穂	7:29〜8:26	6×7 ロング車(3+3)×5 Uシート車付6×2	42

のまま扉を開けて特急の乗客を乗せる。このため、これらの特急に乗る人は手稲からずっと乗っていてもい い。特急には自由席があるから、先に自由席車の座席に座っていれば札幌から乗る人よりも先に座席を確保できる。そういう利用をしている人も多い。

函館本線上り

苗穂駅周辺もオフィスビルがあり、通勤客の降車で苗穂↓札幌間は混雑率が少し減る。したがって最混雑区間は白石↓苗穂間になる。

６両編成９本が走っている。実際には３＋３の６両編成が８本、Ｕシート車付の６両編成が１本である。輸送力は７７０８人に増え、混雑率は１０６％に下がる。

千歳線

最混雑区間は白石↓苗穂間で函館本線上りと同じ区間である。路線としては正確には函館本線だが、千歳

1両平均定員	輸送力	輸送人員	混雑率%	編成定員	車種別定員
136	4896	6002	123		
141.6	5096		118		
138	12420	12465	100		
133	11970		104	6両編成798人	先頭車123人 中間車138人
130	13650	16408	120		
128.4	13485		122	7両編成899人	先頭車117人 中間車133人
129	7740	9388	121		
125	7500		125	4両編成500人	先頭車117人 中間車133人

線と函館本線の列車を分けた方向別複々線であり、按分なしで輸送人員が把握できている。

６両編成７本が走る。実際の内訳は３＋３の６両編成が５本、Ｕシート車付の６両編成が２本である。輸送力は５９５６人となり、混雑率は99％と１００％を割っている。

新千歳空港→札幌間の定期外客が多いため、集中率はおそらく20％以下になっていると思われる。

札沼線

３＋３の６両編成が４本、Ｕシート車付６両編成が２本走っているので、実際の輸送力は５０９６人、混雑率は１１８％で、札幌都市圏のＪＲ線で一番混んでいる。

札幌市営地下鉄南北線

南北線の最混雑区間は中島公園→すすきの間である。すすきの駅が札幌市の中心で、北側終端からよりも南側終端の真駒内駅からすすきの駅までの距離のほうが長

●札幌都市圏

路線名	区間	時間帯	編成両数×運転本数	通過車両数
札沼線	八軒→桑園	7:22〜8:21	6×6 ロング車(3+3)×4 Uシート車付6×2	36
札幌市南北線	中島公園→すすきの	8:00〜9:00	6×15	90
札幌市東西線	菊水→バスセンター前	8:00〜9:00	7×15	105
札幌市東豊線	北13条東→さっぽろ	8:00〜9:00	4×15	60

く、そのぶん乗客が多く、北行のほうが混んでいるのである。

札幌地下鉄はゴムタイヤ駆動による案内軌条式である。鉄レール鉄車輪方式の普通の鉄道にくらべ、２００％以上の詰め込み乗車はできないとされている。

もっともタイヤは中空ではなくウレタン樹脂が充填されており、鉄車輪よりは柔らかいが、通常のゴムタイヤよりも硬くタイヤがたわむ度合いは少ない。

また、車体幅は南北線が３０１０㎜、東西線と東豊線が３０８０㎜もあり、新幹線を除いて日本で一番、車体の幅が広い。

東西線と東豊線の車両は車体長17・２ｍの中形車ながら中間車の定員は１３３人になっている。首都圏の中形車の定員が１２５人だから８人多くなっている。

公表されている南北線の１両当たりの平均定員は１３８人になっている。札幌市交通局の主要諸元表に記載されている定員が先頭車１２８人、中間車１４３人で、６両編成の定員が８２８人、１両平均１３８人となることから、この数値を使っている。しかし、実際は先頭車123人、中間車138人である。
このため実際の混雑率は104%である。

札幌市営地下鉄東豊線

札幌市営地下鉄東西線
東西線の最混雑区間は菊水↓バスセンター前間である。バスセンター前駅は大通駅の一駅手前だが、ここで降りて路線バスに乗り換えて各勤務地や学校に向かうために同区間が最混雑区間になる。
東西線の定員も札幌市交通局の諸元表をもとに7両編成で910人として提出しているが、実際の有効床面積で計算すると先頭車117人、中間車133人となり、7両編成の定員は899人に減り、混雑率は122%に増える。

札幌市営地下鉄東豊線
東豊線の最混雑区間は北13条東↓さっぽろ間である。さっぽろ駅と次の大通駅で降りてしまううえに、豊水すすきの駅がすすきのの中心街から少し離れているため、北13条東↓さっぽろ間が最混雑区間になっている。

やはり札幌市交通局の諸元表をもとに平均定員を129人として提出している。実際は125人なので混雑率は125％になる。

仙台都市圏

東北本線下り

最混雑区間は岩沼↓仙台間と公表しているが、最混雑区間は一駅間でのデータのため長町↓仙台間である。編成両数は5・3両編成11本となっているが、これだと通過車両数は計58・3両と中途半端である。通過車両数は58両で、これを11本で割ると四捨五入で5・3両編成になる。

58両の内訳は、オールクロスシート車になっている阿武隈急行の2＋2の4両編成1本、セミクロスシート車（719系または721系）の4＋4

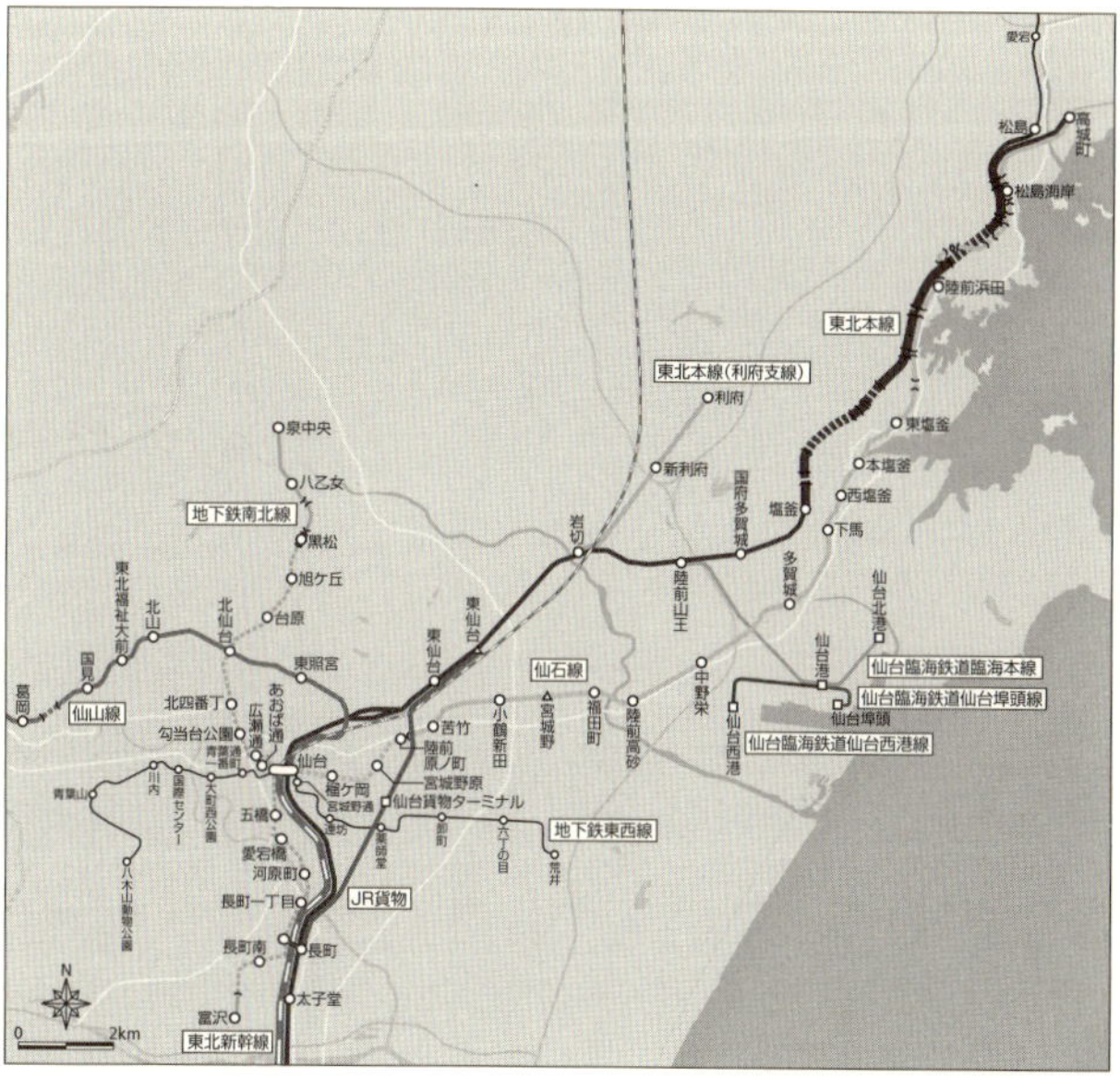

の８両編成が１本、４＋２の６両編成が２本、２＋２＋２の６両編成が１本、中間に乗務員室がない４両編成が１本、２＋２の４両編成が２本、ロングシートの７０１系２＋２＋２の６両編成が１本、２＋２の４両編成が１本である。

トータルの輸送力は７２３２人と公表よりも少なくなり、混雑率は１１９％に上がる。

東北本線上り

最混雑区間は松島↓仙台間になっているが、これも東仙台↓仙台間である。５・１両編成が７本としているが、これも通過車両数は四捨五入で整数の36両である。

使用車種はセミクロスシート車では４＋２の６両編成が２本、２＋２の４両編成が２本、ロングシート車の４＋２の６両編成が１本、２＋２＋２の６両編成が１本、２＋２の４両編成が１本である。トータルの輸送力は４５２６人、混雑率は１０７％に上がる。

仙石線

最混雑区間は陸前原ノ町↓仙台間になっているが、これも榴《つつじ》ケ岡《おか》↓仙台間である。４両編成９本が走っているとしているが、仙台到着で見ると10本、榴ケ岡発で見ると９本になる。

山手線で使用していた２０５系にトイレ設置などの改造をして使用している。トイレは石巻寄り先頭車に設置されている。また、５編成は２ＷＡＹシートという、近鉄のＬ／Ｃカーと同じ座席を石巻寄り後方車両１両に設置しているが、仙石東北ラインの開通後は常時ロングシー

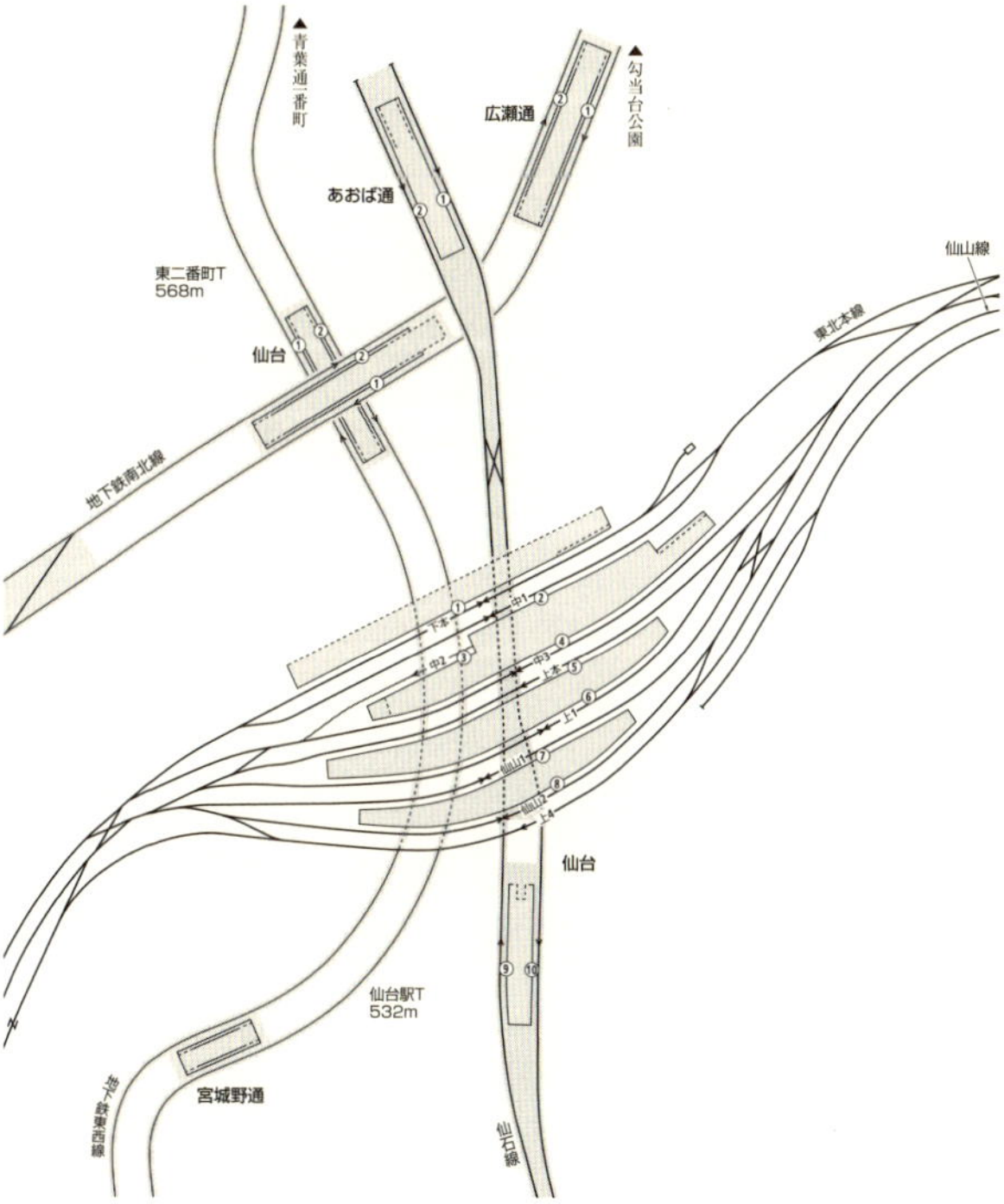

青葉通一番町
勾当台公園
広瀬通
あおば通
東二番町T
568m
仙台
地下鉄南北線
仙山線
東北本線
仙台
仙台駅T
532m
宮城野通
地下鉄東西線
仙石線

1両 平均定員	輸送力	輸送人員	混雑 率%	車種別定員
131.3	7657	8626	113	
124.7	7232		119	セミクロス先頭車122人、同トイレ付118人 中間車134人 阿武隈車119人、同トイレ付115人 ロング先頭車129人、中間車142人
134.8	4811	4860	101	
125.7	4526		107	
139	5004	5510	110	
134.5	4842		114	トイレ付先頭車125人、４両編成538人
134.9	2428	2980	123	
122.3	2252		132	
144	9216	13750	149	修正なし
97	4268	3001	70	
95.5	4202		71	先頭車89人、中間車102人

トで使用している。輸送力は４８４２人に下がり、混雑率は１１４％に上がる。

仙山線

最混雑区間は作並→仙台間になっているが、これは北山→北仙台間と思われる。北仙

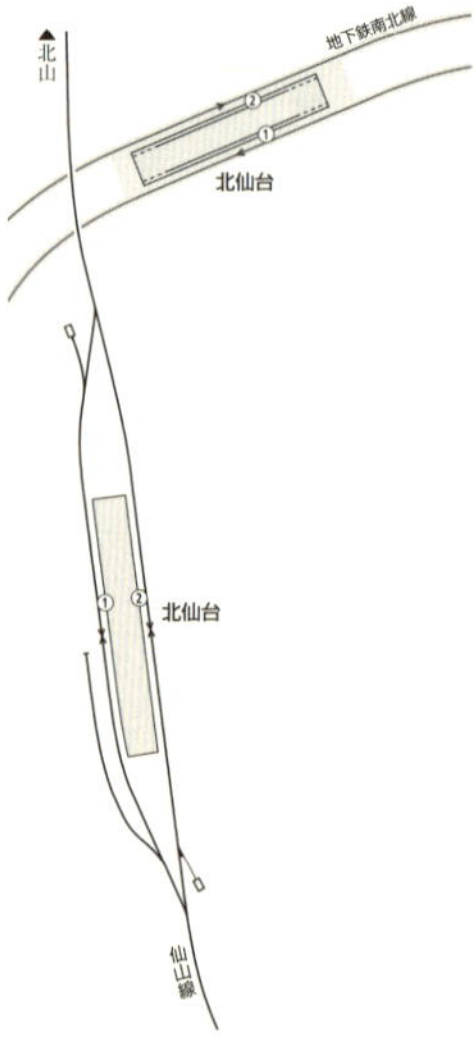

●仙台都市圏

路線名	区間	時間帯	編成両数×運転本数	通過車両数
東北本線下り	岩沼→仙台	7:30〜8:30	5.3×11	58
	長町→仙台		セミクロス8×1、6×2 4×5 阿武隈4×1 ロング6×1、4×2	
東北本線上り	松島→仙台	7:30〜8:30	5.1×7	36
	東仙台→仙台		セミクロス6×2、4×2 ロング6×2、4×1	
仙石線	陸前原ノ町→仙台	7:30〜8:30	ロング4×9	36
	榴ケ岡→仙台			
仙山線	作並→仙台	7:00〜8:00	4.5×4	18
	北山→北仙台		セミクロス6×2、4×1 ロング2×1	
仙台市南北線	北仙台→北四番丁	8:00〜9:00	4×16	64
仙台市東西線	連坊→宮城野通	8:00〜9:00	4×11	44

台駅では仙台市地下鉄南北線と連絡しており、仙台中心部に行くには仙台駅で乗り換えるよりも速く行けるからである。最混雑時間帯が7時0分〜8時0分と早めの時間帯になっていることからも推察できる。

4・5両編成が4本走っているが、通過車両数は18両である。内訳はセミクロスシート車の4＋2の6両編成が2本、4両編成が1本、ロングシート車の2両編成が1本走っている。輸送力は2252人で混雑率は132%に上がる。

仙台市地下鉄南北線

最混雑区間は北仙台→北四番丁間となっている。北四番丁駅は官庁街に近く、職員がどっと降りるためである。

混雑率は公表どおり149%である。輸送力等も国土交通省の規定に従って計算している。なお、先頭車は中間車より乗務員室分長くなり、定員はいずれも１４４人である。

仙台市地下鉄東西線

最混雑区間は連坊↓宮城野通間である。東西線の海岸寄りは鉄道空白地帯だった。東西線が開通して大いに利用されるようになり、また仙台駅東口も開発が進み、宮城野通駅が仙台駅東口に近いために降車客が多い。開通して間もないので集中率は高くなっていると思われる。

混雑率は先頭車も中間車も定員97人として計算しているが、実際は先頭車が89人、中間車が１０２人で、平均定員は95・５人になる。このため輸送力は下がり、混雑率は1ポイント増える。

新潟都市圏

信越本線

最混雑区間は新津↓新潟間となっているが、これは越後石山↓新潟間である。

最新の１２９系電車と従来の１１５系電車以外に、気動車のキハ47形とキハ１１０系も走る。とくにキハ47形は２＋２の４両編成で、新津↓新潟間をノンストップ（現在は亀田駅、越後石山駅にも停車）で走る磐越西線から直通する快速である。

定員は気動車についてはは多めに、電車についてはは少なめに計算されているようである。実際

の有効床面積で定員を計算すると混雑率は１２９％と７ポイント上がる。

２０１２年３月に廃止された大阪発急行「きたぐに」の直江津―新潟間のダイヤを引き継ぐ形で、全車座席指定の快速「おはよう信越」が走るようになった。前日までに指定席を購入しなくては乗れないが、それでも快適通勤に使われている。

白新線

最混雑区間は新発田→新潟間だが、実際は東新潟→新潟間である。こちらもキハ47形が走っている。実際の定員に

1両 平均定員	輸送力	輸送人員	混雑率%	車種別定員
116.6	4934	6024	122	
108.3	4658		129	キハ47形4両編成500人 キハ110形3両編成300人、5両編成554人 115系先頭車122人、同トイレ付119人 中間車131人 129系2両編成256人、4両編成544人
104.8	4926		122	263系4両編成268人
120.5	2772	3215	116	
129	2966		108	
122.2	3178		101	自由席車3両212人
125	3252	3885	119	
129.7	3501		111	

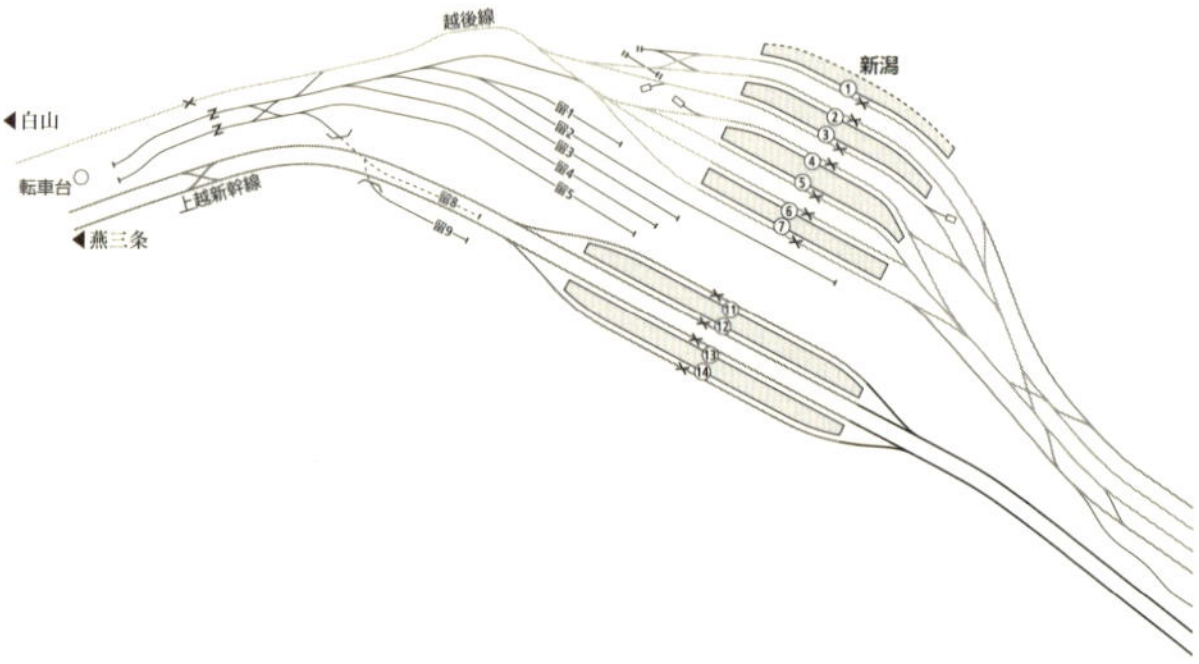

●新潟都市圏

路線名	区間	時間帯	編成両数×運転本数	通過車両数
信越本線	新津→新潟	7:25〜8:25	4.7×9	43
	越後石山→新潟		キハ47形4×1 キハ110系3×1、5×1 115系6×2、5×1 129系(2+2)×1 (4+2)×1 4×1	
			全車座席指定快速 おはよう信越1本追加	47
白新線	新発田→新潟	7:40〜8:40	4.6×5	23
	東新潟→新潟		115系6×1、3×1 129系(2+2)×2 キハ47形2×1	
			特急「いなほ」1本追加	26
越後線	吉田→新潟	7:50〜8:50	5.2×5	26
	関屋→白山		115系6×1、5×1 129系(4+2)×2、4×1	27

よって混雑率を計算すると、１０８％に下がる。気動車が２両しかないためである。

特急「いなほ」に連結されている自由席も通勤に利用されている。自由席の座席数は２１２である。参考値だが、これを輸送力に加えると混雑率は１０１％になる。

越後線

最混雑区間は関屋→白山間と思われる。白山駅は新潟市の中心地にあり、周辺に新潟市役所や新潟大学医学部、そして多くの高校があるからである。電車ばかりなので、実際の輸送力は大きくなっており、混雑率は１１１％に緩和される。

1両 平均定員	輸送力	輸送人員	混雑 率%	車種別定員
142	25816	38130	148	
141	25564		149	ロング先頭車134人、同トイレ付129人 中間車152人、同トイレ付147人 セミクロス先頭車127人、同トイレ付122人 中間車144人
114	28084		136	グリーン車90人

埼玉地区

東北本線

主力は近郊形車両による15両編成で、うち2両はグリーン車だが輸送力に加えない。10両の基本編成と5両の付属編成があり、ラッシュ時はこれらを連結した15両編成になる。

また、上野東京ラインの開通で、小山車両センターの15両編成のほかに東海道本線の国府津車両センターの15両編成も走るようになった。小山車両センターでは普通車のうち、基本編成は4両がセミクロスシートになっているものと2両だけがセミクロスシートになっているものがあるが、2両だけのほうが圧倒的に多い。国府津車両センターの基本編成は4両がセミクロスシートになっている。すべての付属編成は2両がセミクロスシートになっている。

セミクロスシート車は113系の3扉からE231・233系の4扉になっており、セミクロスシートの席数が減っている。このため有効床面積を0・4㎡で割るのではなく0・37㎡で割った数値を定員とした。そうすると定員は増えるはずだが、計算してみると公表よりもやや少なくなり、修正した混雑率は1ポイント上がり149%にな

●埼玉地区路線

路線名	区間	時間帯	編成両数×運転本数	通過車両数
東北本線	土呂→大宮	7:02～8:02	13×14 (ロング車7＋セミクロス車6)×3 (ロング車9＋セミクロス車4)×11	182
			グリーン車追加	210

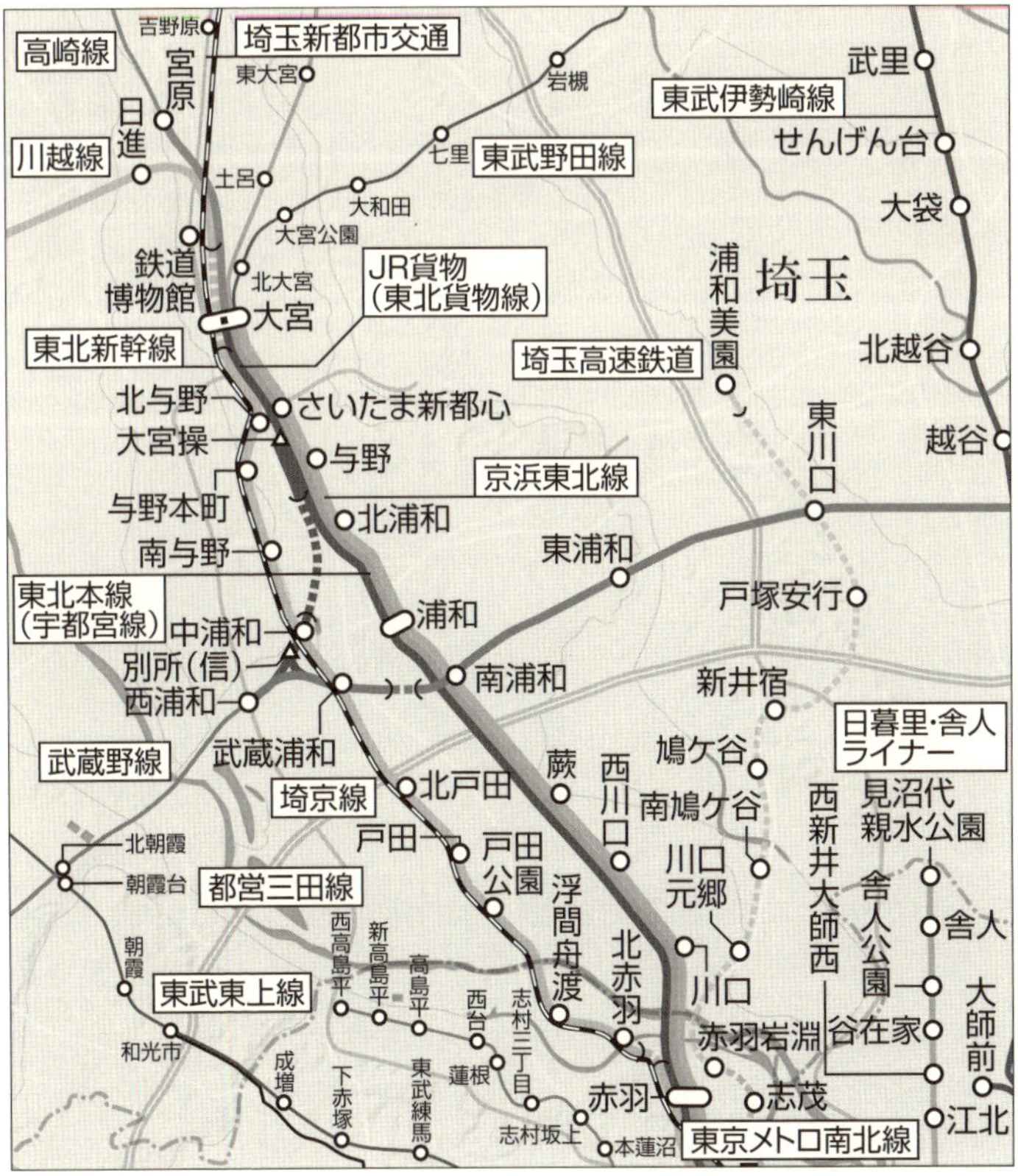

1両 平均定員	輸送力	輸送人員	混雑率%	車種別定員
142	25816	43570	169	
134	24430		178	
128	26590		164	
147	12348	15212	123	
138.7	11648		131	先頭車132人、中間車142人、6両編成832人
138	11592	14562	126	
138.7	11648		125	先頭車132人、中間車142人、6両編成832人
42.8	3598	4097	114	
42.3	3556		115	先頭車37人、中間車45人、6両編成254人

る。

１編成で２両が連結されているグリーン車を輸送力に加えると混雑率は１３６％に下がる。ただし、これは参考値である。

高崎線

東京都心への通勤客が多いため、東北本線とともに最混雑時間帯は早めになっている。

高崎線はセミクロスシート車の占める割合が高いために輸送力は小さくなり、このため混雑率は１７８％に上がる。

埼玉高速鉄道

赤羽岩淵駅から目黒駅まで東京メトロ南北線に乗り入れ、さらに目黒駅から東急目黒線に直通している。

平均定員は１４７人と多めに算出されている。狭い地下線のために車体の幅を広くできず、通常の車体幅になっている。実際の20ｍ４扉車の６両編成の定員は

●埼玉地区路線

路線名	区間	時間帯	編成両数×運転本数	通過車両数
高崎線	宮原→大宮	6:57～7:57	13×14 (ロング車7＋セミクロス車6)×12 (ロング車9＋セミクロス車4)×2	182
			グリーン車追加	210
埼玉高速鉄道	川口元郷→赤羽岩淵	7:11～8:11	6×14	84
東武野田線	北大宮→大宮	7:30～8:30	6×14	84
埼玉新都市交通	鉄道博物館→大宮	7:02～8:01	6×14	84

８３２人、平均定員は１３８・７人である。これで混雑率を計算すると１３１％になる。

東武野田線

東武野田線のうち埼玉側の最混雑区間は北大宮↓大宮間である。埼玉高速鉄道と同じ20ｍ４扉車６両編成を使い、その定員は８３２人である。運転本数も埼玉高速鉄道と同じなので輸送力は1万１６４８人となる。乗務員室の広さで微妙に有効床面積は異なるが、20ｍ４扉車の定員を統一しないと他線との比較はできない。そこで先頭車１３２人、中間車１４２人として修正混雑率を算出した。公表値とは1ポイントしか差がない。

埼玉新都市交通ニューシャトル

ニューシャトルは案内軌条式新交通システムで小形車を使用している。公表値と修正値はほぼ同じである。

1両 平均定員	輸送力	輸送人員	混雑 率%	車種別定員
121	15246	19785	130	
122.3	15376		129	先頭車114人、中間車125人 ８両編成978人
138	9108	12999	143	
138.7	9152		142	先頭車132人、中間車142人 6両編成832人
138	8280	11225	136	
138.7	8320		135	先頭車132人、中間車142人 6両編成832人
137	18084	29218	162	
145.4	19188		152	先頭車139人、中間車150人 セミクロス車142人

千葉・茨城地区

京成本線

大手私鉄の京成本線は、千葉県内の各駅から京成船橋駅でＪＲ総武快速線の船橋駅へ乗り換えて都心に向かう客が圧倒的に多い。京成本線で都心に行くには日暮里駅で山手線に乗り換えるか、押上線経由で相互直通している都営浅草線に乗ることになる。最混雑時の大神宮下↓京成船橋間の乗客のうち船橋駅で総武快速線に乗り換える人は３分の1近くにもなっている。このため大神宮下↓京成船橋間が最混雑区間になる。

相互直通している都営浅草線や京浜急行とは先頭車両の乗務員室の広さが微妙に異なるので有効床面積も微妙に異なる。しかし、同じ有効床面積にしておかなければ比較ができない。そこで相互直通している各社の各車両について先頭車１１４人、中間車１２５人に統一した。そうすると1ポイント混雑率が下がる。

●千葉・茨城地区路線

路線名	区間	時間帯	編成両数×運転本数	通過車両数
京成本線	大神宮下→京成船橋	7:20〜8:20	7×18 6×5、8×12	126
東武野田線	新船橋→船橋	7:00〜8:00	6×11	66
東武野田線	初石→流山おおたかの森	7:10〜8:10	6×10	60
つくばエクスプレス	青井→北千住	7:30〜8:30	6×22 セミクロス車2両組込編成×8 ロング車のみの編成×14	132

東武野田線

東武野田線の北大宮→大宮間は埼玉地区の項で述べた。千葉地区では新船橋→船橋間と初石→流山おおたかの森間が取り上げられている。野田線は半環状線であり、大きく3区間に分かれているために、それぞれの区間が取り上げられているのである。

前述したように20m4扉車の定員を統一したために、混雑率の修正値は1ポイント低いだけになっている。

つくばエクスプレス

守谷以南は1・5kV直流電化、守谷以北は50Hz20kVの交流電化になっているために、使用車両は直流専用と交直両用の2種に分かれている。交直両用電車の6両編成のうち2両は4扉セミクロスシート車となっていて、いずれも広幅車両である。

4扉セミクロスシート車は有効床面積を0・37㎡で割った値を定員として計算したために輸送力が増えて、修正混雑率は152%に下がっている。

1両 平均定員	輸送力	輸送人員	混雑 率%	車種別定員
140	12320	10750	87	
122.3	10758		100	先頭車114人、中間車125人 8両編成978人
124.3	11190	13962	125	
121.3	10920		128	先頭車114人、中間車125人 6両編成728人
124.3	9698	11812	122	
124	9672		122	先頭車114人、中間車125人 6両編成728人
135	810	174	21	
126	756		23	1両定員128人または124人
140	2520	1430	57	
128	2304		62	

北総鉄道

1両の平均定員は140人にしているが、京成電鉄などと同じ18m3扉車なので先頭車114人、中間車125人、平均定員122・3人にする必要があり、混雑率は100%に大幅に修正されることになる。

「スカイライナー」2号が最混雑時間帯に走るが、停車駅は空港第2ビル駅と日暮里駅だけなので、北総鉄道の通勤輸送には貢献していない。

新京成電鉄

半環状線だが、松戸駅でJR線に乗り換える流れが強く最混雑区間は上本郷→松戸間である。扉の位置が異なるものの、京成電鉄と同じ18m3扉車である。このため先頭車114人、中間車125人として修正した。修正した混雑率は128%に上がる。

関東鉄道竜ヶ崎線

●千葉・茨城地区路線

路線名	区間	時間帯	編成両数×運転本数	通過車両数
北総鉄道	新柴又→京成高砂	7:24〜8:23	8×11	88
新京成電鉄	上本郷→松戸	7:14〜8:13	6×15	90
新京成電鉄	前原→新津田沼	7:06〜8:01	6×13	78
関東鉄道竜ヶ崎線	竜ヶ崎→佐貫 入地→佐貫	6:55〜7:55	2×3	6
関東鉄道常総線	西取手→取手	7:00〜8:00	2×9	18

最混雑区間は竜ヶ崎→佐貫間となっているが、これは入地→佐貫間である。20m大形車だが、両運転台となっていて単行（1両）運転ができる。

運転室は半室構造で反対側は旅客の立ち入りが可能だが、運転士の視界を確保するために巻き取り式の帯テープで仕切っている。このため先頭端部は定員が4人分少なくなる。

といっても輸送人員は174人しかないために、まったく問題はない。実際の混雑率は21％から23％に上がるけれども、全員着席できる混雑率である。

関東鉄道常総線

最混雑区間は西取手→取手間になっているが、守谷駅でつくばエクスプレス（TX）に乗り換える人が相当に多い。守谷駅では下館と取手の両方向から乗換客が降りるが、取手駅では下館方向からの降車なので、最混雑区間が西取手→取手間になる。しかし、輸送人員はTXの開通前は3000人ほどあっ

1両 平均定員	輸送力	輸送人員	混雑 率%	車種別定員
141.5	1415	890	63	
132	1320		67	先頭車132人
151.8	18216	21272	117	
140	16800		127	
81.8	1635	2064	126	
71	1420		145	
46.7	1120	375	33	
44.3	1064		35	先頭車42人、中間車49人 3両編成133人

たのが1430人と半減している。

　このため混雑率は修正値でも62%と空いている。

流鉄流山線

　元の社名は流山電鉄である。最混雑区間は小金城趾→幸谷間である。幸谷駅はJR新松戸駅に近い。終点の馬橋駅は常磐緩行線しか乗り換えができないが、新松戸駅は武蔵野線も通っている。このために幸谷駅で降りる人が多いのである。

　つくばエクスプレスの開通で都心に向かう多くの人は南流山駅か流山おおたかの森駅からつくばエクスプレスを利用するようになり、輸送人員は2000人程度から890人に減少、混雑率も100%を超えていたのが、修正値でも67%になっている。

東葉高速鉄道

　西船橋駅で東京メトロ東西線に直通し、この東西線はJR中央緩行線と総武緩行線とも直通している。

　平均定員が151・8人になっているが、あまりにも多す

●千葉・茨城地区路線

路線名	区間	時間帯	編成両数×運転本数	通過車両数
流鉄流山線	小金城趾→幸谷	7:00〜8:00	2×5	10
東葉高速鉄道	東海神→西船橋	7:08〜8:23	10×12	120
千葉都市モノレール	千葉公園→千葉	7:30〜8:30	2×10	20
山万ユーカリが丘線	地区センター→ユーカリが丘	6:54〜7:49	3×8	24

ぎる。ＪＲ線へも直通する通常幅で20ｍ大形車の10両編成の平均定員は１４０人に統一しなくてはならない。そうすると混雑率は10ポイントアップし、１２７％になる。

千葉都市モノレール

千葉都市モノレールは懸垂式である。定員は多めに公表されているが、実測すると71人なので混雑率は１４５％にもなってしまう。

山万ユーカリが丘線

山万ユーカリが丘線は、公園駅からユーカリが丘ニュータウンを反時計回りに1周して公園駅に戻り、京成本線のユーカリが丘駅に向かうＶＯＮＡシステムによる中央案内軌条式の新交通システムである。

修正値でも混雑率は35％しかなく、混雑していない。

1両平均定員	輸送力	輸送人員	混雑率%	車種別定員
148	5328	7430	139	
146	5256		141	先頭車134人、中間車152人、6両編成876人
148	22792	30810	135	
145.2	22364		138	先頭車134人、中間車152人
140	16520	21523	130	
140	16516		130	先頭車132人、中間車142人
142.3	11100	9404	85	
142.9	11146		84	6・8両編成の半数を広幅車とする。 広幅先頭車137人、中間車152人 通常幅先頭車132人、中間車142人

西東京地区

五日市線

全電車が拝島駅から青梅線に直通して立川駅まで行く。一部は八高線の高麗川《こまがわ》発と連結し、立川駅から中央線に直通して東京駅まで行く。

使用車両は中央線と同じE231系である。広幅車両は公表の定員を10両編成と同じ148人としているが、6両編成なので乗務員室の比率が大きくなって、平均定員は146人に減り、混雑率は141%に上がる。

青梅線

中央線直通は6＋4の10両編成、立川止まりは6両編成となっている。五日市線と同様に実際の6両編成の平均定員は少なく、10両編成も6＋4両編成なので中間の乗務員室分定員が少なくなる。混雑率は138%に上がる。

●西東京地区路線

路線名	区間	時間帯	編成両数×運転本数	通過車両数
五日市線	東秋留→拝島	7:04〜8:04	6×6	36
青梅線	西立川→立川	7:02〜8:02	6×9、10×10 6×9 (6+4)×10	154
京王相模原線	京王多摩川→調布	7:20〜8:20	9.8×12 8×1、10×11	118
小田急多摩線	五月台 →新百合ヶ丘	7:21〜8:19	7.1×11 6×6、8×4 10×1	78

京王相模原線

9・8両編成が12本走るとしている。これは10両編成11本と8両編成1本の118両の運転のことである。

公表では10両編成も8両編成も平均定員を140人にしているが、8両編成は139・5人になる。ただし、これを考慮しても混雑率は変わらない。なお、車両運用によっては8＋2の10両編成が走ることもあるが、これは考慮していない。

小田急多摩線

7・1両編成が11本走るとしている。内訳は10両編成1本、8両編成が4本、6両編成が6本である。古い車両は広幅車だ。

平均定員を142・3人としている。6両・8両編成のうち半数を広幅車とした場合、輸送力は1万1146人になり、公表の輸送力とほぼ変わらない。

1両 平均定員	輸送力	輸送人員	混雑 率%	車種別定員
103	4120	3810	92	修正なし

1両 平均定員	輸送力	輸送人員	混雑 率%	車種別定員
148	22200	41800	188	
146	21900		191	先頭車134人、中間車152人 6両編成876人
148	22496	37950	169	
147.5	22420		169	先頭車134人、中間車152人 8両編成1186人
148	19240	30790	160	
149	19370		159	先頭車137人、中間車152人 10両編成1490人

多摩都市モノレール

最混雑区間は泉体育館↓立飛間である。立飛駅付近が再開発されているためである。国土交通省の算出基準に従って定員を算出しているために、修正する必要はない。

神奈川地区

南武線

最混雑区間は武蔵中原↓武蔵小杉間になっている。武蔵小杉駅で東急東横線と目黒線、そしてJR横須賀線と湘南新宿ラインに乗り換える人が多いからである。

広幅車両の6両編成が走っている。公表値の平均定員は10両編成と同じ１４８人にして6両編成の定員を８８８人にしているが、6両編成は乗務員室の割合が多いために８７６人と少なくなる。よって混雑率は１９１％と非常に混んでいる。

●西東京地区路線

路線名	区間	時間帯	編成両数×運転本数	通過車両数
多摩都市モノレール	泉体育館→立飛	7:24〜8:24	4×10	40

●神奈川地区路線

路線名	区間	時間帯	編成両数×運転本数	通過車両数
南武線	武蔵中原→武蔵小杉	7:30〜8:30	6×25	150
横浜線	小机→新横浜	7:27〜8:27	8×19	152
根岸線	新杉田→磯子	7:13〜8:13	10×13	130

横浜線

最混雑区間は小机↓新横浜間になっている。新横浜駅は東海道新幹線と横浜市ブルーラインに連絡しているが、それらへの乗換客よりも新横浜駅の北西側がオフィス街になっていて降車客が多いためである。

広幅車8両編成が走っている。南武線と同様に輸送力は公表値よりも少なくなるが、6両編成にくらべて8両編成はさほど差はない。

根岸線

磯子駅の先の横浜駅まで混雑は続いている。磯子始発があるために磯子駅から先は輸送力が大きくなる。このため輸送力が小さい新杉田↓磯子間が最混雑区間になるのである。横浜駅からは京浜東北線に直通している。

1両平均定員	輸送力	輸送人員	混雑率%	車種別定員
125	32000	46444	145	
117.3	30020		155	セミクロス先頭車100人 中間車110人 ロング先頭車114人 中間車125人
140.1	13176	17662	134	
139.4	13108		135	先頭車132人、中間車142人
140	33040	47449	144	
142.7	33680		141	10両編成のうち13本が 広幅セミクロス車2両連結 セミクロス車141人 ロング先頭車137人 中間車152人
129	10836	14262	132	
122.7	10304		138	先頭車114人、中間車127人

京急本線

横浜駅でＪＲ各線や東急東横線に乗り換える人が多い。最混雑時間帯の戸部→横浜間の乗客のうち４分の１以上が乗り換えている。横浜から先は再び増えていくが、北品川→品川間では戸部→横浜間の乗車人数を上回らない。

18ｍ中形車が走る。品川方面への快特、特急は12両編成で、うち６本がクロスシート車、羽田空港方面の特急は８両編成、普通は６両編成である。公表値はクロスシート車をあまり考慮していない。考慮すると輸送力は下がり、混雑率は１５５％にアップする。

小田急江ノ島線

江ノ島寄りから乗車し、中央林間駅で降りて東急田園都市線に乗り換える人が多いために最混雑区間は南林間→中央林間間になる。

●神奈川地区路線

路線名	区間	時間帯	編成両数×運転本数	通過車両数
京急本線	戸部→横浜	7:30〜8:30	9.5×27 クロス車12×6 ロング車12×10 ロング車8×2 ロング車6×8	256
小田急江ノ島線	南林間→中央林間	7:24〜8:20	7.2×13 6×4、8×5、10×3	94
相模鉄道	西横浜→平沼橋	7:26〜8:25	9.8×24 8×2、10×22	236
横浜市ブルーライン	三ツ沢下町→横浜	7:30〜8:30	6×14	84

相模鉄道

平沼橋駅には県立横浜平沼高校があって通学生が降車するため、最混雑区間は西横浜↓平沼橋間となっている。

広幅車が走っている。10両編成のうち13本がセミクロスシート車2両を連結しているが、それでも広幅車両なので収容力はある。これを考慮すると混雑率は小さくなる。

以前の最混雑時間帯の運転本数は30本だった。ピーク時の輸送人員は減ってしまっている。その運転本数のままだったとすると混雑率は115%にまで緩和する。しかし、30本も走らせると、ダイヤに余裕がなく、遅れることが多かった。そこで運転本数を24本に減らしたところ、遅れる度合いが減った。

横浜市ブルーライン

最混雑区間は三ツ沢下町↓横浜間である。以

1両 平均定員	輸送力	輸送人員	混雑 率%	車種別定員
95	6840	11179	163	
90.5	6516		172	先頭車86人、中間車95人
47.2	3540	3887	110	
46.8	3510		111	先頭車45人、中間車48人 5両編成234人
75	1500	1409	94	
66	1320		107	
74	1776	2653	149	
57	1368		194	3両編成171人

前は阪東橋→伊勢佐木長者町間だったが、港北ニュータウンなど北部の住宅地の人口が増えたために最混雑区間が変わった。

横浜市グリーンライン

リニア駆動のミニ地下鉄で、定員は少ない。混雑率は172%にもなっている。そろそろ6両編成にして混雑率を下げる必要がある。

金沢シーサイドライン

最混雑区間は新杉田→南部市場間と逆方向が混んでいるように一見思われる。南部市場駅周辺には横浜南部市場のほかに大きな工場がいくつもあって、そこへ通う人が多いためである。

江ノ島電鉄

金沢シーサイドラインと同様、逆方向の藤沢→石上間が最混雑区間になっている。しかし、混雑率は修正したほうでも

●神奈川地区路線

路線名	区間	時間帯	編成両数×運転本数	通過車両数
横浜市グリーンライン	日吉本町→日吉	7:15〜8:15	4×18	72
金沢シーサイドライン	新杉田→南部市場	7:27〜8:26	5×15	75
江ノ島電鉄	藤沢→石上	7:36〜8:24	4×5	20
湘南モノレール	富士見町→大船	7:11〜8:04	3×8	24

107％でそんなに混んでいない。混むのは土休日の昼間時で行楽シーズンには250％くらいになることも多い。全線で平均的に利用されており、最混雑区間は由比ヶ浜↓和田塚間や石上↓柳小路間などのときもあった。

湘南モノレール

懸垂式で単線のモノレールである。基準の計算方法で1両当たりの定員を求めると57人となり、公表の74人と大きく違い混雑率は194％にもなってしまう。単線で増発はまず無理で増結も行き違い区間を長くしなければならず、これもできない。

沿線は閑静な住宅地が多く、しかも少子高齢化の度合いも大きい。通勤・通学客は減り続けており、これがもっと進むのを待つしかない。以前の混雑率は公表でも200％を超えていたのである。

1両 平均定員	輸送力	輸送人員	混雑 率%	車種別定員
141.8	35036	64400	184	
138.5	34199		188	ロング先頭車134人、同トイレ付129人 中間車152人、同トイレ付147人 セミクロス先頭車127人、同トイレ付122人 中間車144人
124.7	41161		156	215系10両編成1010人 185系10両編成605人、同5両編成312人 グリーン車90人 全計6962人
143.3	18640	35550	191	
143.9	18710		190	13両で1871人
136.4	20510		173	20両で1800人

東京郊外路線

東海道本線

　品川駅で山手線や京浜東北線、京急への乗り換えがあり、最混雑区間は川崎↓品川間になっている。

　最混雑時はすべて15両編成（うち2両はグリーン車）だが、上野東京ラインの開通以降、東海道本線所属の編成と東北・高崎線の編成ではクロスシートとロングシートの連結両数が異なる。これを考慮すると定員は下方修正され、混雑率は18

15両編成の東海道本線普通

●東京郊外路線

路線名	区間	時間帯	編成両数×運転本数	通過車両数
東海道本線	川崎→品川	7:39〜8:39	13×19 (ロング車7＋セミクロス車6)×8 (ロング車9＋セミクロス車4)×11	247
			グリーン車38両 湘南ライナー　45両追加	330
横須賀線	西大井→品川	7:39〜8:39	13×10 (ロング車10＋セミクロス車3)×10	130
			グリーン車20両追加	150

８％に増える。また、グリーン車と湘南ライナーも輸送力に加えると１５６％となる。ただし参考値である。なお、２階建グリーン車の定員は90人で、ＪＲ東日本の普通列車グリーン車はこれを使っている。

ところで、閑散時には基本編成だけの10両編成も走る。「こんどの電車は短い10両編成です」と案内されている。東海道本線や横須賀線、東北・高崎線、常磐線に乗り慣れていない人は「10両編成は充分長いだろう」といぶかる。地方から来た人はもっと奇異に感じてしまう。「短い」をとって案内しても充分意味は通じると思うがどうだろう。

横須賀線

横須賀線も品川駅で各線に乗り換える人が多いため、最混雑区間は西大井↓品川間になる。

15両編成中３両だけがボックス式セミクロスシート車なので１編成の輸送力は大きい。横須賀線も２階建グリーン車が連結されている。

1両 平均定員	輸送力	輸送人員	混雑 率%	車種別定員
148	44400	83220	187	
147.2	44172		188	10両編成1482人、6+4編成1446人 分割編成は28%で按分=8本
138.7	16236	25990	160	
141.6	16569		157	13両総定員1841人
134.7	18189		143	グリーン車90人
115.2	19701		132	普通車指定席378人
148	22200	35460	160	
146.9	22040		161	15両編成2204人

中央快速線

新宿駅で連絡する各線に乗り換える人が多く、最混雑区間は中野↓新宿間になる。ずっと以前は新宿↓四ツ谷間だったが、小田急は東京メトロ千代田線、京王は都営新宿線と相互直通を開始し、都心部に行くために新宿駅から四ツ谷駅まで中央快速線に乗らなくなった人が増えて中野↓新宿間になった。

中央快速線は10両編成だが、中央線高尾以西と青梅・五日市線を走る場合に6両か4両に分割した短い編成で走る電車がある。その場合の10両編成は中間に乗務員室が組み込まれて定員が若干少ない。中央線に所属するE２３３系通勤形電車の28％が6＋4の分割編成なので、最混雑時間帯に走る電車も28％を分割編成として按分した。ただし、これで計算しても混雑率は1ポイント上がるだけである。

常磐線中電

上野・品川方面から取手以遠を走る電車は基本的にグリーン車2両を連結した15両編成で、10両の基本編成と5両の付

●東京郊外路線

路線名	区間	時間帯	編成両数×運転本数	通過車両数
中央快速線	中野→新宿	7:55～8:55	10×30	300
常磐線中電	松戸→北千住	7:18～8:18	13×9	117
			(ロング車6＋セミクロス車7)×9	
			グリーン車18両追加	135
			特急ときわ４本追加	171
常磐快速	松戸→北千住	7:21～8:21	15×10	150

属編成に分かれる。基本編成はグリーン車2両、セミクロスシート車4両が連結され、付属編成は3両のセミクロスシート車が連結されている。

北千住駅で連絡する各線に乗り換える人が多いため、最混雑区間は松戸↓北千住間になっている。輸送量は、取手以遠から北千住駅までの乗客に取手↓北千住間の快速停車駅の乗車人数を加え、快速と中電の運転本数で按分したものを算出している。

グリーン車を輸送力に加えると混雑率は143％になる。最混雑時間帯に特急「ときわ」10両編成4本が走る。1編成の定員は600人だが、自由席がないので輸送力には加えていない。しかし、指定席の特急料金は50㎞まで750円とB特急料金の1030円よりは安く設定しているので、通勤に利用する人が多いのも事実である。「ときわ」の普通車指定席を輸送力に加えた参考値の混雑率は、132％になる。

常磐快速線

常磐線の快速電車にはグリーン車は連結されていない。そ

1両 平均定員	輸送力	輸送人員	混雑 率%	車種別定員
140	33600	52450	156	修正なし、先頭車128人、中間車143人
148	37000	65290	176	
149	37250		175	先頭車137人、中間車152人 10両編成1490人
148	38480	70040	182	
149	38740		181	先頭車137人、中間車152人 10両編成1490人
143.4	35416	64250	181	
143.9	35549		181	13両総定員1871人
132	39011		165	しおさい自由席612人、グリーン車75人
148	38480	76370	198	
149	38740		197	先頭車137人、中間車152人 10両編成1490人

のぶん輸送力が大きくなっている。

常磐緩行線

東京メトロ千代田線と相互直通しており広幅車は使えない。ずっと通常幅の20ｍ４扉10両編成で定員１４００人の電車を使用している。

京浜東北線南行

従来、最混雑区間は御徒町→秋葉原間だったが、上野東京ラインの開通で大きく混雑が緩和されたために、次に混んでいた川口→赤羽間が最混雑区間になった。

京浜東北線北行

最混雑区間はずっと大井町→品川間になっている。昭和30年代は混雑率が３００％近くあった。その後、輸送力増強と京急本線の輸送改善による転移や少子化で、９万人あった輸送人員が７万人

●東京郊外路線

路線名	区間	時間帯	編成両数×運転本数	通過車両数
常磐緩行線	亀有→綾瀬	7:23～8:23	10×24	240
京浜東北線南行	川口→赤羽	7:25～8:25	10×25	250
京浜東北線北行	大井町→品川	7:34～8:34	10×26	260
総武快速線	新小岩→錦糸町	7:34～8:34	13×19	247
			グリーン車38両 特急「しおさい」1本追加	295
総武緩行線	錦糸町→両国	7:34～8:34	10×26	260

ほどに減ったこともあり、混雑率は181%に下がった。それでも混雑率は高い方である。

総武快速線

錦糸町駅で緩行線に乗り換えて御茶ノ水方面に行く人が多いため、最混雑区間は新小岩→錦糸町間になっている。急行線と緩行線は線路別複々線になっているために錦糸町駅では階段と通路で乗り換えなければならず不便である。錦糸町駅くらいは方向別にしてもらいたかった。混雑率は181%と高い。

特急「しおさい」4号が最混雑時間帯に走っている。すべて自由席の10両編成で50kmまで510円なのでかなり通勤に利用されている。快速にはグリーン車2両が連結されている。グリーン車の料金は事前購入で50kmまで770円なので、これよりも安い。特急「しおさい」4号とグリーン車の輸送力を加えると混雑率は165%に下がる。

1両平均定員	輸送力	輸送人員	混雑率%	車種別定員
147.1	27960	50430	180	
147.2	27976		180	広幅車10両編成1486人 通常幅車10両編成1400人
145.6	31160	53970	173	
145.8	31218		173	広幅車10両編成1486人 通常幅車8両編成1116人
140	16800	29290	174	
139.5	16740		175	通常幅車8両編成1116人
150.6	31344	53266	170	
139.6	29056		183	先頭車132人、中間車142人

総武緩行線

錦糸町駅で快速からの乗換客が加わるために最混雑区間は錦糸町→両国間になる。しかも混雑率は１９７％と高い。

埼京線（赤羽線）

埼京線は東北本線の別線区間として赤羽―大宮間が造られ、正式には東北本線で埼京線は愛称である。池袋―赤羽間は正式には赤羽線である。その赤羽線の板橋→池袋間が埼京線としての最混雑区間になっている。

東京臨海高速鉄道と相互直通しており、同鉄道所属の電車は通常幅車である。一方、埼京線所属の電車は広幅車である。最混雑時間帯に走る19本のうち臨海高速鉄道の電車が３本ある。

京葉線

新木場駅で東京メトロ有楽町線と東京臨海高速鉄道に連絡しているため、葛西臨海公園→新木場間が最混雑区間に

●東京郊外路線

路線名	区間	時間帯	編成両数×運転本数	通過車両数
埼京線（赤羽線）	板橋→池袋	7:50〜8:50	10×19 広幅車16本、通常幅車3本	190
京葉線	葛西臨海公園→新木場	7:29〜8:29	9.3×23 8×8、10×15	214
武蔵野線	東浦和→南浦和	7:21〜8:21	8×15	120
東急東横線	祐天寺→中目黒	7:50〜8:50	8.7×24 8×16、10×8	208

なる。
　武蔵野線電車が乗り入れている。武蔵野線電車は8両編成である。

武蔵野線
　南浦和駅で京浜東北線に乗り換える客が多いために東浦和→南浦和間が最混雑区間になっている。8両編成15本が配置されている武蔵野線電車のうち3本だけが広幅車になっている。数が少ない通常幅車の定員で混雑率を計算した。

東急東横線
　中目黒駅で東京メトロ日比谷線に接続しているため、祐天寺→中目黒間が最混雑区間になる。以前は日比谷線と相互直通していたが、東横線は20m4扉車、日比谷線は18m3扉車（東武車の一部は5扉車）なので車種の統一がなされておらず、ホームドア設置の際に障害になることもあって相互直通を中止した。

1両 平均定員	輸送力	輸送人員	混雑 率%	車種別定員
149.4	40338	74261	184	
140	37800		196	先頭車132人、中間車142人
147.7	21264	36193	170	
138.7	19968		181	先頭車132人、中間車142人
145.2	15390	26459	172	
138.2	14652		181	先頭車132人、中間車142人
122.7	8832	11346	128	
119.7	8616		132	先頭車116人、中間車127人
122.7	7360	9621	131	
119.7	7180		134	先頭車116人、中間車127人

公表の平均定員は１５０・６人とあまりにも多い。しかし、同じタイプのＪＲの車両の平均定員は１３９・６人でありこの数値に合わせて修正すると、輸送力は減り混雑率は上がる。その混雑率は１８３％にもなる。

東急田園都市線

東急田園都市線も平均定員が１４９・４人と多い。通常幅20ｍ４扉車の10両編成のときの1両当たりの平均定員は１４０人である。９・４人も多いと輸送力は２５３８人も多めに計算される。これを差し引いて混雑率を計算すると１９６％になる。

運転間隔を詰める信号システムを採用しているが、二子玉川駅や渋谷駅での停車時間が長いためにどうしても1時間に27本を超える運転本数にはできない。渋谷駅の上り線を2線にして交互発着ができるようにし、二子玉川駅では一部の電車を大井町線用の線路を走らせることで30本の運転が可能になる。しかし、渋谷駅の改良は非常に難しいから、今後も日本で有数の混んでいる路線を

●東京郊外路線

路線名	区間	時間帯	編成両数×運転本数	通過車両数
東急田園都市線	池尻大橋→渋谷	7:50〜8:50	10×27	270
東急目黒線	不動前→目黒	7:50〜8:50	6×24	144
東急大井町線	九品仏→自由が丘	7:30〜8:30	5.3×20 5×14、6×6	106
東急池上線	大崎広小路→五反田	7.50〜8.50	3×24	72
東急多摩川線	矢口渡→蒲田	7:40〜8:40	3×20	60

維持し続けることになろう。

東急目黒線

同線も定員を多めにしている。修正すると混雑率は181％に上がる。

東急大井町線

自由が丘駅で東横線に乗り換える人が多いために最混雑区間は九品仏↓自由が丘間になる。大井町線も定員を多めにしている。修正すると混雑率は181％に上がる。

東急池上線

18m中形車3両編成を使っているが、これらの車両も平均定員を多めにしている。修正すると混雑率は132％になる。

東急多摩川線

1両平均定員	輸送力	輸送人員	混雑率%	車種別定員
140	37800	62493	165	修正なし
140	19600	28705	146	
139	19460		148	先頭車133人、中間車143人
141.3	38347	73816	192	
141.5	38502		192	広幅先頭車137人、中間車152人 6+4の10両編成1490人 6+4両編成の広幅車5本 通常幅車4本とする
138.5	39080		189	EXE10両編成588人
141.5	37368		198	輸送人員は変化なしとする

目蒲線の都心寄りは目黒線となり、蒲田寄りは東急多摩川線となったために蒲田駅で降りる乗客が多く矢口渡↓蒲田間が最混雑区間になっている。平均定員を多めにした18m車を使っている。修正すると混雑率は１３４％になる。

京王線

明大前駅で井の頭線に乗り換える人が多いため、下高井戸↓明大前間が最混雑区間になる。

京王井の頭線

駒場東大前駅が東京大学教養学部に面しているため通学生の降車が多い。このため池ノ上↓駒場東大前間が最混雑区間になる。

20m車5両編成を使用しているために平均定員は１３９人になり、修正混雑率は１４８％になる。

小田急小田原線

下北沢駅で京王井の頭線に乗り換える客があり、最混雑

●東京郊外路線

路線名	区間	時間帯	編成両数×運転本数	通過車両数
京王線	下高井戸→明大前	7:40〜8:40	10×27	270
京王井の頭線	池ノ上→駒場東大前	7:45〜8:45	5×28	140
小田急小田原線	世田谷代田→下北沢	7:46〜8:48	9.4×29	272
			8×9、10×20	
			特急「さがみ」1本追加	282
	混雑時間修正	7:46〜8:46	8×8、10×20	264

区間は世田谷代田↓下北沢間になる。最混雑時間帯は7時46分から8時48分と1時間2分になっている。以前は7時43分〜8時42分で運転本数29本としていた。終わりを8時43分にすると30本になる。朝ラッシュ時は各停1本、優等列車2本による6分サイクルで運転しているからだが、特急「さがみ」を最混雑時間帯に走らせたために最混雑時間帯を1時間2分に拡大した。

7時46分から1時間にした場合の輸送力は3万7368人、輸送人員に変化がないとすれば混雑率は198%になる。しかし、これは参考値である。

また、特急「さがみ」を輸送力に加味して、最

登戸—向ヶ丘遊園間を走る小田急の広幅車

1両平均定員	輸送力	輸送人員	混雑率%	車種別定員
140	33600	52568	156	
139.8	33560		157	先頭車132人、中間車142人
140	30240	48060	159	
139.8	30192		159	先頭車132人、中間車142人
140.7	21956	21927	100	
139.9	21832		100	先頭車132人、中間車142人
138	33120	45559	138	
140	33600		136	先頭車132人、中間車142人
132	44364	66543	150	
132.8	44428		149	中形先頭車114人、同中間車125人 大形先頭車132人、同中間車142人

混雑時間帯を1時間2分にした場合の参考値の混雑率は189％である。

広幅車と通常幅車が混在している。6＋4の10両編成のうち5本を広幅車として計算したが、混雑率は変わらない。その混雑率は192％と高い。

西武新宿線

高田馬場駅でJR山手線に乗り換える人が大半を占めているため、最混雑区間は下落合→高田馬場間になる。

8両編成があるため平均定員は140人を下回るが、混雑率は1ポイント上がるだけである。

西武池袋線

西武池袋線も8両編成があるために平均定員は139・8人になるが、混雑率は変わらない。

西武有楽町線

●東京郊外路線

路線名	区間	時間帯	編成両数×運転本数	通過車両数
西武新宿線	下落合→高田馬場	7:37〜8:36	9.2×26 8×10、10×16	240
西武池袋線	椎名町→池袋	7:30〜7:29	9×24 8×12、10×12	216
西武有楽町線	新桜台→小竹向原	7:32〜8:31	9.8×16 8×2、10×14	156
東武東上線	北池袋→池袋	7:30〜8:30	10×24	240
東武伊勢崎線	小菅→北千住	7:30〜8:30	8.4×40 中形車8×18 大形車6×4 8×6、10×12	336

西武有楽町線は、小竹向原駅で東京メトロ有楽町線と副都心線に接続して相互直通をしている。池袋線からの直通電車ばかりで、乗客の多くは東京メトロ池袋駅を通り越して、以南の有楽町線と副都心線の各駅に向かう。これに新桜台駅から池袋方面に向かう客が加わって最混雑区間は新桜台↓小竹向原間となる。

公表の平均定員は１４０人を超えている。これは平均定員を多く見積もっている東京メトロの電車を考慮しているからである。実際はほとんどが10両編成のため、平均定員は１３９・９人になる。しかし、いずれにしても混雑率は１００％である。

東武東上線

通常幅の20m大形車10両編成が走っている。平均定員は控えめの１３８人にしているが、これは１４０人にすべきで、混雑率は１３６％に下がる。

東武伊勢崎線

1両 平均定員	輸送力	輸送人員	混雑 率%	車種別定員
121	23232	34759	150	
122.3	23472		148	先頭車114人、中間車125人、8両編成978人
102.7	11089	11089	100	
96.7	10440		106	先頭車88人、中間車101人、6両編成580人
49	4410	8304	188	
48	4320		192	5両編成240人

1両 平均定員	輸送力	輸送人員	混雑 率%	車種別定員
148	37444	59370	159	
149.3	37766		157	先頭車137人、中間車152人 11両編成1642人

緩行線の多くの電車が北千住駅で東京メトロ日比谷線に直通しているために、最混雑区間は小菅→北千住間になる。

緩行線と急行線による線路別複々線になっている。緩行線を走る普通はほとんどが18m中形車を使う日比谷線直通電車だが、たまに浅草行の20m大形車も走る。急行線はすべて20m大形車が走っている。複々線だから運転本数は1時間に40本もある。

京成押上線

すべて都営浅草線に直通する18m中形車の8両編成である。1時間の運転本数24本、平均運転間隔2分30秒、修正混雑率148%と平均的な通勤路線である。

東京モノレール

天王洲アイル駅のオフィスビルに通勤する人が降車するので最混雑区間はモノレール浜松町→天王洲

●東京郊外路線

路線名	区間	時間帯	編成両数×運転本数	通過車両数
京成押上線	京成曳舟→押上	7:40～8:40	8×24	192
東京モノレール	モノレール浜松町→天王洲アイル	8:00～9:00	6×18	108
日暮里・舎人ライナー	赤土小学校前→西日暮里	7:20～8:20	5×18	90

●東京都心路線

路線名	区間	時間帯	編成両数×運転本数	通過車両数
山手線外回り	上野→御徒町	7:40～8:40	11×23	253

アイル間になる。

跨座式モノレールだが、台車が客室内に食い込み、その上が窓方向に向いたロングシート（運転室後部はクロスシート）になっている。台車間はロングシートかセミクロスシートになっている。

日暮里・舎人ライナー

西日暮里駅で東京メトロ千代田線、ＪＲ山手・京浜東北線と連絡している。このため最混雑区間は赤土小学校前↓西日暮里間となる。

案内軌条式新交通システムで無人運転を行っており、運転席も客席となっている。そのため先頭車も中間車も定員は同じになる。

東京都心路線

山手線外回り

上野東京ラインの開通で輸送人員が減ったもの

1両 平均定員	輸送力	輸送人員	混雑 率%	車種別定員
148	37444	61640	165	
149.3	37766		163	先頭車137人、中間車152人 11両編成1642人
148	34040	31740	93	
149	34270		93	先頭車137人、中間車152人 10両編成1490人
120	23040	30231	131	
122.3	23472		129	先頭車114人、中間車125人 8両編成978人
126	28224	43648	155	
122.3	27384		159	先頭車114人、中間車125人 8両編成978人

の、山手線外回りの最混雑区間は上野↓御徒町間のままになっている。しかし、上野東京ラインの開通前に200%以上あった混雑率は157%に緩和されている。

山手線は踏切がほとんどない。このため大形のダンプカーが衝突したときに乗務員と乗客を守る衝撃吸収構造、クラッシャブルゾーンを運転席後部に設置しておらず、先頭車の定員は東海道本線などの広幅車にくらべて3人多い。

山手線池袋駅付近を走るE235系

●東京都心路線

路線名	区間	時間帯	編成両数×運転本数	通過車両数
山手線内回り	新大久保→新宿	7:40～8:40	11×23	253
中央緩行線	代々木→千駄ヶ谷	8:01～9:01	10×23	230
浅草線	本所吾妻橋→浅草	7:30～8:30	8×24	192
日比谷線	三ノ輪→入谷	7:50～8:50	8×28	224

山手線内回り

内回りの最混雑区間は新大久保→新宿間である。

中央緩行線

代々木駅で山手線からの乗換客が多いため、最混雑区間は代々木→千駄ヶ谷間になっている。といっても混雑率は93％と100％を割っている。

中央緩行線の車両もクラッシャブルゾーンがない広幅車を使っている。

都営浅草線

北行の泉岳寺→三田間や南行の押上→本所吾妻橋間のときもあったが、現在は本所吾妻橋→浅草間となっている。

京成電鉄、京浜急行、北総鉄道、芝山鉄道と相互直通をし、共通仕様の18m中形車が走っている。

東京メトロ日比谷線

1両平均定員	輸送力	輸送人員	混雑率%	車種別定員
101.3	18240	28650	157	
97.3	17520		164	先頭車88人、中間車102人 6両編成584人
123.6	23731	38129	161	
121.3	23296		164	先頭車114人、中間車125人 6両編成728人
123.6	22248	34920	157	
121.3	21840		160	先頭車114人、中間車125人 6両編成728人
142.4	38448	76474	199	
140	37800		202	先頭車132人、中間車142人 10両編成1400人

日比谷線の車両は18m中形車の8両編成を使っている。東武伊勢崎線と相互直通を行い他線区の車両と同様に定員を多めに見積もっている。修正した混雑率は4ポイント高い159％である。

現在、20m車の7両編成に置き換え中である。1編成の定員は974人、18m車8両編成は978人だから、すべてを置き換えると輸送力は減る。それでも東武伊勢崎線では車種が統一されてホームドアの設置がしやすくなり、現在中止している東急東横線との相互直通も復活するかもしれない。

東京メトロ銀座線

赤坂見附駅で丸ノ内線からの乗換客が多いため、最混雑区間は赤坂見附↓溜池山王間になる。小形車両を使っているため輸送力は小さい。

東京メトロ丸ノ内線荻窪方向

茗荷谷駅周辺には大学、高校が密集している。池袋駅

●東京都心路線

路線名	区間	時間帯	編成両数×運転本数	通過車両数
銀座線	赤坂見附→溜池山王	8:00〜9:00	6×30	180
丸ノ内線荻窪方向	新大塚→茗荷谷	8:00〜9:00	6×32	192
丸ノ内線池袋方向	四ツ谷→赤坂見附	8:10〜9:10	6×30	180
東西線西行	木場→門前仲町	7:50〜8:50	10×27	270

から乗ってきた通学生が多数降りるために最混雑区間は新大塚↓茗荷谷間になっている。

18m中形車を使うが公表の定員と修正値とは微妙に数値が異なっている。混雑率は3ポイント上昇する。

運転本数は1時間に32本となっている。最小運転間隔は1分50秒で、これは各駅停車ばかりの平行ダイヤでは日本最小である。加減速がいい中形車の6両編成であるためにできることである。

東京メトロ丸ノ内線池袋方向

四ツ谷駅で中央線からの乗換客が多数あり、赤坂見附駅で銀座線に乗り換える人も多いために最混雑区間は四ツ谷↓赤坂見附間になっている。

東京メトロ東西線西行

以前の最混雑区間は門前仲町↓茅場町間だったが、都営大江戸線が開通して門前仲町駅で同線に乗り換える客が出てきたために木場↓門前仲町間に変更された。

1両 平均定員	輸送力	輸送人員	混雑 率%	車種別定員
142.4	34176	42936	126	
140	33600		128	先頭車132人、中間車142人 10両編成1400人
140	16800	26165	156	
138.7	16640		157	先頭車132人、中間車142人 6両編成832人
147.6	15062	22970	153	
138.7	14144		162	先頭車132人、中間車142人 6両編成832人
142.4	34176	54457	159	
140	33600		162	先頭車132人、中間車142人 10両編成1400人
142.4	41296	73334	178	
140	40600		181	先頭車132人、中間車142人 10両編成1400人

20m大形車を使っているが、平均定員を142・4人にしている。しかし、直通するJRの車両は140人だから、こちらに統一する必要がある。そうすると混雑率は202%と東急田園都市線よりも混雑している路線になる。

東京メトロ東西線東行

高田馬場駅でJR山手線や西武池袋線からの乗換客があり、早稲田駅で通学生が降りるために最混雑区間は高田馬場→早稲田間となる。

都営三田線

巣鴨駅で山手線に乗り換える人が多く、最混雑区間は西巣鴨→巣鴨間となっている。山手線から乗り換えてくる客も多いが、都心に行く場合、西側二つ先の池袋駅で各線に乗り換える方法もあり、東隣の駒込駅でも東京メトロ南北線に乗り換えられる。真ん中の巣鴨駅では山手線への乗換客

●東京都心路線

路線名	区間	時間帯	編成両数×運転本数	通過車両数
東西線東行	高田馬場→早稲田	8:00〜9:00	10×24	240
三田線	西巣鴨→巣鴨	7:40〜8:40	6×20	120
南北線	駒込→本駒込	8:00〜9:00	6×17	102
有楽町線	東池袋→護国寺	7:45〜8:45	10×24	240
千代田線	町屋→西日暮里	7:45〜8:45	10×29	290

のほうが山手線からの乗換客よりも多いのである。

東京メトロ南北線

南北線は駒込駅で山手線からの乗換客があり、最混雑区間は駒込↓本駒込間となる。

東京メトロ有楽町線

都心に向かう方向の路線で東池袋駅までは降車客よりも乗車客のほうが多いが、護国寺駅からは降車客のほうが多くなるために最混雑区間は東池袋↓護国寺間になる。

東京メトロ千代田線

町屋駅で京成本線からの乗換客があり、西日暮里駅では山手・京浜東北線に乗り換える客があるために最混雑区間は町屋↓西日暮里間となる。

1両 平均定員	輸送力	輸送人員	混雑 率%	車種別定員
140	21840	34408	158	
139.9	21812		158	先頭車132人、中間車142人
142.4	38448	65219	170	
140	37800		173	先頭車132人、中間車142人 10両編成1400人
142.2	22752	33215	146	先頭車132人、中間車142人
139.8	22360		149	
97.5	15600	24163	155	
99	15840		153	先頭車90人、中間車102人、8両編成792人
156.2	18744	25212	135	
145.5	17456		144	広幅車8本
52.7	6004	6935	116	
48	5472		127	

都営新宿線

住吉駅で東京メトロ半蔵門線に連絡しているために最混雑区間は西大島→住吉間になる。

東京メトロ半蔵門線

すさまじく混んでいる東急田園都市線と相互直通しており、表参道駅で銀座線や千代田線への乗換客があるために最混雑区間は渋谷→表参道間になる。田園都市線の混雑率は196％だが、渋谷駅での降車客が多く、半蔵門線に入ると173％に下がる。それでも一息つくほど空いてくるわけではない。

東京メトロ副都心線

小竹向原―池袋間で上が有楽町線、下が副都心線となっている上下別線路別複々線になっている。この区間内にある要町→池袋間が

●東京都心路線

路線名	区間	時間帯	編成両数×運転本数	通過車両数
新宿線	西大島→住吉	7:40〜8:40	9.2×17 8×7 10×10	156
半蔵門線	渋谷→表参道	8:00〜9:00	10×27	270
副都心線	要町→池袋	7:45〜8:45	8.9×18 8×10 10×8	160
大江戸線	中井→東中野	7:50〜8:50	8×20	160
東京臨海高速鉄道	大井町→品川シーサイド	8:00〜9:00	10×12 広幅車10×8 通常幅車10×4	120
ゆりかもめ	竹芝→汐留	8:00〜9:00	6×19	114

最混雑区間である。有楽町線と按分して輸送人員を出しているが、その値が副都心線の他区間よりも多いため最混雑区間となっている。

都営大江戸線

リニアモーター駆動のミニ地下鉄で、環状部と放射部に分かれている。放射部の中井→東中野間が最混雑区間になっている。東中野駅で中央緩行線電車に乗り換える客があるからである。

東京臨海高速鉄道

大井町駅でＪＲ京浜東北線と東急大井町線からの乗換客があるため、大井町→品川シーサイド間が最混雑区間になっている。

ＪＲ埼京線と相互直通をするが、埼京線の車両は広幅車であり、12本中８本が広幅車に

1両 平均定員	輸送力	輸送人員	混雑 率%	車種別定員
143.9	6479	5180	80	
139.1	5841		89	313系先頭車134人、同トイレ付129人 中間車150人 211系先頭車139人、同トイレ付134人 中間車151人
	6404		81	373系先頭車60人、同トイレ付51人、中間車68人
132.5	8216	8700	106	
136	8430		103	373系普通列車使用時 先頭車100人、同トイレ付93人、中間車113人
123.6	9146		95	
138	2760	1773	64	
114	2280		78	
138	2760	2683	97	
122	2440		110	
120	600	302	50	
104	520		58	

なっている。なお、東京臨海高速鉄道は地下鉄仕様の不燃車両だけしか走れないわけではなく、たとえ貨物列車でも走行可能な対応設備をもっている。このため広幅車でも走ることができる。

ゆりかもめ

案内軌条式新交通システムで無人運転をしているので運転席にも座ることができる。新橋駅からお台場方面への乗客も多く平成13（2001）年までは新橋↓竹芝間が最混雑区間だったが、高層のタワーマンションがお台場や竹芝駅周辺に建つようになって、逆方向の竹芝↓汐留（平成14年に汐留駅を新設）間となった。

●静岡・浜松都市圏

路線名	区間	時間帯	編成両数×運転本数	通過車両数
東海道本線下り	東静岡→静岡	7:27〜8:26	5×9	45
			(313系3+211系3)×5 (211系2+2)×1、(211系3+2)×1 313系3×1	42
			ホームライナー1本追加	45
東海道本線上り	安倍川→静岡	7:22〜8:21	6.2×10	62
			(313系3+211系3)×6 211系(3+3)×2 (313系3+2+211系3)×1 373系(3+3)×1	
			ホームライナー２本追加	74
静岡鉄道	県立美術館前→県総合運動場	8:00〜9:00	2×10	20
遠州鉄道	助信→八幡	7:10〜8:10	4×5	20
天竜浜名湖鉄道	西掛川→掛川市役所前	7:04〜8:05	1.3×4	5
			1×3、2×1	

静岡・浜松都市圏

東海道本線下り

すべてロングシートの広幅車で収容力はあるが、先頭車が多いために輸送力は公表よりも低い。そのため混雑率は高くなる。

東海道本線上り

定員制で乗車整理料金３２０円が必要な「ホームライナー静岡」が２本運転されている。これを入れると、混雑率は95％となる。

静岡鉄道

最混雑区間が県立美術館前→県総合運動場間になっているのは、県総合運動場駅近くにある国立印刷局静岡工場

1両 平均定員	輸送力	輸送人員	混雑 率%	車種別定員
140	12600	13560	108	
124	11643		116	313系クロス車 先頭車120人、同トイレ付115人 中間車132人
140	13440	14090	105	
124	11889		119	311系または313系クロス車 311系の各車定員は313系と同じ
120	12234		115	681系6両編成365人 うちグリーン車39人

への通勤客が降車するためと思われる。しかし、全駅間は平均して利用されており、県総合運動場駅で大きく乗客が減るわけではない。

現在の朝ラッシュ時には通勤急行が運転されているものの、県立美術館前駅と県総合運動場駅は通過している。このことからもこの両駅の乗降客が少ないことがわかる。

平均定員は20m大形車並みに多くしているが、中形車2両編成のためにもっと少なく、混雑率は78%に上がる。

遠州鉄道

遠州鉄道は、新浜松駅とその北側にある西鹿島駅を結ぶ路線で、フリークェント（高頻度）運転によって乗客が多い。八幡駅の近くにヤマハ本社などがあるために最混雑区間が助信→八幡間になっているが、静岡鉄道と同様に八幡駅を過ぎても非常に空くわけではない。

やはり平均定員を多く見積もっているが中形車なのでもっと少ない。

●名古屋都市圏

路線名	区間	時間帯	編成両数×運転本数	通過車両数
東海道本線下り	熱田→名古屋	7:52〜8:51	6×15	90
		7:52〜8:52	(6+2)×6、(4+4)×1 6×1、(4+2)×2 4×4、(2+2)×1	94
東海道本線上り	枇杷島→名古屋	7:24〜8:23	7.4×13	96
		7:24〜8:24	(6+2)×5、(4+4)×4 (4+2)×3、(2+2+2)×1	
			ホームライナー大垣2号追加	102

天竜浜名湖鉄道

掛川市役所の職員が降りるため西掛川↓掛川市役所前間が最混雑区間になる。とはいえ輸送人員は302人と少なく、混雑率は修正値でも58%になっている。それでも地方の私鉄としては混んでいる。

名古屋都市圏

東海道本線下り

313系20m3扉クロスシート車を使っている。このため平均定員は通勤形の140人ではなく120人台になる。正確に通過車両数をカウントすると公表の両数よりも4両多くなっている。しかし、オールクロスシート車であり、中間に運転台付車両を連結している編成が多く、4両多くても輸送力は公表値よりも少なくなっている。

東海道本線上り

311系もオールクロスシート車である。下りと同様に輸送

1両 平均定員	輸送力	輸送人員	混雑 率%	車種別定員
148	17730	21100	119	
138	15959		132	211系はロング車 先頭車139人、同トイレ付134人 中間車151人 313系はセミクロス車
133.7	16314		129	383系6両編成355人 うちグリーン車44人
149	4180	4470	107	
128.8	3734		120	

力は小さくなり、混雑率が上がっている。

ＪＲ西日本の６８１系が特急「しらさぎ」として名古屋—米原間のＪＲ東海区間に乗り入れている。この６８１系を間合い運用として大垣—名古屋間で「ホームライナー大垣」に使用している。２本のうち２号が最混雑時間帯に走る。グリーン車も普通グリーン料金で乗車できる。

中央本線

大曽根駅で名古屋地下鉄名城・名港線と名鉄瀬戸線に連絡しているため、新守山↓大曽根間が最混雑区間になる。

ラッシュ時には広幅のロングシート車の２１１系とクロスシート車の３１３系を混結させて走っている。中には11両編成になって走る電車もある。東海道本線よりも輸送人員が多い。

中央本線でも特急「しなの」用３８３系６両編成を使う「ホームライナー多治見」４号が最混雑時間帯に

●名古屋都市圏

路線名	区間	時間帯	編成両数×運転本数	通過車両数
中央本線	新守山→大曽根	7:49〜8:48	10×12	120
		7:49〜8:49	(211系3+3+4)×6 (313系3+211系3+4)×2 (313系4+3+211系4)×1 (313系3+3+211系3)×1 (313系2+3+211系3)×1 (313系4+211系4)×1	116
			ホームライナー多治見4号追加	122
関西本線	八田→名古屋	7:31〜8:30	4×7	28
			(313系3+2)×1 (313系2+2)×3 211系4×3	29

走る。やはりグリーン車も利用できる。

関西本線

並行して近鉄名古屋線があり、多くの人は近鉄のほうを利用する。しかし、関西本線も運転本数を増やしてそれなりに利用客が増えている。

公表では4両編成7本が走り、通過車両数は28両としているが、カウントしてみると通過車両数は29両である。ロングシート車の211系4両編成3本と、クロスシート車の313系5両編成と4両編成を使用しているので、1両多くなったとしても輸送力は公表値よりも少ない。

名古屋市営地下鉄東山線

16m小形車を使用している。最混雑区間は名古屋→伏見間となっている。名古屋駅でJRや名鉄、近鉄からの乗換客が都心に行くために東山線に乗り換える。

修正した平均定員は公表値と大きく異なっており、

1両平均定員	輸送力	輸送人員	混雑率%	車種別定員
101	17954	25180	140	
94	16356		154	先頭車88人、中間車97人 6両編成564人
103	13031	17233	132	
94	11844		145	先頭車88人、中間車97人 6両編成564人
142	12783	14788	116	
135	12180		121	先頭車130人、中間車138人 6両編成812人
141	9151	11041	121	
134	8684		127	先頭車127人、中間車138人 5両編成668人
132	4208	5177	123	
125	3984		130	先頭車119人、中間車130人 4両編成498人

混雑率も大きく増えて１５４％になる。この結果、名古屋都市圏で一番混んでいる路線となった。

名古屋市営地下鉄名城線

東山線と同様に小形車を使っている。最混雑区間が金山→東別院間なのは、金山駅でＪＲと名鉄からの乗換客のほかに、名古屋港方面からの名港線と環状線になっている名城線の外回り線からの通しの客もあるからである。

名古屋市営地下鉄鶴舞線

鶴舞線は20ｍ４扉車を使っている。最混雑区間が塩釜口→八事間になっているのは八事駅で名城線と連絡しているためである。定員を多めにしているので修正した混雑率は上がっている。

名古屋市営地下鉄桜通線

●名古屋都市圏

路線名	区間	時間帯	編成両数×運転本数	通過車両数
名古屋市東山線	名古屋→伏見	7:30〜8:30	6×29	174
名古屋市名城・名港線	金山→東別院	7:30〜8:30	6×21	126
名古屋市鶴舞線	塩釜口→八事	7:30〜8:30	6×15	90
名古屋市桜通線	名古屋→国際センター	7:30〜8:30	5×13	65
名古屋市上飯田線	上飯田→平安通	7:30〜8:30	4×8	32

東山線の混雑緩和を目的にした路線で、20m4扉車の5両編成を使い、1編成の輸送力は東山線よりも1割強増えている。しかし、東山線のほうが便利なところを走っているので、いま一つ、利用が少ない。

名古屋市営地下鉄上飯田線

名鉄小牧線の都心乗り入れ用として造られ、名鉄小牧線と相互直通している。しかし、とりあえず名城線との連絡線として開業した、上飯田―平安通間の一駅間だけの路線である。

名鉄小牧線の車両はセミクロスシート車が多かったので、上飯田線が開通したときセミクロスシート付の共通設計の車両にした。このため定員は少ない。

名鉄本線（東）

本線の両端方向から名鉄名古屋駅に向かって通

1両平均定員	輸送力	輸送人員	混雑率%	車種別定員
100.6	21936	31059	142	修正なし
93.8	23632		131	ミュースカイ4両編成181人 1000系指定席2両108人
106.4	22134	31365	142	修正なし
99.2	23614		133	
97	9310	13034	140	修正なし
89.6	10031		130	
103.4	8690	12296	140	修正なし
94.1	9414		131	

勤の流れがある。豊橋方面からは、東側で神宮前→金山間が複々線になっている。本線電車のほかに東側の各支線からの直通電車がやってくる。セミクロスシート車やロングシート車など多種類の車両が走っているものの、公表値はほぼ正しく計算されている。

金山駅で地下鉄名城・名港線やJRに乗り換えるため、神宮前→金山間が最混雑区間になる。同区間は複々線のため1時間の運転本数は35本もあるが、それでもセミクロスシート車が多いために輸送力は大きくなく、混雑率は142%になっている。

中部国際空港発着の全座席指定の「ミュースカイ」2本と、1編成で豊橋寄りの2両が座席指定の「パノラマスーパー」1000系9本も加わる。座席指定車を輸送力に加えるとすれば混雑率は131%に下がる。

●名古屋都市圏

路線名	区間	時間帯	編成両数×運転本数	通過車両数
名古屋鉄道本線（東）	神宮前→金山	7:40〜8:40	6.2×35 8×10、6×19、4×6	218
			ミュースカイ8両編成2本 1000系9本追加	252
名古屋鉄道本線（西）	栄生→名鉄名古屋	7:30〜8:30	7.4×28 8×10、6×18、4×5	208
			ミュースカイ8両編成2本 1000系7本追加	238
名古屋鉄道常滑線	豊田本町→神宮前	7:40〜8:40	5.6×17 6×14、4×3	96
			ミュースカイ8両編成2本追加	112
名古屋鉄道犬山線	下小田井→枇杷島分岐点	7:30〜8:30	7.5×11 8×9、6×2	84
	下小田井→東枇杷島		ミュースカイ8両編成2本追加	100

名鉄本線（西）

西側では犬山線の電車が加わる。こちらも「ミュースカイ」２本と指定席付「パノラマスーパー」１０００系７本が走る。

名鉄常滑線

神宮前駅で本線と接続して直通するので、その手前の豊田本町↓神宮前間が最混雑区間になる。「ミュースカイ」２本が走る。

名鉄犬山線

最混雑区間は下小田井↓枇杷島分岐点間となっている。しかし、枇杷島分岐点は犬山線と本線が分岐合流する信号所なので、これを通り越した本線上の東枇杷島駅までとするほうがわかりやすい。やはり「ミュースカイ」２本が走る。

1両平均定員	輸送力	輸送人員	混雑率%	車種別定員
125	7000	9668	138	修正なし、先頭車119人、中間車131人 4両1編成500人
134	4295	6051	141	
125	3984		152	先頭車119人、中間車130人 4両1編成498人
115	4372	6051	138	修正なし
136	11560	15540	134	
134	11406		136	先頭車132人、中間車146人 6両編成のうちの4両はクロス車 ロング車3両編成410人 4両編成556人 クロス車4両編成494人
125	12616		123	8両編成528人

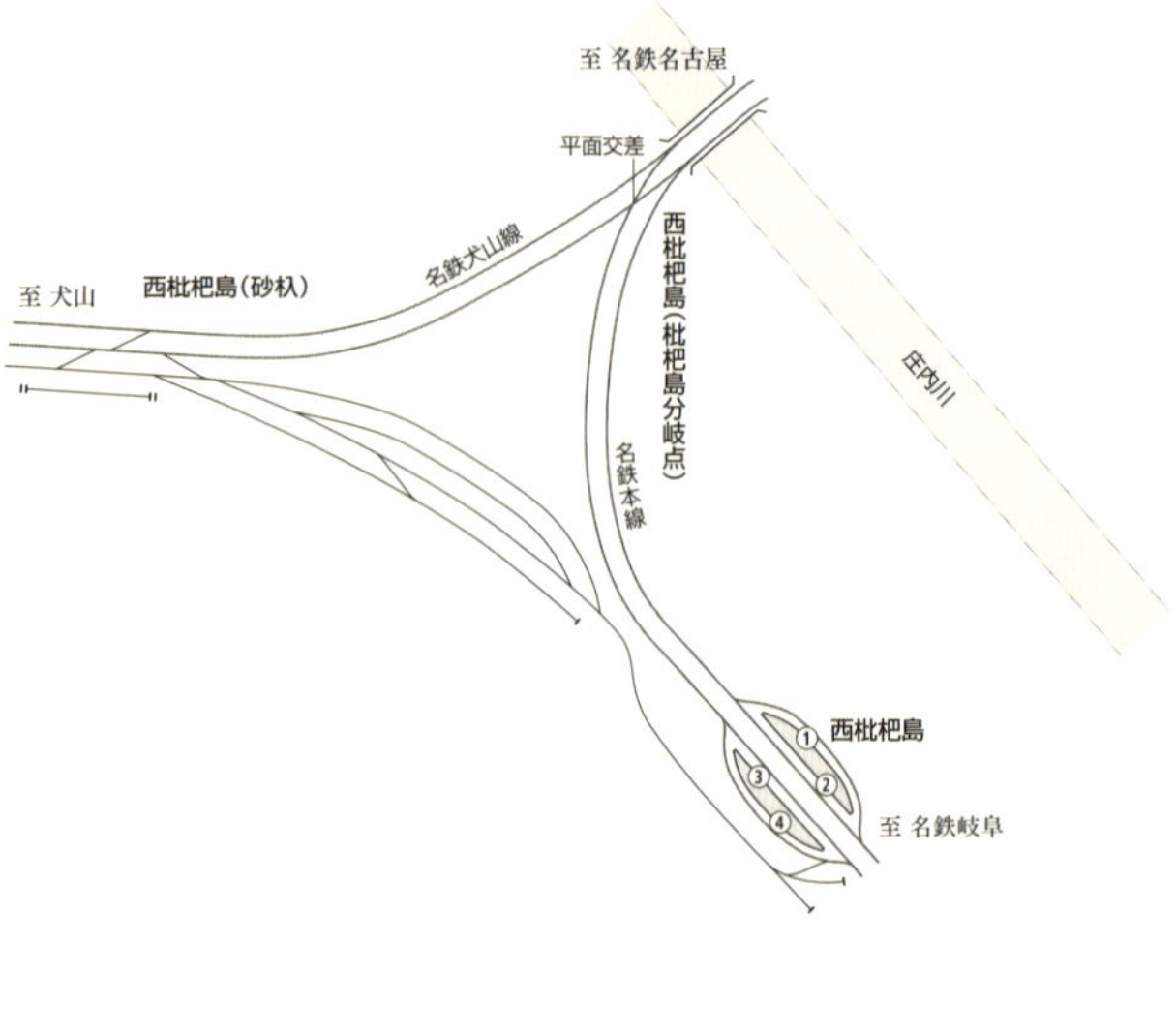

●名古屋都市圏

路線名	区間	時間帯	編成両数×運転本数	通過車両数
名古屋鉄道瀬戸線	矢田→大曽根	7:30〜8:30	4×14	56
名古屋鉄道小牧線	味鋺→上飯田	7:30〜8:30	4×8	32
名古屋鉄道津島線	甚目寺→須ヶ口	7:30〜8:30	6.3×6	38
			8×1、6×5	
近鉄名古屋線	米野→近鉄名古屋	7:35〜8:35	4.7×18	85
			4×9、5×5、6×4	
			特急2本追加	101

名鉄瀬戸線

最混雑区間は矢田→大曽根間になっている。大曽根駅では地下鉄名城線とＪＲ中央本線に連絡し、乗換客が降りるためである。

名鉄小牧線

他の名鉄線の平均定員はきちっと算出されている。しかし、小牧線では、車両の一部扉間はクロスシートになっているがロングシート車として計算されている。本書ではこういった場合、０・４㎡で割るのではなく０・３７㎡で割ることにしたために平均定員は少なくなって混雑率は上がった。これによって名古屋都市圏では地下鉄東山線に次いで混んでいる。

名鉄津島線

名鉄本線須ヶ口駅で分かれる津島線も、やや混んでいるために取り上げられている。

1両 平均定員	輸送力	輸送人員	混雑 率%	車種別定員
158.8	1270	1020	80	
134.5	1076		95	先頭車132人、中間車142人
62.7	878	1114	127	
59.7	836		133	阿下喜寄り270形先頭車71人 他中間車58人、先頭車51人
62.2	1120	1036	93	
62	1116		93	あすなろう四日市寄り261形先頭車68人 他中間車50人
119	357	180	50	修正なし

近鉄名古屋線

一部の急行はクロスシート車を使っている。また、全車座席指定特急8両編成が最混雑時間帯に2本運転されている。これを輸送力に加えると混雑率は123%に下がる。ただし参考値である。

三岐鉄道三岐線

最混雑区間は近鉄連絡線が分岐する三岐朝明信号場→近鉄富田間となっている。正確には近鉄連絡線の混雑率だが、三岐朝明信号場→JR富田間は貨物列車しか走らない。また信号場ではなく手前の大矢知駅→近鉄富田駅間を最混雑区間とするのがわかりやすい。

平均定員は158・8人と多いが、これは他の20m大形車と同じ先頭車132人、中間車142人としなければ他と比較できない。

三岐鉄道北勢線

もとは近鉄北勢線だったのを三岐鉄道が引き継いだ。レ

●名古屋都市圏

路線名	区間	時間帯	編成両数×運転本数	通過車両数
三岐鉄道三岐線	三岐朝明信号場→近鉄富田	7:00〜8:00	2.7×3	8
	大矢知→近鉄富田		3×2、2×1	
三岐鉄道北勢線	西別所→馬道	6:53〜7:53	3.5×4	14
			3×2、4×2	
四日市あすなろう鉄道	赤堀→あすなろう四日市	7:00〜8:00	3×6	18
樽見鉄道	大垣→東大垣	7:13〜8:13	1×3	3

ールの幅が762㎜のいわゆるナローゲージの路線である。このため定員は少ない。

また各形式によって大きさがまちまちで定員がいろいろと異なる。阿下喜寄りは車体長が一番長い270形である。

四日市あすなろう鉄道

ナローゲージの近鉄内部線と八王子線を四日市市と近鉄が出資する第三セクターの四日市あすなろう鉄道が引き継いだものである。こちらも各形式によって定員が異なるが、あすなろう四日市寄りは車体が長い261形が連結されている。

樽見鉄道

最混雑区間は逆方向の大垣→東大垣間となっている。東大垣駅の近くに県立大垣商業高校があるためである。しかし、輸送人員は180人、混雑率50％と空いている。

1両平均定員	輸送力	輸送人員	混雑率%	車種別定員
105	316	120	38	
92	276		43	
143	2288	2274	99	
118	1888		120	
110	330	110	33	修正なし
145.5	3492	2185	63	
133	3180		69	先頭車127人、中間車138人

長良川鉄道

樽見鉄道と同様に輸送人員は１２０人と少なく、混雑率は43%と立ち客がちらほらいる程度に空いている。

愛知環状鉄道

中央本線と東海道本線を結ぶ国鉄岡多線として建設されていたのを第三セクターの愛知環状鉄道が引き継いで開通させたものである。最混雑区間は末野原→三河豊田間になっている。三河豊田駅のすぐ近くにトヨタ自動車本社工場があるため通勤客の降車が多いからである。

平均定員を１４３人にしているが、3扉セミクロスシート車なので１１８人に修正する必要がある。混雑率は１２０％に上がる。

東海交通事業城北線

中央本線高蔵寺―東海道本線枇杷島・稲沢間を結ぶ国鉄瀬戸線として計画され、分割民営化後はＪＲ東海が引き継いで開通させることになっていたが、ＪＲ東海は１００％子会社

●名古屋都市圏

路線名	区間	時間帯	編成両数×運転本数	通過車両数
長良川鉄道	前平公園→美濃太田	7:00～8:00	1.5×2 1×2、2×1	3
愛知環状鉄道	末野原→三河豊田	7:30～8:30	4×4	16
東海交通事業城北線	勝川→枇杷島 尾張星の宮→枇杷島	7:30～8:30	1×3	3
名古屋臨海高速鉄道	ささしまライブ→名古屋	7:30～8:30	4×6	24

の東海交通事業を設立して、ほぼ完成した勝川―枇杷島間だけを城北線として開通させた。

最混雑区間は勝川↓枇杷島間としているが、これは全区間である。定期客の各駅間での通過人数を見ると尾張星の宮↓枇杷島間が一番多く、同区間が最混雑区間になると思われる。

名古屋臨海高速鉄道

休止状態だった西名古屋港線の名古屋貨物ターミナル以南を高架化したりして、第三セクターの名古屋臨海高速鉄道が引き継ぎ、あおなみ線として旅客営業を開始したものである。

平均定員を145・5人にしているが、実際は先頭車127人、中間車138人である。

愛知高速交通リニモ

常電導磁気浮上リニアモーター路線である。JR東海が試験をしている超電導リニアモーターカーと違って磁力が弱い

1両 平均定員	輸送力	輸送人員	混雑 率%	車種別定員
81.3	1952	2211	113	
64.7	1552		142	先頭車64人、中間車66人
69	1656	1437	87	修正なし

ので浮上高さは６㎜強と超電導の１００㎜に遠く及ばない。

また、混雑率２００％以上になると浮上できないとされている。公表の平均定員は81・３人としているが、セミクロスシート車なので有効床面積を０・４㎡で割ると64・７人と大幅に減る。

名古屋ガイドウェイバス

ガイドウェイバスとは専用道走行区間ではバスの側面に案内輪を出して、案内軌条式新交通システムにするものである。専用道ではハンドル操作なしで走行し、専用道を出ると通常のバスとして走る。

名古屋ガイドウェイバスは大曽根―小幡緑地間が専用道区間、小幡緑地―高蔵寺間が一般道路走行区間になっている。

最混雑区間は守山↓砂田橋間となっている。砂田橋停留所では地下鉄名城線が連絡しており、同線に乗り換えて名古屋都心部に向かう人が多いからである。

名古屋ガイドウェイバス

●名古屋都市圏

路線名	区間	時間帯	編成両数×運転本数	通過車両数
愛知高速交通リニモ	杁ヶ池公園→長久手古戦場	8:00〜9:00	3×8	24
名古屋ガイドウェイバス	守山→砂田橋	7:20〜8:20	1×24	24

京都都市圏

京都市営地下鉄烏丸線

竹田駅で近鉄京都線と相互直通している。近鉄京都線からの直通客は京都駅ではまず降りない。京都駅で降りるのなら、近鉄にそのまま乗っていたほうが安いからである。京都線の直通客に加えて京都駅でＪＲ線からの乗換客があるため、最混雑区間は京都↓五条間になる。

京都市営地下鉄東西線

通常駆動のミニ地下鉄である。というよりも路面電車を少し大きくした車両が走っている。御陵駅で京阪京津線の電車が乗り入れてくる。京津線は平成９（１９９７）年まで、三条—蹴上間が路面電車区間だった。また、現在も上栄町—浜大津間が路面区間になっている。

東西線開通後、三条—蹴上間の路面区間を廃止して御陵駅から東西線に直通するようになった。浜大津側に路面区間があるために京津線の直通電車は路面電車を少し大きくしただけの４両編成である。そのため地下鉄車も同じ大きさにした。ただし６両編成である。

山科—御陵間には、京津線電車は乗り入れていない。京阪山科駅は地上

1両 平均定員	輸送力	輸送人員	混雑 率%	車種別定員
139.3	12540	14460	115	修正なし、先頭車130人、中間車144人
100	6600	8008	121	
96	6336		126	先頭車88人、中間車100人
139	14734	18440	125	
141.2	14972		123	先頭車132人、中間車146人、6両編成848人
133.7	15772		117	ビスタ付6両編成400人
94.8	1612	709	44	
89.9	1529		46	片運車92人、両運車87人
92.8	1672	1162	69	
79	1422		82	
92.8	557	297	53	
79	474		63	

にあり、東西線山科駅は地下にある。次の地下駅の御陵駅で合流する。御陵駅から京津線電車が乗り入れてくるために輸送力が大きくなることで、最混雑区間が山科↓御陵間になる。

近鉄京都線

桃山御陵前駅は京阪の伏見桃山駅に隣接している。同駅以南の各駅からの乗客は、京都へ向かわずに京阪に乗り換えて大阪方面へ向かう人も多い。このため最混雑区間は向島↓桃山御陵前間になる。

2両が2階建てのビスタEXの4両編成に、平屋特急車2両を連結した6両編成の特急が最混雑時間帯に2本走る。これを輸送力に加えた参考値の混雑率を掲げた。

叡山電鉄

京都の北部市街から出町柳駅に向かう通勤客のため、元田中↓出町柳間が最混雑区間になるが、沿線

●京都都市圏

路線名	区間	時間帯	編成両数×運転本数	通過車両数
京都市烏丸線	京都→五条	7:30〜8:30	6×15	90
京都市東西線	山科→御陵	7:30〜8:30	6×11	66
近鉄京都線	向島→桃山御陵前	7:36〜8:36	5.9×18 4×1、6×17	106
			特急2本追加	118
叡山電鉄	元田中→出町柳	7:00〜8:00	1.4×12 1×7、2×5	17
京福電鉄 嵐山本線	蚕ノ社 →嵐電天神川	7:30〜8:29	1.5×12 1×6、2×6	18
京福電鉄北野線	撮影所前→常盤	7:30〜8:29	1×6	6

に大学・高校があって逆方向も利用される。しかし、混雑率は46%と空いている。

京福電鉄嵐山本線

嵐電《らんでん》天神川電停は地下鉄東西線の太秦《うずまさ》天神川駅と連絡する。東西線への乗換客が多いために蚕ノ社《かいこのやしろ》↓嵐電天神川間が最混雑区間になっている。混雑率は82%。また、集中率は低く、閑散時も混んでいる。

京福電鉄北野線

常盤《ときわ》電停近くに府立嵯峨野高校があり、撮影所前電停はJR山陰本線の太秦駅に近い。このため山陰本線から嵐電に乗り換えて常盤電停近くの嵯峨野高校へ向かう通学生があり、撮影所前↓常盤間が最混雑区間になる。

1両平均定員	輸送力	輸送人員	混雑率%	車種別定員
137	21430	20040	94	
136	21268		94	先頭車124人、同トイレ付118人 中間車140人、12両編成1636人
135	21391		94	自由席123人
156	14157	15020	106	
144	13117		115	先頭車139人、中間車151人 7両編成1009人

大阪都市圏

東海道本線下り快速線

　東海道本線は下り電車と上り電車に分けるだけでなく、快速・新快速と緩行でも分けられている。新大阪駅周辺にオフィスビルが建ち並ぶようになって最混雑区間は茨木↓新大阪間となっている。

　オール転換クロスシート車なので、通路と扉部分の踊り場などの面積を０・３５㎡で割ったものを立席定員とし、それに座席を足したものを定員とした。

　新快速用２２３・２２５系の８＋４の12両編成の定員は１６３６人で、うち座席は６１８人、立席は１０１８人である。修正混雑率は公表値とあまり変わらない94%である。

　しかし、ピーク１時間の輸送人員のうち８０３４人は座ることができるが、残りの１万２００６人は立つことになる。立席の輸送力は１万３２３４人なので、立席の混雑率は91%になる。

　集中率は下りが25%程度、上りが20%程度なので、閑散時も混んでいる。できるだけ座れるように補助椅子が16席あって重宝されている。ただしラッシュ時は収納されロックされるので座れない。

●大阪都市圏

路線名	区間	時間帯	編成両数×運転本数	通過車両数
東海道本線下り快速	茨木→新大阪	7:30〜8:30	12×13	156
			特急はるか9号自由席追加	159
東海道本線下り緩行	茨木→新大阪 東淀川→新大阪	7:30〜8:30	7×13	91

米原発の関空特急「はるか」が最混雑時間帯に走っている。滋賀県内の停車駅は彦根、近江八幡、野洲、守山、草津、石山、大津である。関西空港に向かう客のほかに、京都駅や新大阪駅、天王寺駅までの通勤利用も多い。通勤利用のための北陸特急用の683系を使用した米原発の「びわこエクスプレス」もあるが、最混雑時間帯の前に大阪駅に到着する。また、金沢始発の特急「サンダーバード」2号は最混雑時間帯に大阪駅に到着するが、金沢方面からの長距離利用客で自由席は満杯であり、湖西線内では近江今津駅と堅田駅に停車するのみなので通勤利用は少ないとして除外した。

東海道本線下り緩行線

最混雑区間は一駅間にするとしているので、茨木↓新大阪間ではなく東淀川↓新大阪間である。

公表の定員が国土交通省の算出基準の計算値よりも大幅に多い。基準値で計算すると混雑率は115%になる。各停用の207系は20m4扉広幅車で、先頭車の乗務員室の面積は首都圏の中央・総武緩行線の209系より狭い。そのため207系の先頭車は209系の先頭車よりも定員が2人多くなっている。

1両 平均定員	輸送力	輸送人員	混雑 率%	車種別定員
137	21148	23060	109	
136	20988		110	
156	13068	14260	109	
144	12108		118	
140	18956	22380	118	
139	20076		111	ロング先頭車128人、中間車144人 221系は関西本線直通で定員は225系と同じ 225系は阪和線直通、先頭車130人 同トイレ付125人、中間車145人
140	18974	21470	113	
134	17096		126	

東海道本線上り快速線

新快速と快速が運転されている。快速の１本は10両編成、新快速も含めて残りは12両編成である。

下り快速の混雑率は１００％を割っているのでまだいいが、上り快速で立っている客の人数は１万５５２８人、立席定員は１万２０４８人だから、立席だけの混雑率は１２９％にもなる。新快速・快速電車は座れれば天国だが、立っている乗客は混めば混むほど地獄になる。

東海道本線上り緩行線

公表の定員は多めになっている。基準値で計算した定員だと混雑率は１１８％になる。

大阪環状線内回り

大阪環状線の内回りは、京阪からの乗換客が乗ってくる京橋→桜ノ宮間と、近鉄からの乗換客が乗ってくる鶴橋→玉造間の２区間が取り上げられている。かつ

●大阪都市圏

路線名	区間	時間帯	編成両数×運転本数	通過車両数
東海道本線上り快速	尼崎→大阪	7:30〜8:30	11.8×13	154
			12×12、10×1	
東海道本線上り緩行	塚本→大阪	7:30〜8:30	7×12	84
大阪環状線内回り	京橋→桜ノ宮	7:30〜8:30	8×17	136
			ロング車8×14 225系クロス車(4+4)×2 221系クロス車(4+4)×2 221系8×1	144
大阪環状線内回り	鶴橋→玉造	7:30〜8:30	8×17	136
			ロング車8×15 221系クロス車(4+4)×1	128

ては両区間とも200%を超える混雑率だったが、地下鉄網が充実するとともに、京阪と近鉄は大阪の中心深くに乗り入れるようになった。京阪は中之島線の開通、近鉄は阪神なんば線の開通によって、大阪難波駅で阪神なんば線との相互直通したことで、大阪環状線にはあまり乗らなくてもすむようになった。修正混雑率は京橋↓桜ノ宮間が111%、鶴橋↓玉造間が126%と大幅に緩和された。

大阪環状線には、京橋駅から大阪駅と西九条駅を経由して天王寺駅で阪和線に入り、関西空港駅と和歌山駅に向かう関空快速と紀州路快速が走っている。両快速は阪和線日根野駅まで併結運転をする。さらに天王寺発で大阪環状線を一周して天王寺駅に戻り奈良駅に向かう大和路快速も走る。

大和路快速は2人掛けの転換クロスシートと一般的なシート配置だが、関空・紀州路快速は横列が1人掛けと2人掛けの1&2列シートになっていて、クロスシート車でも立席面積は広い。なお、現在の関空・紀

1両 平均定員	輸送力	輸送人員	混雑 率%	車種別定員
139	16668	11691	70	
137	14252		82	
156	20691	24800	120	
148	19627		126	先頭車139人、中間車151人 7両編成1033人
138	13558	12820	95	
131	13616		94	ロング車は103系
140	5040	4960	98	103系ロング車
139	4992		99	

州路快速の大半は大和路快速と同様に天王寺始発で大阪環状線を一周するようになった。このため、鶴橋↓玉造間はさらに混雑が緩和している。

大阪環状線外回り

内回りの大阪駅方向とくらべて外回りの天王寺方向の乗客は少ない。玉造↓鶴橋間が最混雑区間になっている。

片町線

京橋駅でＪＲ東西線と直通し、京阪本線、地下鉄長堀鶴見緑地線と連絡しているために、最混雑区間は鴫野↓京橋間になっている。

かつては非常に混雑していて混雑率は２５０％を超えていたが、ＪＲ東西線と直通するようになって輸送力が大幅にアップし、少子化や住宅の移転などの理由で沿線人口が減少したので１２６％に緩和された。

●大阪都市圏

路線名	区間	時間帯	編成両数×運転本数	通過車両数
大阪環状線外回り	玉造→鶴橋	7:30〜8:30	8×15	120
			ロング車8×10 関西本線直通ロング車(4+4)×1 221系(4+4)×1、8×1	104
片町線	鴫野→京橋	7:30〜8:30	7×19	133
関西本線快速	久宝寺→天王寺	7:30〜8:30	6×3、8×10	98
		7:32〜8:32	221系8×4、(4+4)×5 ロング車(4+4)×1、6×4	104
関西本線緩行	東部市場前→天王寺	7:30〜8:30	6×6	36

関西本線快速

関西本線快速も２００％ほどの混雑率だったが、輸送力が50％ほど増強された。輸送人員は大きく減少し、１００％を割る混雑率になった。というより、国鉄時代に関西本線を管轄する天王寺鉄道管理局が、閑散時の輸送人員の２０００人ほどを最混雑時間帯に付け回したのが真相だといわれている。これは片町線や大阪環状線にもいえる。

関西本線緩行

緩行も２００％ほどの混雑率だった。快速の増発などで緩行電車の運転本数が減ったものの、輸送人員を是正したことによって減少、混雑率は99％になった。

横１＆２列のクロスシートなので立席面積は広い

1両 平均定員	輸送力	輸送人員	混雑 率%	車種別定員
137	14248	15720	110	
136	14170		111	阪和225系先頭車130人、同トイレ付125人 中間車145人
134	14293		110	自由席123人

阪和線快速

阪和線快速は国鉄時代の輸送力にくらべ、さほど増えていない。輸送人員は1万3000人ほど減っている。いくら少子化になったとはいえ、こんなに減ってしまうわけはない。やはり、天王寺鉄道管理局の水増しがあったのを是正したということであろう。

天王寺駅で阪和線と関西本線との間に連絡線が造られ、関西本線は新今宮駅で大阪環状線との間に渡り線がある。このため阪和線の快速の多くは天王寺駅で折り返さず、京橋駅（現在は1周して天王寺駅の大阪環状線中線で折り返している）まで行く。特急は西九条駅で梅田貨物線に転線して新大阪駅や京都駅などまで走る。

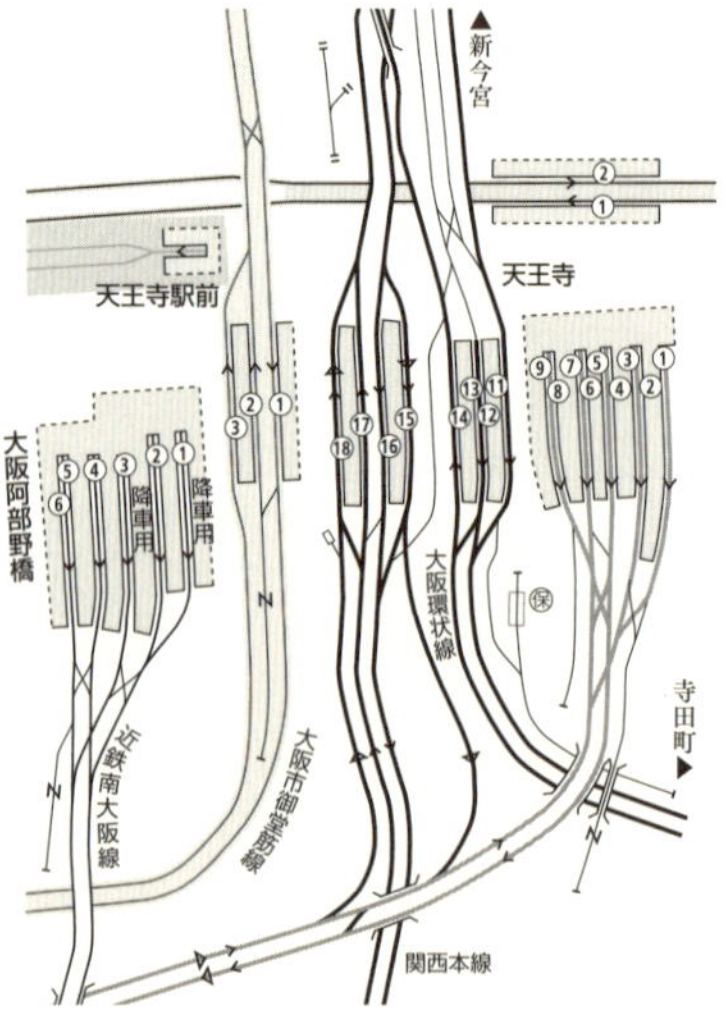

●大阪都市圏

路線名	区間	時間帯	編成両数×運転本数	通過車両数
阪和線快速	堺市→天王寺	7:30〜8:30	8×13	104
		7:32〜8:32	(4+4)×13	
			特急はるか4号自由席追加	107

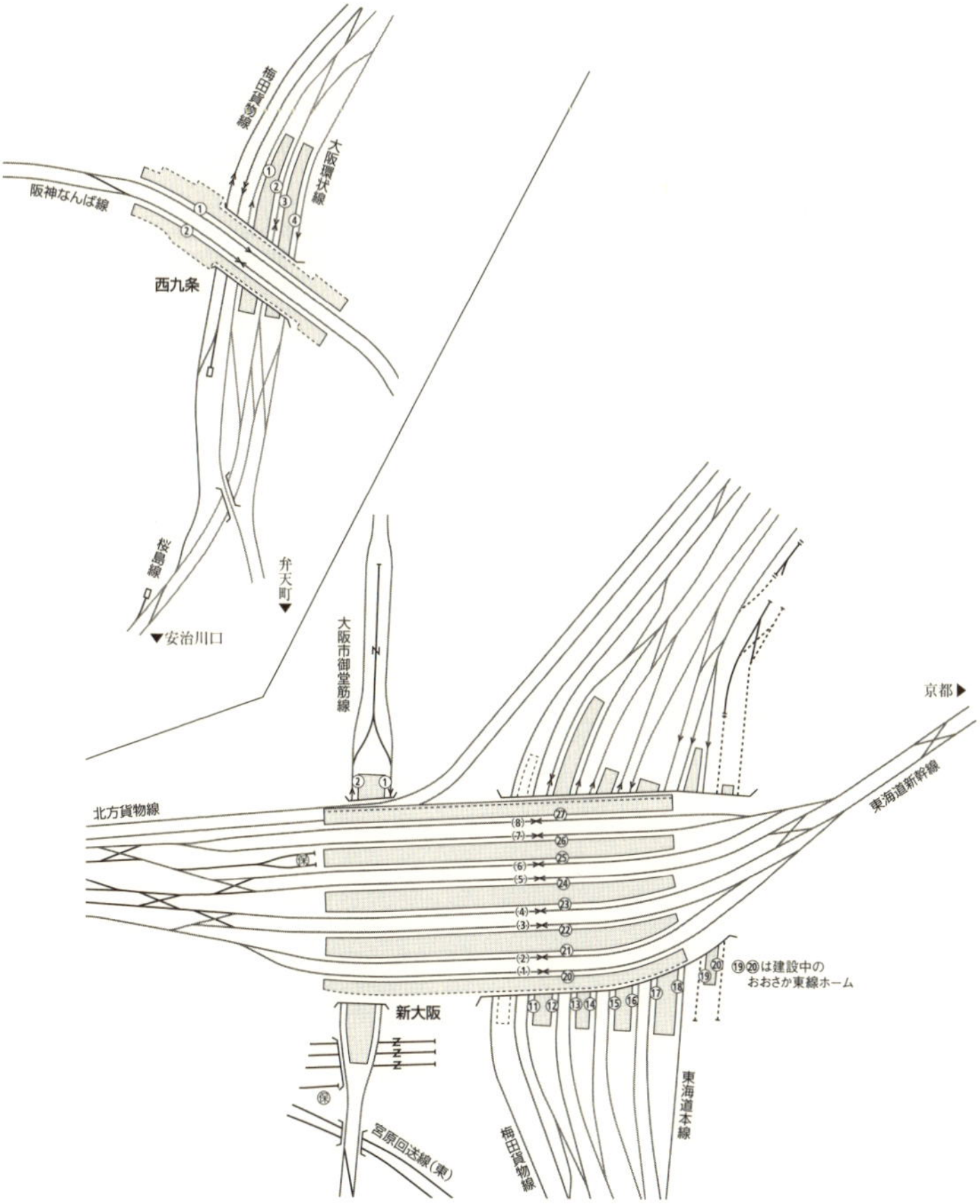

1両 平均定員	輸送力	輸送人員	混雑 率%	車種別定員
140	6720	6340	94	103系ロング車
139	6656		95	
142	11930	12355	104	
135	11344		109	225系8両編成1044人 321・207系７両編成1009人
156	8712	7355	84	321・207系ロング車
144	8072		91	
156	20691	18820	91	321・207系ロング車
144	19171		98	
148	5787	3560	62	
141	5483		65	103系6両編成832人 321・207系７両編成1009人

阪和線緩行

快速と同様に、ＪＲになってから最混雑時間帯の輸送人員を是正したことが大きな要因となって混雑率が１００％を割ったと思われる。

福知山線快速

尼崎駅でＪＲ東西線に直通する快速は、ロングシートの20ｍ４扉車の３２１系と２０７系を使い、東海道本線に直通する大阪行快速（丹波路快速を含む）は３扉クロスシート車の２２５系を使う。

福知山線緩行

公表の定員は多すぎる。基準値で計算すると混雑率は91％になる。尼崎駅の宝塚寄りで東海道本線の神戸方面の線路と合流、大阪寄りでは東海道本線大阪方面とＪＲ東西線が分岐する。緩行電車は宝塚方面も神戸方面も尼崎駅を出ると大阪方面と東西線方面の両方に向かうため、運転系統は複雑で、神戸方

●大阪都市圏

路線名	区間	時間帯	編成両数×運転本数	通過車両数
阪和線緩行	美章園→天王寺	7:30〜8:30	6×8	48
福知山線快速	伊丹→尼崎	7:30〜8:30	7.6×11	84
		7:31〜8:28	225系クロス車(4+4)×7 321・207系ロング車(3+4)×4	
福知山線緩行	塚口→尼崎	7:15〜8:15	7×8	56
ＪＲ東西線	大阪天満宮→北新地	7:30〜8:30	7×19	133
おおさか東線	高井田中央→放出	7:30〜8:30	6.5×6	39
			103系6×3、321・207系ロング車(3+4)×3	

向も含めてどちらに向かうか注意しなければならない。

ＪＲ東西線

京橋側のほうが尼崎側よりも輸送人員が多い。片町線から直通する電車の乗客は京橋駅で一気に降車するが、ＪＲ東西線に入ると大阪天満宮駅まで微増していく。そして、北新地駅で一気に降りるために最混雑区間は大阪天満宮↓北新地間となる。

おおさか東線

最混雑時間帯には各駅停車のほかに２０７系による奈良発尼崎行の快速が走る。放出《はなてん》駅で片町線と接続しており、この快速は片町線に乗り入れる。このため最混雑区間は高井田中央↓放出間となる。

大阪市営地下鉄御堂筋線南行

大阪地下鉄の各線は上り、下りの両方向の最混雑

1両 平均定員	輸送力	輸送人員	混雑 率%	車種別定員
136	36720	54065	147	
129	34830		155	先頭車121人、中間車131人 10両編成1290人
136	34000	45855	135	
129	32250		142	
137	18906	19031	101	
127.6	17618		108	6両編成766人
137	19728	21955	111	
127.6	18384		119	
137	17262	16200	94	
127.6	16086		101	

区間を取り上げている。首都圏の18m中形車は、連結器の長さを含んで18mになっている。そして車体から飛び出した連結器の長さは３５０㎜が多く、車体そのものの長さは17・3mほどになっているところが多い。

しかし、関西の中形車は車体の長さが18mかそれ以上で、連結器を入れると18・7m以上となっている。関西では19m中形車と呼ぶ。大阪地下鉄の車両も車体の長さは、先頭車が18・2m、中間車が18mになっている。しかも通常の中形車は3扉だが大阪地下鉄は4扉にしている。

御堂筋線南行の最混雑区間は梅田→淀屋橋間である。梅田駅ではＪＲと阪神、阪急が連絡し、淀屋橋駅はビジネス街、官庁街になっているからである。

公表では定員を多めにしている。算出基準通りの定員になおすと混雑率は１５５%になる。

大阪市営地下鉄御堂筋線北行

北行の最混雑区間は難波→心斎橋間である。難波駅で

●大阪都市圏

路線名	区間	時間帯	編成両数×運転本数	通過車両数
大阪市御堂筋線南行	梅田→淀屋橋	7:50〜8:50	10×27	270
大阪市御堂筋線北行	難波→心斎橋	7:50〜8:50	10×25	250
大阪市谷町線南行	東梅田→南森町	7:50〜8:50	6×23	138
大阪市谷町線北行	谷町九丁目→谷町六丁目	7:50〜8:50	6×24	144
大阪市四つ橋線南行	西梅田→肥後橋	7:50〜8:50	6×21	126

は従来の南海、近鉄に加えて近年になって阪神なんば線からの乗換客が加わるようになった。ＪＲ難波駅はやや離れており、御堂筋線に乗り換えるのは手前の天王寺駅になる。心斎橋駅は有数の繁華街である。

大阪市営地下鉄谷町線南行

東梅田駅でＪＲ、阪神、阪急からの乗換客があり、ビジネス街の中にある南森町駅で多くの客が降りるので、最混雑区間は東梅田↓南森町間になる。

大阪市営地下鉄谷町線北行

谷町九丁目駅は近鉄の大阪上本町駅に近く、近鉄からの乗換客が乗ってくる。谷町六丁目駅では長堀鶴見緑地線が連絡する。長堀鶴見緑地線の松屋町駅などはオフィスも多く降車客が多い。このため最混雑区間は谷町九丁目↓谷町六丁目間になる。

大阪市営地下鉄四つ橋線南行

1両平均定員	輸送力	輸送人員	混雑率%	車種別定員
137	17262	18732	109	
127.6	16086		116	
134	12864	18097	141	
127.6	12256		148	
134	10452	9556	91	
127.6	9958		96	
135	7560	8187	108	
126	7056		116	4両編成504人

四つ橋線の西梅田―大国町間は御堂筋線の混雑緩和路線で、御堂筋線の西側を200mほど離れて並行している。西梅田駅では阪神と北新地駅からは簡単に乗り換えられるが、JRの大阪駅は少し離れている。阪急梅田駅となると乗り換えるには遠い。このため、さほど利用されておらず、混雑率は100%程度である。

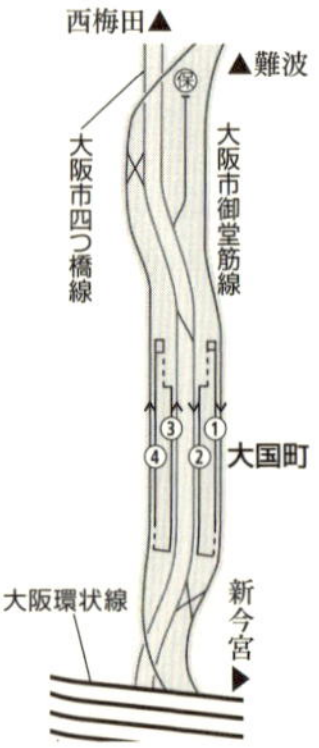

なお、西梅田駅と谷町線の東梅田駅は御堂筋線の梅田駅と同一駅とみなして乗り換えるときには通し運賃で計算される。

四つ橋線の各駅は8両編成が停まれる長さを確保している。西梅田発の快速を走らせる構想があったといわれる。このため西梅田駅は10両編成が停まれる長さにできるようになっていて、大国町駅は御堂筋線と方向別ホームにすることで御堂筋線難波方向から四つ橋線西梅田駅へ直通できる配線になっている。

●大阪都市圏

路線名	区間	時間帯	編成両数×運転本数	通過車両数
大阪市四つ橋線北行	難波→四ツ橋	8:00〜9:00	6×21	126
大阪市中央線西行	森ノ宮→谷町四丁目	7:50〜8:50	6×16	96
大阪市中央線東行	本町→堺筋本町	7:50〜8:50	6×13	78
大阪市千日前線西行	鶴橋→谷町九丁目	7:50〜8:50	4×14	56

路線名は四つ橋と書くが、駅名は四ツ橋と書く。

大阪市営地下鉄四つ橋線北行

近鉄や阪神なんば線、南海からの乗客は、北へ向かうのに御堂筋線は混むので、大国町駅で空いている四つ橋線に乗り換える人が多く、最混雑区間は難波↓四ツ橋間となる。北行のほうが南行よりも混んでいる。

なお、難波、我孫子、中百舌鳥の各駅は平仮名で案内されているが、正式には漢字である。

大阪市営地下鉄中央線西行

森ノ宮駅で大阪環状線からの乗換客が加わるので、最混雑区間は森ノ宮↓谷町四丁目間になる。

大阪市営地下鉄中央線東行

最混雑区間は本町↓堺筋本町間だが、他の駅でも南北に走っている各線と連絡しており、同区間がずば抜けて混雑しているわけではない。また、東行は中心部から郊外へ出ていくことか

1両平均定員	輸送力	輸送人員	混雑率%	車種別定員
135	7020	4703	67	
126	6552		72	
142	21584	20674	96	
130.3	19798		104	先頭車122人、中間車133人 8両編成1042
142	21584	23013	107	
130.3	19798		116	
95	6840	8926	130	
90	6480		138	先頭車84人、中間車96人 4両編成360
95	6080	4792	79	
90	5760		83	

ら、西行よりも空いている。

大阪市営地下鉄千日前線西行

鶴橋駅で大阪環状線と連絡して都心へ向かっているため、最混雑区間は鶴橋→谷町九丁目間になる。鶴橋駅での近鉄からの乗換客は、相互直通をし、桜川駅まで並行している阪神なんば線の開通で大幅に減った。

大阪市営地下鉄千日前線東行

最混雑区間は鶴橋→今里間になっているが、混雑率は72%でしかない。以前は、阪神と連絡する野田阪神→玉川間のほうが混んでいたが、阪神なんば線の開通で阪神本線から同線に乗って大阪難波に向かう人が増えて、野田阪神→玉川間の輸送人員は大きく減ってしまった。千日前線は全区間にわたって最混雑時間帯でも空いている。

大阪市営地下鉄堺筋線南行

●大阪都市圏

路線名	区間	時間帯	編成両数×運転本数	通過車両数
大阪市千日前線東行	鶴橋→今里	7:50〜8:50	4×13	52
大阪市堺筋線南行	南森町→北浜	7:50〜8:50	8×19	152
大阪市堺筋線北行	日本橋→長堀橋	7:50〜8:50	8×19	152
大阪市長堀鶴見緑地線西行	蒲生四丁目→京橋	7:40〜8:40	4×18	72
大阪市長堀鶴見緑地線東行	谷町六丁目→玉造	7:40〜8:40	4×16	64

阪急千里線、京都線と相互直通しているが、南森町駅でＪＲ東西線や谷町線からの乗換客があり、最混雑区間は南森町→北浜間となっている。

大阪市営地下鉄堺筋線北行

最混雑区間は日本橋→長堀橋間である。日本橋駅で千日前線と近鉄と連絡しているからである。

大阪市営地下鉄長堀鶴見緑地線西行

リニアモーター駆動のミニ地下鉄で、小形車両を使っている。

蒲生四丁目駅で今里筋線から都心へ向かうために長堀鶴見緑地線に乗り換える客があり、京橋駅で降車、またはＪＲや京阪に乗り換える客があるので、最混雑区間は蒲生四丁目→京橋間となる。混雑率は１３８％と混んでいる。

大阪市営地下鉄長堀鶴見緑地線東行

1両平均定員	輸送力	輸送人員	混雑率%	車種別定員
94	5264	4228	80	
90	5040		84	
94	4512	3066	68	
90	4320		71	
44	4224	3755	89	修正なし
44	4224	3140	74	修正なし

最混雑区間は谷町六丁目→玉造間になっているが、混雑率は83%である。ずば抜けて混んでいる区間はない。

大阪市営地下鉄今里筋線南行

今里筋線もミニ地下鉄である。

鴫野駅でJR片町線からの乗換客があり、緑橋駅で中央線に乗り換える人が多く、このため最混雑区間は鴫野→緑橋間になっている。といっても混んではいない。

大阪市営地下鉄今里筋線北行

最混雑区間は鴫野→蒲生四丁目間となっているが、ずば抜けて混んでいる区間はない。

大阪市交通局南港ポートタウン線南行

ニュートラムという案内軌条式新交通システムである。完全自動運転だが、監視と治安確保のために先頭運転台に職員が乗ることがある。南行はコスモスクエア駅で中央線からの乗換客があるので最混雑区間はコスモスクエア→トレードセンター前間とな

●大阪都市圏

路線名	区間	時間帯	編成両数×運転本数	通過車両数
大阪市今里筋線南行	鴫野→緑橋	7:40〜8:40	4×14	56
大阪市今里筋線北行	鴫野→蒲生四丁目	7:40〜8:40	4×12	48
南港ポートタウン線南行	コスモスクエア→トレードセンター前	8:00〜9:00	4×24	96
南港ポートタウン線北行	住之江公園→平林	7:40〜8:40	4×24	90

る。

大阪市交通局南港ポートタウン線北行

北行は住之江公園駅で四つ橋線からの乗換客があるため住之江公園↓平林間が最混雑区間になっている。

近鉄奈良線

最混雑区間は河内永和↓布施間である。布施駅で大阪線と合流して、ここから大阪線との方向別複々線になる。大阪上本町方面への乗換客があって乗客が減るのではない。大阪線も最混雑区間は俊徳道↓布施間になっている。布施駅周辺の商業地への降車客があることと、大阪線の下り大和八木方面に乗り換える客があるからである。

近鉄と南海の電車は、車体長が20mで連結器の長さを入れると20・7mかそれ以上の長さになっているので、こ

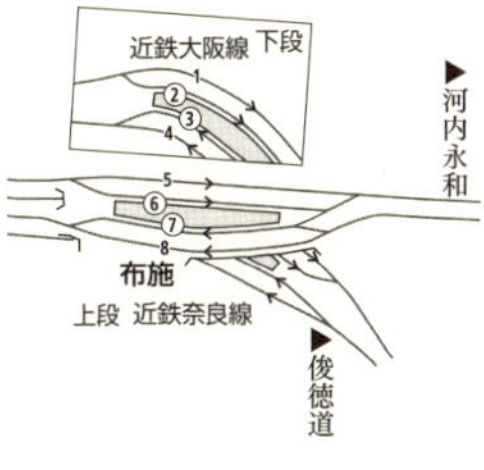

1両平均定員	輸送力	輸送人員	混雑率%	車種別定員
138.4	22422	30700	137	
135	21868		140	近鉄先頭車132人、中間車146人 6両編成848人、2両編成264人 阪神先頭車117人、中間車128人 6両編成746人、2両編成256人
129.1	22718		135	ISLレギュラーシート4両206人 阪奈特急ビスタ付10両編成644人
131	12576	10530	84	
127.7	12256		86	先頭車121人、中間車131人 6両編成766人
136	19856	25930	131	
137.7	20116		129	4両編成ロング車556人、クロス車494人
128.9	21404		121	ビスタ付10両編成644人

れらは21m大形車と呼ばれている。もちろん片側の扉の数は4枚である。阪神なんば線の開通で阪神の19m3扉中形車が乗り入れてくるようになった。

当然、平均定員は異なるが、これを考慮して輸送力を算出した。これによる混雑率は１４０％である。

最混雑時間帯に10両編成の特急1本、「伊勢志摩ライナー（ＩＳＬ）」を使う特急1本が走る。ＩＳＬは一般座席のレギュラーシート車のみ輸送力に加えて参考値としての混雑率を取り上げた。

近鉄けいはんな線

地下鉄中央線と相互直通をしている。このため第3軌条方式の19m中形車を使う。

近鉄大阪線

奈良線と同様の理由で最混雑区間は俊徳道→布施間である。

●大阪都市圏

路線名	区間	時間帯	編成両数×運転本数	通過車両数
近鉄奈良線	河内永和→布施	7:42～8:42	8.1×20	162
			近鉄車8×10、10×4 阪神車6×4、8×1 10×1	
			特急伊勢志摩ライナー1本 阪奈特急1本追加	176
近鉄けいはんな線	荒本→長田	7:24～8:24	6×16	96
近鉄大阪線	俊徳道→布施	7:36～8:36	7.7×19	146
			6×8、8×6 10(うちクロス車4)×5	
			特急2本追加	166

山田線からの長距離の快速急行などは3扉転換クロスシート車を使っている。名張駅でロングシート車を増結して10両編成になる。

松阪発の特急が1本、近鉄名古屋発の特急が1本最混雑時間帯に走っている。いずれも名張駅で増結して10両編成になる。また、2本とも2両の2階建車両のビスタEXが連結されている。これを加えた参考値の混雑率を掲げた。

近鉄南大阪線

大阪阿部野橋駅の一つ手前の駅である河堀口駅の上りでは、乗車客より降車客のほうが若干多いために最混雑区間は北田辺↓河堀口間となる。

21m大形車なのに平均定員が20m大形車よりも少ないのは、中間に先頭車が連結されているためである。

南大阪線も特急が走る。これを加えた参考値の混雑率を掲げた。

1両 平均定員	輸送力	輸送人員	混雑 率%	車種別定員
137	19180	24520	128	
138	19320		127	
135.1	19720		124	8両編成400人
131.5	17896	22390	125	
140.6	19128		117	先頭車132人、中間車146人
133.8	19810		113	サザン座席指定車4両242人 ラピート・レギュラーシート車4両198人
131.7	23710	28910	122	
139.5	25104		115	
137.8	25350		114	4両編成246人

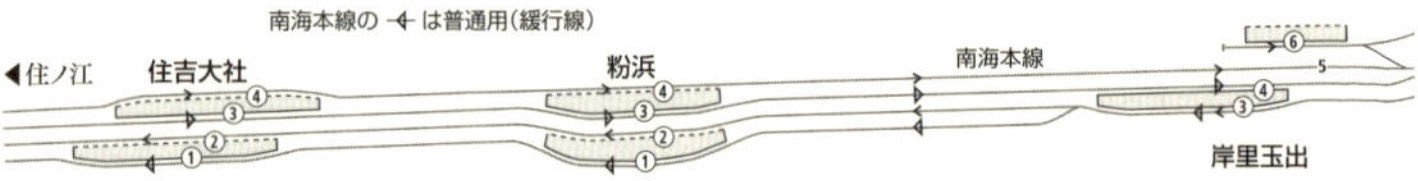

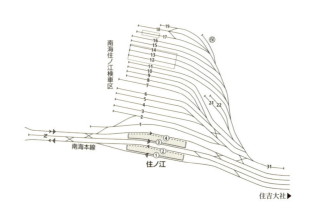

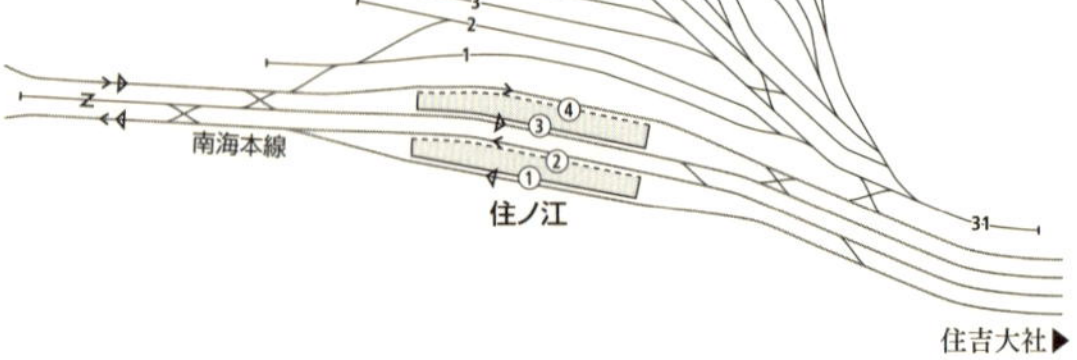

●大阪都市圏

路線名	区間	時間帯	編成両数×運転本数	通過車両数
近鉄南大阪線	北田辺→河堀口	7:31～8:31	7×20	140
			特急6両編成１本追加	146
南海本線	湊→堺	7:30～8:30	6.5×21	
			6×16、8×4、4×2	
			特急サザン座席指定車4×2 ラピート・レギュラーシート車4×1	148
南海高野線	百舌鳥八幡→三国ケ丘	7:20～8:20	7.5×24	
			6×6、8×18	
			特急りんかん1本追加	184

南海本線

岸里玉出―住ノ江間は緩急分離の方向別複々線になっている。最混雑区間は湊↓堺間である。

特急「サザン」は、ロングシートの通勤形と座席指定車をそれぞれ4両連結した8両編成である。最混雑時間帯に2本の「サザン」が走るとともに、空港特急の「ラピート」も1本走る。「ラピート」6両編成のうちの2両はスーパーシート車で通勤利用は少ないので除外し、レギュラーシート車の4両が通勤利用されるとして輸送力に加えた。この場合の混雑率も参考値である。

南海高野線

三国ケ丘駅で阪和線に乗り換える客があり、最混雑区間は百舌鳥八幡↓三国ケ丘間となる。

最混雑時間帯に特急「りんかん」が1本走っている。これを加えた参考値の混雑率も取り上げた。

1両 平均定員	輸送力	輸送人員	混雑 率%	車種別定員
122.8	32676	38187	117	
123.9	32952		116	3扉セミクロス先頭車104人、中間車116人 特急用先頭車106人、中間車113人 2階車146 ロング先頭車119人、中間車129人
121.6	17358	19395	112	
120.8	16917		115	クロス先頭車107人、中間車114人 ロング先頭車121人、中間車130人 近鉄先頭車132、中間車146人
127.8	8994	7901	88	
126.7	8866		89	オール阪神車

京阪本線

京橋駅で大阪環状線に乗り換える客が多いため、最混雑区間は野江→京橋間になっている。なお、天満橋—萱島間は方向別の複々線になっている。このため運転本数は多い。

京阪本線の特急車両は8両固定編成でうち1両は2階建車両になっている。他は2扉転換クロスシート車である。ただし現在は連結寄りの座席はロングシート化された。快速急行用は横2&1列の3扉セミクロスシート車である。

阪神本線

阪神なんば線が開通し、最混雑区間は出屋敷→尼崎間になった。

それまでは野田駅で地下鉄に乗り換えて難波（現・大阪難波）駅に行っていた。また梅田駅で地下鉄に乗り換えて都心部に行っていた。阪神なんば線によって直接大阪難波駅に行けるようになって、輸送人員が分散されたのである。心斎橋駅へも阪神なんば線経由が好まれている。

●大阪都市圏

路線名	区間	時間帯	編成両数×運転本数	通過車両数
京阪本線	野江→京橋	7:50〜8:50	7.4×36 3扉セミクロス車8×1 特急用クロス車8×6 ロング車7×22、8×7	266
阪神本線	出屋敷→尼崎	7:32〜8:31	5.6×25 4×5、6×20	140
阪神なんば線	千鳥橋→西九条	7:31〜8:31	6.4×11 6×10、10×1	70

ただし、本町駅へは阪神なんば線に乗って大阪難波駅手前の九条駅で地下鉄中央線に乗り換える人もいる。阪神は地下2階、中央線は地上3階にホームがあって乗り換えは面倒だから嫌う人もいるのである。

阪神なんば線が開通する前の最混雑区間は姫島→野田間、ただし昭和30（1955）年度以前は野田→福島間だった。

阪神なんば線

阪神なんば線になる前の西大阪線時代から最混雑区間は千鳥橋→西九条間である。昭和39（1964）年以前の伝法線時代は千鳥橋—西九条間が開通していないので出来島→福間間だった。

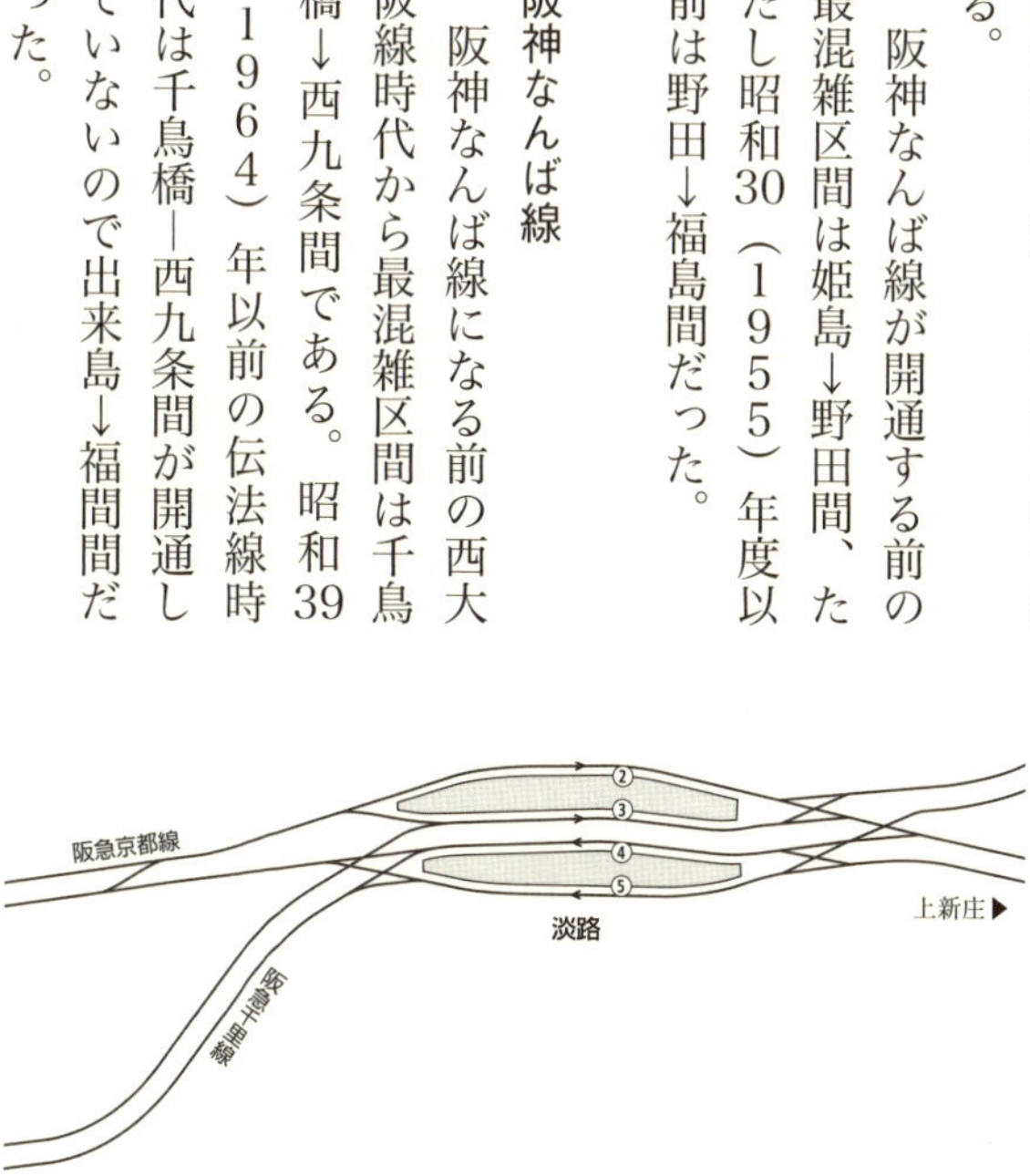

1両平均定員	輸送力	輸送人員	混雑率%	車種別定員
129	23964	31200	130	
127.2	23658		132	クロス先頭車108人、中間車118人 特急5本 ロング先頭車123人、中間車133人
132	11352	14675	129	
130.4	11218		131	
130	24768	35750	144	
127.6	24498		146	クロス4両使用先頭車105人、中間車116人 ロング先頭車120人、中間車131人

阪急京都線

淡路駅で千里線に乗り換える人が多い。千里線は地下鉄堺筋線と相互直通しており、乗り換えなしで大阪都心部に行けるからである。このため最混雑区間は上新庄→淡路間になる。

特急は３扉セミクロスシート車を使う。

阪急千里線

最混雑区間は下新庄→淡路間である。これは淡路駅で京都線の十三・梅田方面への乗換客のほかに京都方面に乗り換える客もあるからである。

阪急宝塚線

最混雑区間は三国→十三間である。十三駅では京都線と神戸線への乗換客があるからである。

阪急の通常の電車の幅は２８００㎜になっているのに、神戸線と宝塚線を走る電車の幅は２７３０㎜になっている。阪急は早期に小形車から中形車に変更した。このときに２７３０㎜にしたのである。このため阪神などとくらべて少し定員が少な

●大阪都市圏

路線名	区間	時間帯	編成両数×運転本数	通過車両数
阪急京都線	上新庄→淡路	7:35〜8:35	8.1×23 8×22、10×1	186
阪急千里線	下新庄→淡路	7:30〜8:30	7.8×11 6×1、8×10	86
阪急宝塚線	三国→十三	7:32〜8:32	8.3×23 8×19、10×4	192

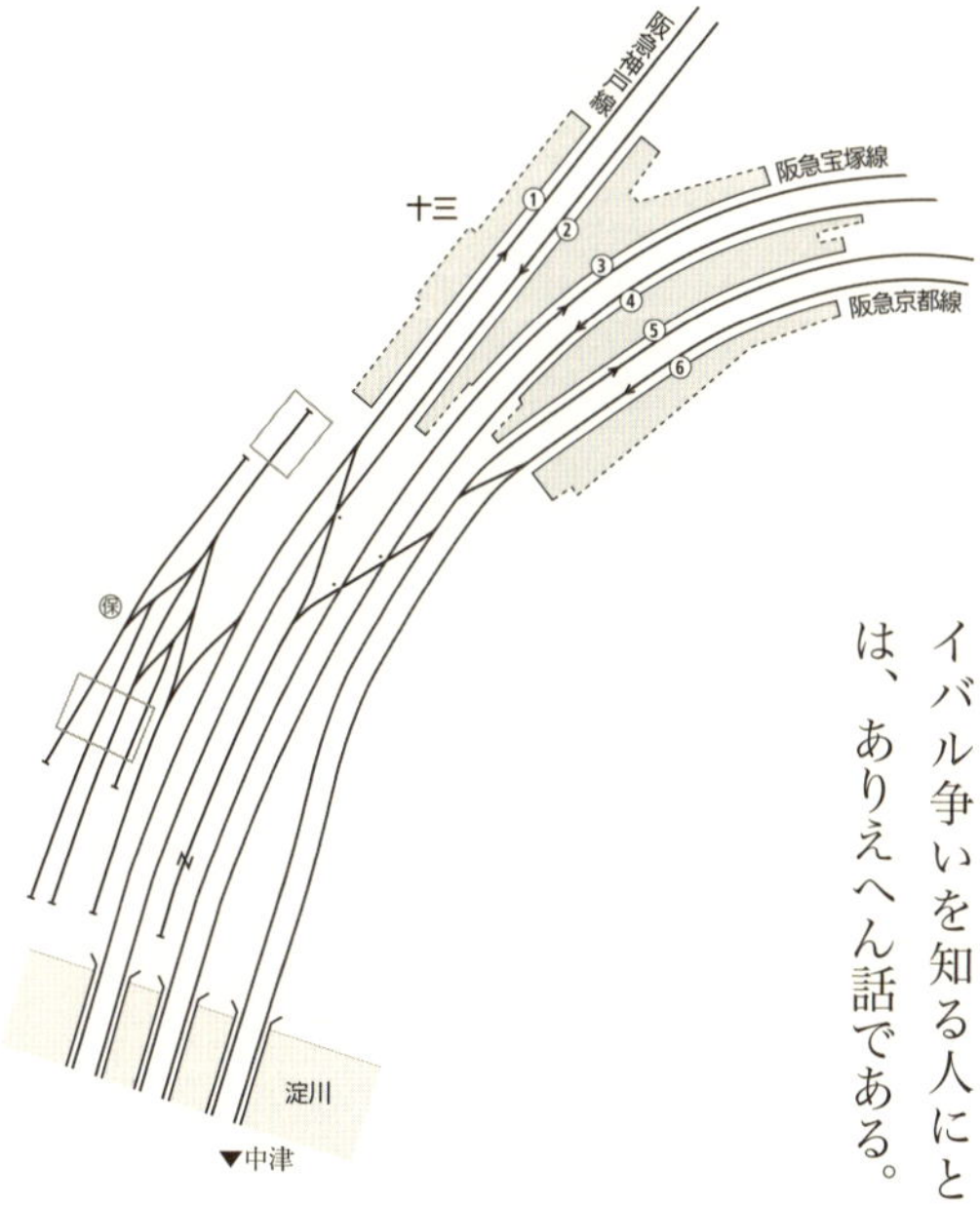

い。また、京都線の電車は神戸・宝塚線を走ることができない。ただし、逆は可能である。

さらに神戸高速鉄道経由で阪急の電車が阪神の尼崎車庫との間を行き来することがある。尼崎車庫で車両改造などをするためである。昔の阪急と阪神のライバル争いを知る人にとっては、ありえへん話である。

1両平均定員	輸送力	輸送人員	混雑率%	車種別定員
129	26574	38850	146	
129.8	26739		145	オールロングシート車
128.6	16714	16563	99	
129	16770		99	先頭車121人、中間車131人、10両編成1290人
136	13056	16973	130	
142	13632		125	先頭車130人、中間車146人、8両編成1136人
103.7	2903	3730	129	
95.5	2674		139	先頭車93人、中間車98人、4両編成382人
125	750	539	72	
116	696		77	先頭車116人、中間車127人
125.3	11528	8745	76	
126.5	11132		79	ロング先頭車120人、中間車131人

阪急神戸線

宝塚線と同様な理由で、最混雑区間は神崎川↓十三間になっている。

宝塚線もそうだが神戸線にも8両編成の神戸三宮寄り（宝塚線は宝塚寄り）2両が3扉セミクロスシート車になっている編成がある。

北大阪急行電鉄

地下鉄御堂筋線と相互直通しており、境界駅の江坂駅とその手前の緑地公園駅との間が最混雑区間になる。

泉北高速鉄道

中百舌鳥駅で南海高野線と相互直通をしているので、最混雑区間は深井↓中百舌鳥間になる。座席指定特急の「泉

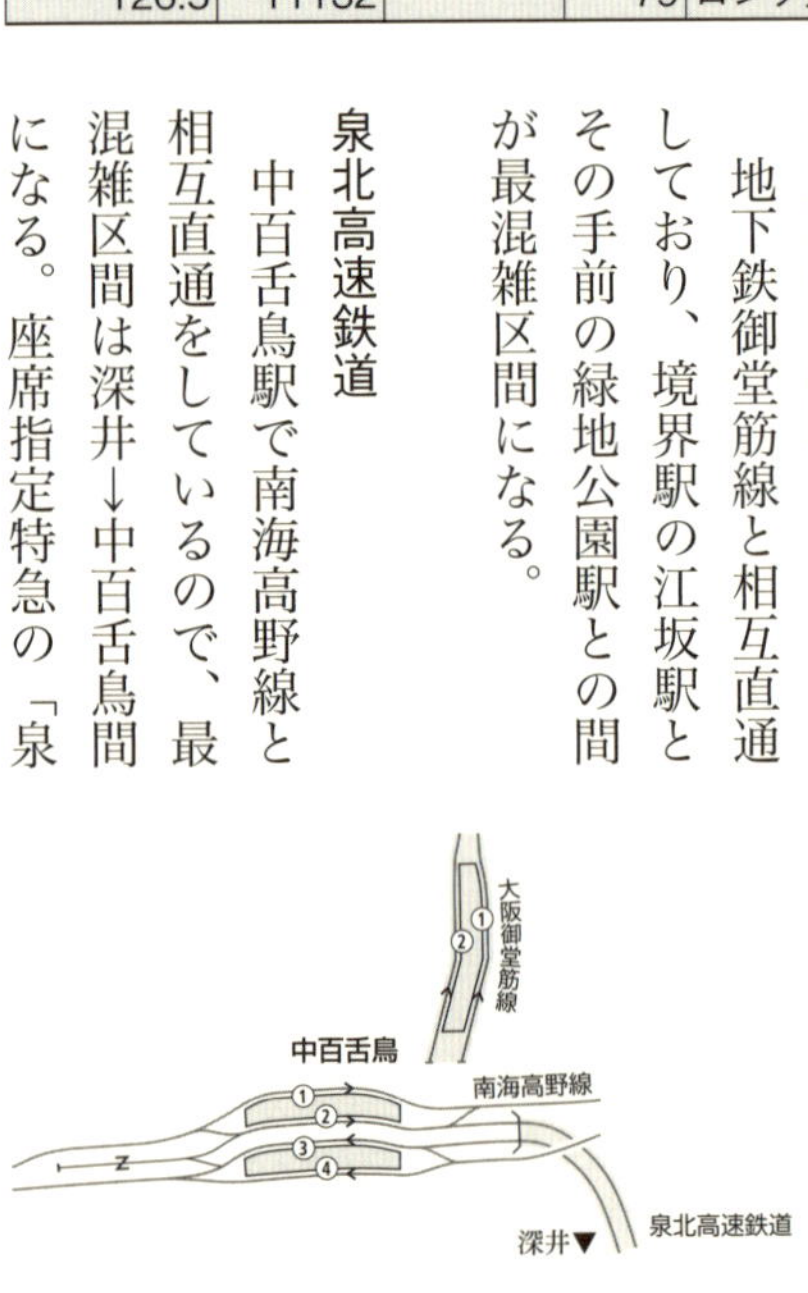

●大阪都市圏

路線名	区間	時間帯	編成両数×運転本数	通過車両数
阪急神戸線	神崎川→十三	7:35〜8:35	8.6×24 8×17、10×7	206
北大阪急行電鉄	緑地公園→江坂	8:00〜9:00	10×13	130
泉北高速鉄道	深井→中百舌鳥	6:57〜7:56	8×12	96
大阪高速鉄道	沢良宜→摂津	7:30〜8:29	4×7	28
水間鉄道	近義の里→貝塚市役所前	7:00〜8:00	2×3	6
能勢電鉄妙見線	絹延橋→川西能勢口	7:10〜8:10	5.1×18 8×4、4×14	92 88

北ライナー」が運転されているが、運転開始は２０１５年12月からで、しかも２０１６年度時点では最混雑時間帯には走らない。

大阪高速鉄道

床がフラットな日本跨座式モノレールである。最混雑区間が沢良宜↓摂津間になっている。これは摂津駅の近くに府立摂津高校と私立星翔高校があって、通学生の降車、それに摂津市役所の職員の降車があるからである。

水間鉄道

泉南の南海本線貝塚駅から水間観音駅までの路線である。混雑率77%とさほど混んでいない。

能勢電鉄妙見線

阪急宝塚線の川西能勢口駅から北部に路線を延ばしている。小私鉄ながら沿線が開発されており、通

1両平均定員	輸送力	輸送人員	混雑率%	車種別定員
125.3	7520	2486	33	
127.1	7116		35	
76	380	138	36	修正なし
76	1444	1229	85	修正なし

1両平均定員	輸送力	輸送人員	混雑率%	車種別定員
127	13716	18316	134	
129	13932		131	先頭車119人、中間車134人 6両編成774人
144	6048	4295	71	
129	5418		79	
90.5	3620	3713	103	
91	3640		102	先頭車84人、中間車98人 4両編成364人

勤路線に変身している。しかし、混雑率は79％にとどまっている。

能勢電鉄日生線

妙見線の山下駅から分岐する、日生中央駅までの一駅間の路線である。日生中央駅付近には大規模に開発された住宅地があり、そこへの足として開通した。

ラッシュ時には特急「日生エクスプレス」が阪急宝塚線に直通して梅田駅まで走る。日生中央駅発車時は8両編成だが、川西能勢口駅で2両を増結して10両編成になる。発車時点では35％の混雑率だが、川西能勢口駅の手前では100％を超え、宝塚線に入ると特急になるのでどっと乗ってくる。

阪堺電気軌道阪堺線・上町線

●大阪都市圏

路線名	区間	時間帯	編成両数×運転本数	通過車両数
能勢電鉄日生線	日生中央→山下	6:55〜7:55	6×10	60
			8×4、4×6	56
阪堺電気軌道阪堺線	今船→今池	7:30〜8:30	1×5	5
阪堺電気軌道上町線	松虫→阿倍野	7:30〜8:30	1×19	19

●神戸都市圏

路線名	区間	時間帯	編成両数×運転本数	通過車両数
神戸市西神線	妙法寺→板宿	7:06〜8:03	6×18	108
北神急行電鉄	谷上→新神戸	7:30〜8:30	6×7	42
神戸市海岸線	ハーバーランド→中央市場前	7:32〜8:26	4×10	40

両線とも路面電車である。以前は混雑率が100％を超え、さらに前は150％を超えていたが、現在は比較的空いている。

神戸都市圏

神戸市営地下鉄西神線

神戸市西神線は西神ニュータウンなどと神戸市街地とを結ぶ地下鉄線で、新長田駅で山手線に直通している。一般的には西神・山手線と呼ぶ。板宿駅で山陽電鉄と連絡しているために妙法寺↓板宿間が最混雑区間になる。

北神急行電鉄

神戸電鉄から三宮駅へ神戸地下鉄を経てショートカットする路線だが、運賃が高いためにそれほど利用されていない。

1両平均定員	輸送力	輸送人員	混雑率%	車種別定員
124	7686	7105	92	
120	7436		96	クロス先頭車107人、中間車114人 6両編成のうち梅田寄り1両はロング車 6両編成684人 ロング先頭車121人、中間車130人 4両編成502人
112	8288	8344	101	
113.4	8380		100	先頭車108人、中間車119人
50	8100	9736	120	
47.7	7722		126	先頭車47人、中間車48人 6両編成286人

神戸市営地下鉄海岸線

リニア駆動のミニ地下鉄である。ハーバーランド駅はJRの神戸駅、それに阪神電車、阪急電車、山陽電車が乗り入れる神戸高速鉄道の高速神戸駅に近く、ここから海岸線に乗り換えて海岸寄りの各駅に向かう客が多い。徐々に乗客が少なくなっていくので最混雑区間はハーバーランド→中央市場前間となる。

山陽電鉄

首都圏の京浜急行や京成電鉄と同様に、神戸高速鉄道の高速神戸駅から非常に離れた山陽明石駅でJR山陽本線に乗り換える人が多い。山陽本線には高速の新快速が走っており、神戸・大阪方面に短時間で行けるからである。このため最混雑区間は西新町→山陽明石間となっている。

ただし、新快速は非常に混んでいる。このため山陽の特急に乗ったまま神戸・大阪方面へ向かう人も少なくはない。山陽は阪神と相互直通し、特急は直通で梅田駅まで走る。さらに神戸三宮駅から難波・奈良方面へ直通する快速

●神戸都市圏

路線名	区間	時間帯	編成両数×運転本数	通過車両数
山陽電鉄	西新町→山陽明石	7:15〜8:15	4.5×14	62
			4×8、6×5	
神戸電鉄	丸山→長田	7:30〜8:30	3.9×19	74
			3×2、4×17	
神戸新交通ポートライナー	貿易センター→ポートターミナル	8:00〜9:00	6×27	162

急行も走っている。

神戸電鉄

長田駅の近くに兵庫県立夢野台高校、少し離れて神戸市立神港橋高校、県立兵庫高校がある。神港橋高校と兵庫高校は地下鉄西神・山手線の上沢駅のほうが近いが、神戸電鉄沿線からは遠回りになる。長田駅からは下り坂で行けることから長田駅で降りる通学生が多い。このため最混雑区間は丸山↓長田間になる。ただし下校時は坂を登ることになる。

神戸電鉄は4両編成のうち1両を、地下鉄海岸線も4両編成のうち1両を終日（早朝を除く平日）女性専用車にしている。混雑時には女性専用車は比較的空いているが、その他の車両は混んでいる。丸々1両を女性専用車にしているのはどうかと思う。車両の中央に仕切りを設けて半室を女性専用車にしたほうがいい。

神戸新交通ポートライナー

1両平均定員	輸送力	輸送人員	混雑率%	車種別定員
44	3696	3816	103	修正なし、先頭車40人、中間車48人

1両平均定員	輸送力	輸送人員	混雑率%	車種別定員
115.9	4056	4080	101	
121.6	4255		96	113・115系先頭車121人、同トイレ付118人 中間車131人 117系先頭車108人、同トイレ付104人 中間車116人
113.8	5806	6551	113	
122.5	6245		105	

案内軌条式新交通システムである。貿易センター駅の北東側の工業地帯が再開発されて中高層の集合住宅が並ぶＨＡＴ神戸となった。そのため、以前の最混雑区間は三宮→貿易センター間だったが、現在は貿易センター→ポートターミナル間になっている。

神戸新交通六甲ライナー

住吉駅でＪＲ線からの乗換客があり、魚崎駅で阪神電鉄からの乗換客が加わり、南魚崎駅から先は降車客ばかりになるために、最混雑区間は魚崎→南魚崎間になる。

岡山都市圏

山陽本線下り

最混雑区間は東岡山→岡山間になってい

●神戸都市圏

路線名	区間	時間帯	編成両数×運転本数	通過車両数
神戸新交通六甲ライナー	魚崎→南魚崎	8:00～9:00	4×21	84

●岡山都市圏

路線名	区間	時間帯	編成両数×運転本数	通過車両数
山陽本線下り	東岡山→岡山	7:10～8:10	5×7	35
	西川原→岡山		115系(3+3)×2 115系4×1、113系4×1 115系(4+3)×1 115系(2+2)×1 117系(2+2)×1	
山陽本線上り	倉敷→岡山	7:30～8:30	6.4×8	51
	北長瀬→岡山		115系(4+3)×5 113系4×1 115系4×1 117系(4+4)×1	

るが、一駅間とすべきである。そうすると西川原↓岡山間となる。近郊形の１１５系と新快速用だった２扉オールクロスシート車の１１７系が走る。修正混雑率は96％になる。

山陽本線上り

こちらも最混雑区間は北長瀬↓岡山間である。修正混雑率は１０５％で、上り電車のほうが混んでいる。

宇野線

当線も最混雑区間は大元―岡山間である。５両編成と７両編成の快速「マリンライナー」が走る。高松寄り先頭車は２階建てで階上と運転席後部の平屋部分はグリーン車、階下は普通車指定席なので輸送力には組み込まない。

1両平均定員	輸送力	輸送人員	混雑率%	車種別定員
120.9	3506	3834	109	
121.5	3159		121	223系先頭車121人、同トイレ付117人 5000系先頭車121人 213系先頭車122人、同トイレ付118人
123.5	3457		111	特急自由席２両115人 マリンライナー普通車指定席34人
112	784	752	96	
119.9	839		90	キハ40形113人、キハ47形2両編成250人
112	784	944	120	
119.9	839		113	
82	1230	999	81	
68	1020		98	標準車両で計算

さほど混んでいないので、グリーン車を利用する通勤・通学客はほとんどいない。児島―岡山間のグリーン料金は７７０円と高いこともある。速く岡山駅に行ける特急「しおかぜ」４号の自由席特急料金は５５０円とやや安い。また、閑散期の「マリンライナー」普通車指定席料金は３２０円と安い。普通車指定席と特急「しおかぜ」の自由席を輸送力に加えた混雑率は１０５％になる。

児島駅を出発する「マリンライナー」岡山行（右）と停車中の普通岡山行

津山線

●岡山都市圏

路線名	区間	時間帯	編成両数×運転本数	通過車両数
宇野線	茶屋町→岡山	7:25〜8:25	4.8×6	29
	大元→岡山	7:29〜8:23	(223系2+2+5000系2)×1 (223系2+5000系2)×1 213系(2+2+2)×1 115系4×1、113系3×1 115系3×1	26
			特急しおかぜ4号自由席2両 マリンライナー普通車指定席10両追加	28
津山線	福渡→岡山	7:20〜8:20	2.3×3	7
	法界院→岡山		キハ47形×2、キハ40形1×1 (キハ40形2+キハ47形)×1	
吉備線	備中高松→岡山	7:00〜8:00	3.3×2	7
	備前三門→岡山		(キハ47形2+キハ40形1)×1 (キハ47形2+キハ40形2)×1	
岡山電気軌道東山線	岡山駅前→東山	7:15〜8:15	1×15	15
	岡山駅前→西川緑道公園			

津山線も最混雑区間は法界院→岡山間にする必要がある。キハ40系が使用されている。キハ40系は2扉セミクロスシート車で通学生はデッキに集まる傾向にあり、90％の混雑率でも乗降に時間がかかる。このため岡山気動車区所属の41両のうち9両はオールロングシート化している。寒冷地ではないのでデッキと客室の仕切りも撤去するのが望ましい。

吉備線

最混雑区間は備前三門→岡山間に修正する必要がある。津山線よりも吉備線のほうが混んでいるためにロングシート車のキハ40形の走る率は高い。といっても1時間に2本しか走っていない。もう1本走らせると混雑は解消できる。

岡山電気軌道東山線

1両平均定員	輸送力	輸送人員	混雑率%	車種別定員
126.6	5570	5756	103	
122.5	5392		107	227系先頭車118人、同トイレ付113人 中間車130人 115系先頭車121人、同トイレ付118人 中間車131人
133	8398	8377	100	
120.6	7597		110	
130.7	5230	5087	97	
121	4844		105	

最混雑区間は一駅間とする必要があるので、岡山駅前↓西川緑道公園間とするべきだが、岡山駅前電停から乗ってすぐの西川緑道公園電停で降りる人はまずいない。次の柳川電停で降車する人はいるにはいるが、多くはそのまた次の城下電停で降りる。終点東山電停の近くには学校がいくつもあって、通学生によって東山電停まで混んでいる。

なお、運転本数は東山線だけで、清輝橋線の電車は数えていない。

広島都市圏

山陽本線下り

広島都市圏のJR線も最混雑区間を一駅間にしていない。山陽本線下り線では天神川↓広島間である。

新鋭227系が走っている。

山陽本線227系電車

●広島都市圏

路線名	区間	時間帯	編成両数×運転本数	通過車両数
山陽本線下り	西条→広島	7:30～8:30	6.3×7	44
	天神川→広島	7:33～8:31	227系(2+3+3)×2 115系(4+4)×2、4×3	
山陽本線上り	岩国→広島	7:30～8:29	6.3×10	63
	新白島→広島	7:31～8:33	227系(3+3)×7 (3+2+3)×1、(3+2)×1 115系(4+4)×1	
呉線	広→広島	7:30～8:29	5.7×7	40
	天神川→広島		227系(3+3)×4、(2+2)×1 115系4×1、113系(4+4)×1	

乗務員室を広くしているために先頭車は１１５系の定員よりも少なくなっている。また、１１５系はボックス式セミクロスシート車、２２７系は転換式セミクロスシート車のため座席定員は２２７系のほうが少ない。ただし、閑散時には先頭車12席、中間車16席の補助椅子が使える。

山陽本線上り

最混雑区間は新白島↓広島間と考えられる。新白島駅でアストラムラインに乗り換えて繁華街の本通駅まで行くことができるが、乗換客はさほど多くはなく、逆にアストラムラインから広島駅に行くために山陽本線に乗り換える人が多い。

呉線

最混雑区間は広↓広島間で、これを修正する場合矢野↓海田市間ではなく、山陽本線乗り入れ区間の天神川↓広島間である。矢野↓海田市間の輸送人員は５０８７

1両平均定員	輸送力	輸送人員	混雑率%	車種別定員
117.8	2120	1989	94	
123.1	2339		85	キハ40形113人、キハ47形2両編成250人
127.6	2552	3002	118	
124.4	2488		121	105系2両編成266人
47.7	6292	7814	124	
42	5544		141	先頭車38人、中間車44人、6両編成252人
50	2400	3143	131	
48.7	2336		135	先頭車54人、中間車38人、3車体連接車146人

人、この人数が山陽本線天神川↓広島間の輸送人員に流れ込むとすれば山陽本線の輸送人員は６６９人しかないことになる。それはありえないことから、天神川↓広島間の総輸送人員を山陽本線と呉線で按分して算出しているはずである。ということは天神川↓広島間の総輸送人員は１万８４３９人ということになる。

芸備線

最混雑区間は矢賀↓広島間である。キハ40系を使用している。

可部線

可部線も最混雑区間は山陽本線乗り入れ区間の新白島↓広島間と思われる。可部線用の４扉ロングシート車の１０５系に加えて２２７系や１１３系も走る。

広島高速交通アストラムライン

案内軌条式新交通システムである。最混雑区間は牛田↓

●広島都市圏

路線名	区間	時間帯	編成両数×運転本数	通過車両数
芸備線	志和口→広島	7:30〜8:29	4.5×4	18
	矢賀→広島		(47形2+2+40形1)×3 47形(2+2)×1	19
可部線	可部→広島	7:30〜8:29	4×5	20
	新白島→広島		227系(2+2)×1 105系(2+2)×1、113系4×3	
広島高速交通アストラムライン	牛田→白島	7:45〜8:45	6×22	132
広島電鉄宮島線	東高須→広電西広島	7:45〜8:45	3×16	48

白島間になっている。白島駅の近くに安田学園があって通学生の降車が多いためである。

広島電鉄宮島線

広島電鉄宮島線は鉄道線だが、路面電車の市内線と直通する電車が走る。しかも3車体または5車体連接の低床車あるいは中床車が走る。どちらかというと3車体連接車が多く、その定員である146人をもとに輸送力を計算し直した。5車体連接車の定員は162人と多い。これを考慮すると公表の混雑率131％でもいいことになる。

白島駅付近を走る
アストラムライン

1両 平均定員	輸送力	輸送人員	混雑 率%	車種別定員
110	1760	1406	80	
124	1987		71	先頭車121人、同トイレ付118人 中間車132人
98.5	2463		57	自由席車は合計で9両476
121	4470	3902	87	
132	4892		80	415系ロングシート先頭車141人 同トイレ付136人、中間車147人 4両編成571人
110	770	603	78	
125	875		69	
99.2	1091		55	自由席車4両216人
110	3080	3312	108	
125	3496		95	

北九州都市圏

鹿児島本線快速

最混雑区間は西小倉↓小倉間である。最混雑時間帯には快速は2本しか走らない。そのうち1本は福間―門司港間は各駅に停車する。快速と普通を分ける意味はあまりないといえる。転換式のセミクロスシート車を使っている。

特急「ソニック」が2本走る。自由席は1本は5両、もう1本は4両である。しかし、快速の運転本数は少なく、混雑率が下がっても意味はない。普通の輸送人員と輸送力を合わせて出した混雑率72％が目安となる。

鹿児島本線普通

快速と同様に最混雑区間は西小倉↓小倉間である。ＪＲ九州が造った転換式セミクロスシート車のほかに国鉄時代の近郊形４１５系がオールロン

●北九州都市圏

路線名	区間	時間帯	編成両数×運転本数	通過車両数
鹿児島本線快速	折尾→小倉	8:00〜9:00	8×2	16
	西小倉→小倉		(813系3+3+3)×1 (813系3+811系4)×.1	
			特急ソニック２本追加	25
鹿児島本線普通	折尾→小倉	7:00〜8:00	6.2×6	37
	西小倉→小倉		813系(3+3)×2、(2+2)×1 (813系3+3+3)×1 415系(4+4)×1、4×1	
日豊本線快速	行橋→小倉	7:30〜8:30	7×1	7
	西小倉→小倉		(811系4+813系3)×1	
			特急ソニック1本追加	11
日豊本線普通	行橋→小倉	7:15〜8:15	7×4	28
	西小倉→小倉		813系(3+3)×1 811系(4+4)×1、(4+3)×2	

グシート化されて走っている。このため輸送力が大きくなり、混雑率は80％になっている。

日豊本線快速

鹿児島本線区間の西小倉→小倉間が最混雑区間である。同区間は鹿児島本線と分離した線路別複々線になっている。しかし、ここも快速は1本しか走らないのであまり意味はない。

特急「ソニック」が1本走る。自由席は4両である。

普通も含めた平均混雑率は85％ということになる。

鹿児島本線普通門司港行

1両 平均定員	輸送力	輸送人員	混雑 率%	車種別定員
103	310	203	65	
120	360		56	キハ31形110人
110	660	600	91	
125	750		80	
98	3528	2893	82	
96	3456		84	先頭車95人、中間車97人、4両編成384人
50.8	914	1077	118	修正なし

日豊本線普通

鹿児島本線快速の車両も含めて、国鉄時代の近郊形についての定員である110人にしている。しかし、実際の定員はもっと多く、混雑率は下がる。

日田彦山線快速

普通も含めて城野駅で日豊・鹿児島本線に乗り入れて小倉駅まで走る。最混雑区間は石田↓城野間である。運転本数は1本しかない。混雑率は56%なので、押し合いへしあいの混雑はない。

日田彦山線普通

やはり最混雑区間は石田↓城野間で、運転本数は3本、うち2本は単行列車である。快速よりもやや混んでいる。

北九州モノレール

日本跨座式モノレールである。最混雑区間は平和通↓小倉間とするのが正しいが、平和通駅は小倉駅のすぐそばなので、ここから小倉駅まで通勤で乗る人はいない。しかし、同駅で降りる人は

●北九州都市圏

路線名	区間	時間帯	編成両数×運転本数	通過車両数
日田彦山線快速	田川後藤寺→城野	7:30〜8:30	3×1	3
	石田→城野		(キハ31形1＋キハ147形2)×1	
日田彦山線普通	田川後藤寺→城野	7:00〜8:00	2×3	6
	石田→城野		キハ147形2×2、2×1	
北九州モノレール	小倉→企救丘	7:30〜8:30	4×9	36
	平和通→小倉			
筑豊電気鉄道	萩原→熊西	7:00〜7:59	2×9	18

少なからずいる。このため旦過↓平和通間の可能性もある。最混雑区間は一駅間で公表してほしいところである。

筑豊電気鉄道

西黒崎駅の一つ手前の熊西駅で降りて北側の工場へ通う人がいるために最混雑区間は萩原↓熊西間となる。混雑率は118％になっており、北九州都市圏では一番混んでいる。

日本跨座式モノレールの北九州モノレール

1両平均定員	輸送力	輸送人員	混雑率%	車種別定員
110	990	1000	101	
123.7	1113		90	813系先頭車121人、同トイレ付118人 中間車132人、3両編成371人
79	1825		55	自由席 ソニック432人、きらめき280人
114.6	6760	6941	103	
126.3	7452		93	813・811系転換クロスシート車 817系ロングシート車 先頭車132人、同トイレ付128人 中間車149人
110	440	450	102	
125.8	503		89	
114.5	6070	6328	104	
124.9	6621		96	

福岡都市圏

鹿児島本線下り快速

最混雑区間は吉塚→博多間だが、最混雑時間帯には1本しか走らない。だが、9両編成と長い。実際よりも少ない国鉄時代の定員によって計算されている。修正すると混雑率は90％になる。特急「ソニック」2本と「きらめき」1本が走る。

普通電車の輸送力と輸送人員を加えた混雑率は86％である。

鹿児島本線下り普通

最混雑区間は吉塚→博多間である。817系ロングシート車が走るために公表の定員は110人よりも多くなっている。基準の計算方法で算出すると、混雑率は93％になる。

●福岡都市圏

路線名	区間	時間帯	編成両数×運転本数	通過車両数
鹿児島本線下り快速	香椎→博多	7:00～8:00	9×1	9
	吉塚→博多		813系(3+3+3)×1	
			特急ソニック2本 きらめき1本追加	23
鹿児島本線下り普通	香椎→博多	7:20～8:20	8.4×7	59
	吉塚→博多		(811系4+4)×2 (817系3+3+813系3)×1 (811系4+817系3)×1 (813系3+3+3)×3	
鹿児島本線上り快速	二日市→博多	6:00～7:00	4×1	4
	竹下→博多		811系4×1	
鹿児島本線上り普通	二日市→博多	7:05～8:05	7.6×7	53
	竹下→博多	7:08～8:08	811系(4+4)×4 813系(3+3)×2 (3+3+3)×1	

鹿児島本線上り快速

最混雑区間は竹下↓博多間である。上り快速も1本だけしか走らない。

鹿児島本線上り普通

最混雑区間は竹下↓博多間である。基準の計算方法で算出すると定員は多くなるので、混雑率は96％に下がる。

篠栗線快速

6両編成1本しか走らない。817系セミクロスシート車2+2+2の6両編成である。特急「かいおう」が1本走る。普通電車と合わせた参考混雑率は68％になる。

篠栗線普通

ロングシート車の817系と転換クロスシ

1両 平均定員	輸送力	輸送人員	混雑 率%	車種別定員
133.3	800	583	73	
125.6	754		77	817系セミクロス車 先頭車119人、同トイレ付115人
92.7	1020		57	自由席5両266人
122.5	980	776	79	
122	976		80	
135	16200	22050	136	
135.3	16240		136	先頭車128人、中間車139人 6両編成812人
95.5	5730	6199	108	
99.5	5970		104	先頭車97人、中間車102人 4両編成398人
123	14400	19676	137	
123.7	14478		136	ロング先頭車122人、中間車134人 4両編成512人、3両編成378人 クロス先頭車106人、中間車118人 7両編成778人
124	1488	2201	148	修正なし

ート車の８１３系を使う。

福岡市地下鉄空港線

最混雑区間は大濠公園↓赤坂間である。赤坂駅のそばに中央区役所などがあり降車客が多いためである。

福岡市地下鉄七隈線

薬院大通での降車客があり、最混雑区間は桜坂↓薬院大通間になる。

西鉄天神大牟田線

薬院駅で地下鉄七隈線への乗り換えと降車客があり、最混雑区間は西鉄平尾↓薬院間になっている。混雑率は１３６％と高い。

西鉄貝塚線

●福岡都市圏

路線名	区間	時間帯	編成両数×運転本数	通過車両数
篠栗線快速	吉塚→博多	8:00〜9:00	6×1 817系(2+2+2)×1	6
			特急かいおう1本追加	11
篠栗線普通	吉塚→博多	6:00〜7:00	2.7×3 813系3×2、817系2×1	8
福岡市空港線	大濠公園→赤坂	8:00〜8:59	6×20	120
福岡市七隈線	桜坂→薬院大通	8:00〜8:59	4×15	60
西鉄 天神大牟田線	西鉄平尾→薬院	8:00〜9:00	6.5×18 ロング車6×9、7×6 クロス車7×3	117
西鉄貝塚線	名島→貝塚	7:30〜8:30	2×6	12

混雑率は148%と福岡都市圏で一番高い。

西鉄特急

1両 平均定員	輸送力	輸送人員	混雑 率%	車種別定員
90	90	93	103	
107	107		87	
116.3	2210	2273	103	
122.3	2445		93	817系クロス車 先頭車119人、同トイレ付115人 415系ロング車、先頭車141人 同トイレ付138人、中間車147人
140	1400	1118	80	
127.9	1279		87	
127.5	1020	926	91	
118.5	948		98	キハ200形先頭車125人、同トイレ付121人
148	1184	948	80	
128	1024		93	

熊本都市圏

鹿児島本線上り快速

肥薩線から直通してくるキハ40形単行の快速が1本走るだけである。最混雑区間は新八代↓熊本間である。

鹿児島本線上り普通

最混雑区間は西熊本↓熊本間である。ロングシート車とクロスシート車が走る。

鹿児島本線下り普通

最混雑区間は上熊本↓熊本間である。

豊肥本線

最混雑区間は平成↓熊本間である。

熊本電気鉄道菊池線

●熊本都市圏

路線名	区間	時間帯	編成両数×運転本数	通過車両数
鹿児島本線上り快速	八代→熊本	8:00〜9:00	1×1	1
	新八代→熊本		キハ40形1×1	
鹿児島本線上り普通	八代→熊本	7:20〜8:20	3.2×6	19
	西熊本→熊本	7:11〜8:11	815系2×2、817系2×2 817系(2+2)×2 415系4×1	20
鹿児島本線下り普通	大牟田→熊本	7:10〜8:10	3.3×3	10
	上熊本→熊本		815系4×1、2×1 415系4×1	
豊肥本線	肥後大津→熊本	6:30〜7:30	2×4	8
	平成→熊本		815系2×3 キハ200形2×2	
熊本電気鉄道菊池線	亀井→北熊本	7:30〜8:30	2×4	8

北熊本駅で藤崎宮前方面と上熊本方面に分かれるため、最混雑区間は亀井→北熊本間になる。

813系３両+817系６両による９両編成の鹿児島本線快速荒尾発小倉行

第三章　各駅の乗車人数でわかる混雑事情

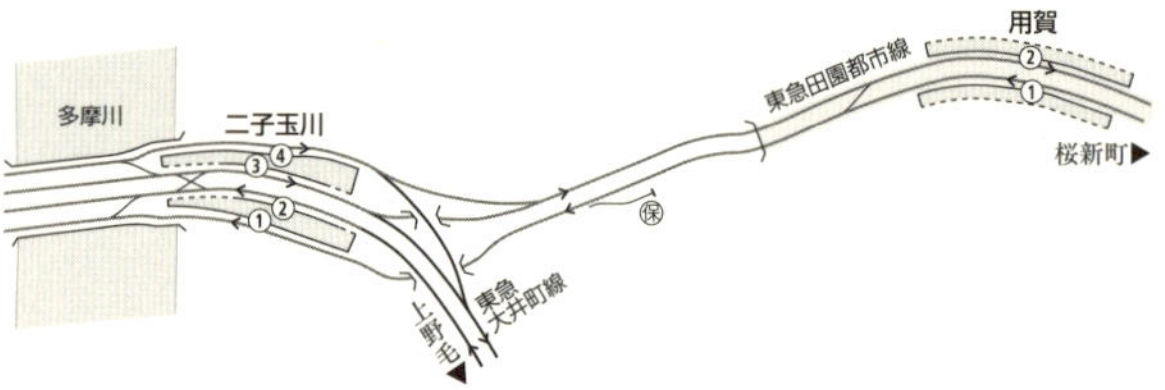

深刻な混雑になっているのは東京地区郊外路線だけ

第二章で各都市圏の混雑状況を吟味した。修正した混雑率でもっとも混んでいるのは東京メトロ東西線西行の２０２％である。東西線の最混雑区間は木場→門前仲町間で、地下鉄といっても西船橋方面からの郊外路線区間といえる。

混雑率１５０％以上の路線のうちわけは、東京都市圏が大半を占めている。次に横浜都市圏である。大阪都市圏では地下鉄御堂筋線しかない。名古屋都市圏も同様、名古屋市東山線と名鉄小牧線だけである。しかもいずれも１５０％台である。

混雑緩和が必要なのは、主として東京都市圏のなかの郊外の住宅から都心部への郊外路線である。

大阪・名古屋地区ではさほど混んでいないので、座席指定制の電車を結構走らせている。関西大手私鉄で、それを走らせていないのは阪神と阪急だけである。阪神はいずれ近鉄特急が乗り入れてきて座席指定制の電車が走ることになろう。現在でも時折、臨時列車として近鉄特急車が走る。阪急も京都線で座席指定電車を走らせる考えを持っている。

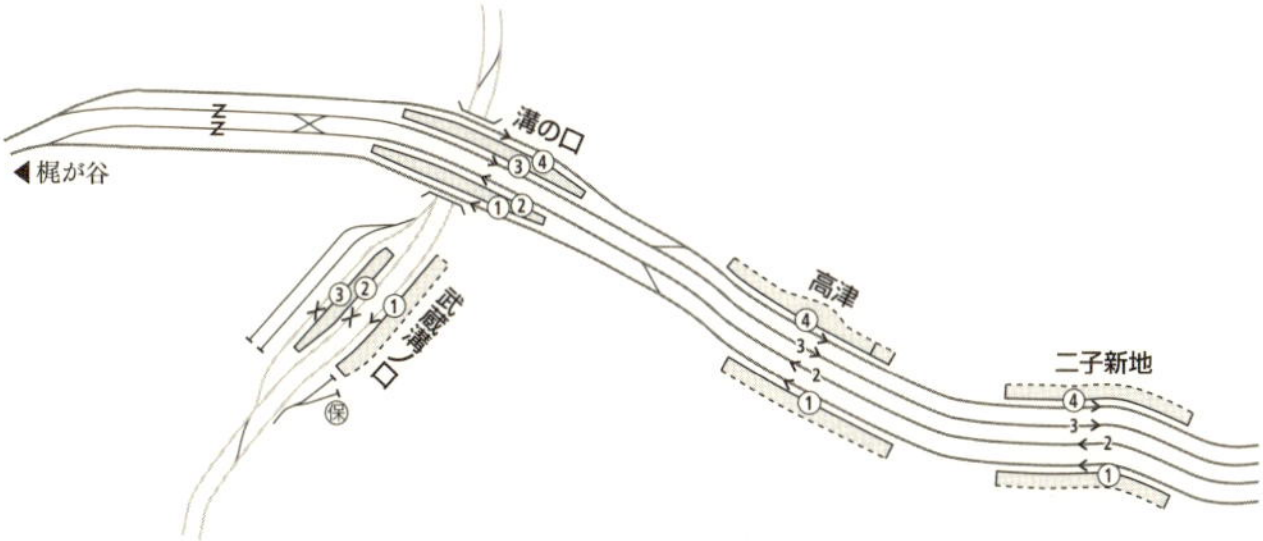

首都圏のＪＲでは中距離電車にグリーン車を連結している。東海道本線は主として貨物線を通る通勤ライナーが走っている。貨物線はダイヤに余裕がある。

常磐快速線と総武快速線の最混雑時間帯にかろうじて数本の特急を走らせている。小田急も何とか1本だけ特急を走らせているが、他の路線ではピーク1時間を外した時間帯に走らせている。

各地方都市圏では混雑率は１００％を割っている路線がほとんどである。それでも着席して通勤したい人は多く、ダイヤに余裕もあるので着席通勤電車を走らせている。

札幌のＪＲでは通勤ライナー、新潟では全車座席指定快速、北九州・福岡では自由席を多数連結した特急を走らせている。とくに北九州・福岡圏では一般電車に快適な転換クロスシートを装備しているのに、それ以上の快適さを求めている人が多いのである。

ダイヤに余裕がない首都圏の多くの路線だが、それでも着席通勤電車のニーズは高い。今後はいろいろと工夫をして走らせることになろう。

混雑路線ワーストランキング

順位	路線名	区間	混雑率
1	東京メトロ東西線西行	木場→門前仲町	202
2	総武緩行線	錦糸町→両国	197
3	東急田園都市線	池尻大橋→渋谷	196
4	湘南モノレール	富士見町→大船	194
5	小田急小田原線	世田谷代田→下北沢	192
5	日暮里・舎人ライナー	赤土小学校前→西日暮里	192
7	南武線	武蔵中原→武蔵小杉	191
8	横須賀線	西大井→品川	190
9	東海道本線	川崎→品川	188
9	中央快速線	中野→新宿	188
11	東急東横線	祐天寺→中目黒	183
12	京浜東北線北行	大井町→品川	181
12	東京メトロ千代田線	町屋→西日暮里	181
12	総武快速線	新小岩→錦糸町	181
12	東急目黒線	不動前→目黒	181
12	東急大井町線	九品仏→自由が丘	181
17	埼京線（赤羽線）	板橋→池袋	180
18	高崎線	宮原→大宮	178
19	京浜東北線南行	川口→赤羽	175
19	武蔵野線	東浦和→南浦和	175
21	東京メトロ半蔵門線	渋谷→表参道	173
21	京葉線	葛西臨海公園→新木場	173
23	横浜市グリーンライン	日吉本町→日吉	172
24	横浜線	小机→新横浜	169
25	京王線	下高井戸→明大前	165
26	東京メトロ銀座線	赤坂見附→溜池山王	164
26	東京メトロ丸ノ内線荻窪方向	新大塚→茗荷谷	164
28	山手線内回り	新大久保→新宿	163
29	東京メトロ南北線	駒込→本駒込	162
29	東京メトロ有楽町線	東池袋→護国寺	162
31	常磐快速線	松戸→北千住	161
32	東京メトロ丸ノ内線池袋方向	四ツ谷→赤坂見附	160

順位	路線名	区間	混雑率
33	根岸線	新杉田→磯子	159
33	東京メトロ日比谷線	三ノ輪→入谷	159
33	西武池袋線	椎名町→池袋	159
36	都営新宿線	西大島→住吉	158
37	山手線外回り	上野→御徒町	157
37	都営三田線	西巣鴨→巣鴨	157
37	常磐線中電	松戸→北千住	157
37	西武新宿線	下落合→高田馬場	157
41	常磐緩行線	亀有→綾瀬	156
42	大阪市御堂筋線南行	梅田→淀屋橋	155
42	京急本線	戸部→横浜	155
44	名古屋市東山線	名古屋→伏見	154
45	都営大江戸線	中井→東中野	153
45	名古屋鉄道小牧線	味鋺→上飯田	153
47	つくばエクスプレス	青井→北千住	152

※混雑率は筆者算出のもの

「混んでいる電車」として名高い田園都市線は、国交省の算出基準で定員を計算すると、ワースト３位となる

開発が進みすぎた郊外路線

田園都市線や埼京線、つくばエクスプレスなどの沿線は、宅地開発がなされて混雑がひどくなっている。とくにタワーマンションが1棟できると、通勤・通学客が400人くらい増える。これが何棟も建てられてしまうと、一気に混雑率が上がってしまう。

田園都市線では戸建て住宅が多いが、それに加えて中央林間駅で小田急江ノ島線、長津田駅でJR横浜線と東急こどもの国線、あざみ野駅で横浜地下鉄ブルーライン、溝の口駅でJR南武線のそれぞれから都心に向けて通勤・通学客が乗り換えてくる。

このため渋谷駅で直通する半蔵門線の混雑もひどい。東急では田園都市線の混雑緩和の目的で大井町線電車を溝の口―二子玉川間にも走らせるために同区間を複々線化し、大井町線に急行の運転を開始した。少しは混雑が緩和したものの、横浜地下鉄ブルーライン沿線に港北ニュータウンがあり、同線からの乗換客の増加がすさまじい。都心輸送をあまりにも田園都市線に頼りすぎなのである。

もっともグリーンラインを開通させて東横線から都心への通勤ルートを増やしたが、こんどはグリーンラインの混雑がひどくなってきている。

田園都市線沿線は人気の住宅地で、少子高齢化などの問題を吹き飛ばすように今後も次から次に転居してくる。都心第2ルートの新しい路線を追加しないと運びきれなくなる恐れがある。

それは埼京線沿線についても同じである。ただしこちらは一戸建てではなく中高層マンションが多い。

千葉ニュータウンをかかえる北総鉄道沿線の人口はそれほど増えていない。というよりも人気がない。このため混雑率は１００％である。運賃が高いことと都心へのアクセス線があまり便利でないことがネックになって敬遠されている。しかし、ゆったり通勤できるということで、最近は人気が出てきた。

職住接近で都心のタワーマンションに人気が出てきている。混雑電車に乗らなくてすむとして、これがもてはやされている。しかし、大きなネックとしてエレベーターの問題がある。朝夕はやってくるのを待つ時間が長くなる。やってきても満員になっていて乗れない。

一戸建てではそういうことはないが、郊外の一戸建ては土地が高いので、最近は庭なし一戸建ての販売が増えている。庭付き一戸建てに新しく住むには都心から最低でも50㎞は離れなくてはならない。そのあたりだと着席通勤はできるが、乗車時間が長くなってしまう。

少子高齢化の影響をまともに受けた高島平駅

次の表はピックアップした各駅の各年度について、主として都心方向への一日平均の定期客と定期外客の人数と定期比率、昭和60（１９８５）年度を１００とした各年度の指数を一覧にしたものである。約四半世紀の間でどのように変化していったかを推察してみる。

●都営三田線　高島平駅　都心方向乗車

	定期外	指数	定期	指数	合計	指数	定期比率
S60（1985）	5157	100	12144	100	17301	100	70.2
H1 （1989）	5341	104	13356	110	18697	108	74.4
H5 （1993）	5918	115	13910	115	19828	115	70.2
H10（1998）	5338	104	12641	104	17979	104	70.3
H14（2002）	5152	100	11265	93	16417	95	68.6
H21（2009）	4706	91	10462	86	15168	88	69.0
H23（2011）	4378	85	9932	82	14310	83	69.4

都営三田線の高島平駅は１９６８（昭和43）年に開通した。当初は志村駅という名前だったが、日本住宅公団（現ＵＲ）が志村駅付近に高島平団地の建設を決定したために高島平駅に改称した。

高島平団地への入居は１９７２年から開始された。三田線が都心に直結し巣鴨駅で山手線に連絡もしており、当時としてはおしゃれな中層住宅で、高島平団地への入居はあこがれの的だった。入居者の多くは20〜30代の若年層で、活気がみなぎっていた。

このため高島平駅から都心方向に乗る客のうち70％が定期券利用をしているという通勤路線になっていた。

ところが30年ほど経った２００２年ごろになると、入居当時の若者は年をとり、定年退職者が増加し始めた。

その子どもたちは独立して他の地域に転出するようになった。２０００年代になると高島平団地の建物はおしゃれでもなんでもなく、ただ古臭いだけなので若者は住み続けたいとは思わなくなってしまったのである。

このためリニューアルして若者のニーズに合致させる運動が始まったが、それはそれとして定期客は昭和60（１９８５）年度を

100とした場合、平成5（1993）年度には115%と15ポイント増えたものの、その後は減少していき、平成23（2011）年度には82%に落ち込んでしまっている。

定期外客、つまり切符を買って都心へ向かう客も平成23年度は85%に減っている。このために定期比率はさほど減ってはいない。

高島平団地では生活用品の購入は団地内でできる。また、三田線沿線には魅力あるショッピングタウンがない。巣鴨駅には、おばあちゃんの原宿といわれる巣鴨地蔵通り商店街があるものの、ショッピングを楽しみたいと思うと、池袋や新宿に行かなければならない。そうすると三田線から山手線に乗り換えが必要で面倒なだけでなく、運賃も高くなる。

結果、団地に引きこもりがちになって、電車を利用してまでも買い物には行かない傾向にあると考えられ、その結果、定期外客も減ってしまっているといえる。

同じ団地の最寄駅でもせんげん台駅は定期券利用が減っている

東武伊勢崎線せんげん台駅の近くにもマンモス団地の武里団地がある。同団地も高島平団地と同様に少子高齢化が進み、定期券利用の乗客は平成5年度には137%だったが、その後は減ってしまい、平成23年度には106%に落ち込んだ。

一方、定期外客は減るどころか平成21年度まで増え続けている。平成23年度は少し減ったものの、高島平団地のような落ち込みはない。

●東武伊勢崎線　せんげん台駅　都心方向乗車

	定期外	指数	定期	指数	合計	指数	定期比率
S60（1985）	4226	100	15504	100	19730	100	78.6
H1　（1989）	5130	121	19836	128	24966	127	79.5
H5　（1993）	5821	138	21249	137	27070	137	78.5
H10（1998）	6423	152	19620	127	26043	132	75.3
H14（2002）	7093	168	18064	117	25157	128	71.8
H21（2009）	7490	177	16754	108	24064	122	69.6
H23（2011）	7178	170	16373	106	23551	119	69.5

このため定期比率は78・6％だったのが70％を割っている。

武里団地も団地内完結で日用品などは購入できるが、近くに北千住という繁華街がある。おしゃれなグッズも購入でき、しかも乗り換えなしである。切符を買って、あるいはＩＣカードを自動改札機にかざし、「ピッ」と鳴らして北千住へショッピングに行く人が増えていると考えられる。しかし、都心回帰や少子高齢化の波が押し寄せ、年々乗車客は減っている。

多摩ニュータウンの駅は東西で状況が異なる

永山駅

京王永山駅の定期比率等の推移を見ると、平成23年度については定期外客は１６８％と増えているが、定期客は93％に落ち込んでいる。定期比率も50％を割るようになってしまった。せんげん台駅と同様に少子高齢化の波にさらされている状態になっているが、京王永山駅については少し事情が異なる。

それを知る意味で小田急永山駅のほうを見てみよう。同駅は定期客、定期外客ともに平成10年度と14年度との間の増え方がとく

●京王相模原線　永山駅　都心方向乗車

	定期外	指数	定期	指数	合計	指数	定期比率
S60（1985）	3608	100	6503	100	10111	100	64.3
H1　（1989）	4318	120	9267	143	13585	134	68.2
H5　（1993）	5064	140	8949	138	14013	139	63.9
H10（1998）	5380	149	8081	124	13441	133	60.1
H14（2002）	6106	169	7901	121	14007	139	56.4
H21（2009）	6321	175	6692	103	13013	129	51.4
H23（2011）	6055	168	6042	93	12097	120	49.9

●小田急多摩線　永山駅　都心方向乗車

	定期外	指数	定期	指数	合計	指数	定期比率
S60（1985）	1839	100	3046	100	4885	100	62.4
H1　（1989）	2423	132	4550	149	6973	143	65.3
H5　（1993）	2450	133	4785	157	7235	148	66.1
H10（1998）	2709	147	4882	160	7591	155	64.3
H14（2002）	3567	194	5325	175	8892	182	59.9
H21（2009）	4836	263	5179	170	10015	205	51.7
H23（2011）	4684	255	4997	164	9681	198	51.6

◁永山―多摩センター間を走る京王準特急橋本行（右）と小田急多摩急行唐木田行（左）

●京王相模原線　多摩センター駅　都心方向乗車

	定期外	指数	定期	指数	合計	指数	定期比率
S60（1985）	4463	100	16752	100	21215	100	78.9
H1　（1989）	5713	128	19510	116	25223	119	77.4
H5　（1993）	8016	180	21461	128	29477	139	72.8
H10（1998）	9008	202	21254	127	30262	143	70.2
H14（2002）	8848	198	18011	108	26859	127	67.1
H21（2009）	9413	211	15165	91	24576	116	61.7
H23（2011）	9027	202	15388	92	24415	115	63.0

に大きいことがわかる。

京王のほうは複々線区間が新宿―笹塚間の短区間にすぎないため、朝は常にノロノロと走り、京王永山駅から新宿へは非常に時間がかかる。このため多くの通勤客や通学生が小田急利用に切り替えたのである。

ただし、平成23年度は定期客、定期外客ともに落ち込んでいる。京王から小田急への利用の切り替えが一段落して、少子高齢化の要因が浮き出てきたということであろう。

また、平成30年春のダイヤ改正で、京王はピーク時間帯の初めのころと終わりのころに準特急を本線・相模原線ともに増発して、小田急や中央線に客が転移しないようにした。

多摩センター駅

次の京王と小田急の両方の多摩センター駅でも同様のことがいえるが、少子高齢化による落ち込みの度合いは小さい。永山駅周辺よりも入居が少し後になっている家庭が多いのと、バス連絡による駅の勢力範囲が永山駅よりも広いからである。

また、小田急への転移の割合も少ない。京王は昼間時以降20分

●小田急多摩線　多摩センター駅　都心方向乗車

	定期外	指数	定期	指数	合計	指数	定期比率
S60（1985）	1893	100	4835	100	6758	100	71.5
H1　（1989）	2452	130	7739	160	10191	151	75.9
H5　（1993）	3745	198	8603	178	12348	183	69.7
H10（1998）	3625	191	9259	191	12884	191	71.9
H14（2002）	4615	244	9855	204	14470	214	68.1
H21（2009）	7314	386	8598	178	15912	235	54.0
H23（2011）	7322	387	8452	175	15774	233	53.6

毎に永山通過（当時。現在は永山にも停車）で京王多摩センター停車の特急の運転を開始し、朝は時間がかかるけれども、帰りは小田急よりも速い。また毎時の発車時間もはっきりしているから、それを選ぶ人が京王利用に踏みとどまっているといえる。現在、昼間時は準特急に代わったが、特急にくらべて、それほど遅くなっていない。

京王南大沢駅と多摩境駅

京王相模原線は昭和63年に京王多摩センター駅から南大沢駅まで延伸、さらに平成2年に橋本駅まで延伸した。小田急多摩線も平成2年に小田急多摩センター駅から唐木田駅まで延伸した。

南大沢駅まで開通した昭和63年度には定期比率は68・9％と高かった。5年後の平成5年度になるとそれが67・2％に下がる。その後も下がって60％前後になった。

開通直後は定期外客の閑散時の利用がどうしても少ない。とくにニュータウンの中を走る電車の乗客は、通勤定期券を持つ通勤客がほとんどだからである。このため閑散時はガラガラになっていて、集中率は30％を超える。時間が経つと周辺が開発され、駅

●京王相模原線　南大沢駅　都心方向乗車

	定期外	指数	定期	指数	合計	指数	定期比率
S63（1988）	1113	100	2462	100	3575	100	68.9
H1　（1989）	1576	142	3664	149	5240	147	69.9
H5　（1993）	3629	326	7434	302	11063	309	67.2
H10（1998）	4998	449	9802	398	14800	414	66.2
H14（2002）	7890	709	11051	449	18941	530	58.3
H21（2009）	8984	807	13188	536	22172	620	59.5
H23（2011）	8665	779	13145	534	21800	610	60.3

前にもショッピングセンターができて、閑散時に定期外客、つまり主婦や子どもたちの利用が多くなる。

南大沢駅では定期客、定期外客はうなぎ上りに増えて行き、開通時にくらべて定期客は5倍、定期外客にいたっては8倍にも増えた。しかし、平成21年度になると頭打ちになって、23年度には少し減ってしまっている。

駅周辺の開発が終了して、定年を迎えて通勤しなくなる人も出てきたからである。そして後発の新駅である多摩境駅の乗車客が増加している。京王堀之内駅の増加率は下がってきているが、多摩境駅は現在も増加率が高い。

小田急唐木田駅

一方、小田急多摩線の唐木田駅の定期比率はあまり下がっていない。そして乗車客の増加も大きくない。多摩ニュータウン中央の南あたりに駅があって住宅エリアが狭いために乗車客が増えないのである。定期比率が下がっていないのは、住宅エリアが狭いものの駅の南西側に大妻女子大学があり、とくに通学定期の比率が高くなっているためである。

●小田急多摩線　唐木田駅　都心方向乗車

	定期外	指数	定期	指数	合計	指数	定期比率
H1 （1989）	913	100	725	100	1638	100	44.3
H5 （1993）	1098	120	3620	499	4718	288	76.7
H10（1998）	1561	171	4904	676	6465	395	75.9
H14（2002）	2010	220	5575	769	7585	463	73.5
H21（2009）	2613	286	7652	1055	10265	627	74.5
H23（2011）	2710	297	7892	1089	10602	627	74.4

多摩ニュータウンでは東側は都営三田線のように少子高齢化が進み、西に行けば行くほど、若い人や子どもたちが多くなっている。

そして京王相模原線の始発駅の橋本駅ではＪＲ横浜線と相模線から大量に乗換客がやってきて、朝ラッシュ時には座席はすでに埋まっており、立ち客も結構多い。このため多摩境駅で電車に乗っても座ることはまずできない。

しかし、小田急多摩線では唐木田駅の乗車客が少ないために、座席が埋まるほど乗っていない。小田急多摩センターからでも座ることができる。

折返乗車で着席通勤をする裏ワザ

多摩境駅や特急が停車する南大沢駅では朝ラッシュ時にはまず座れない。京王多摩センター駅では降車客が少なからずいるので、そんな人を見つけてその人の前に立って降りるのを待つという手はある。しかし、この手は当たり外れがある。

多くの人が行っているのは始発駅の橋本駅まで行って折り返す

電車に乗る方法である。これを折返乗車という。多摩境—新宿間の定期券を持って折返乗車をするのは橋本—多摩境間を無賃乗車するので違法だが、少しだけ高くなる橋本—新宿間の定期券を持っていれば無賃乗車にならない。

通勤定期は別に橋本駅近くに住んでいなくても買える。ただし割引率が高い通学定期は住んでいるところから学校の最寄り駅までしか買えない。

いずれにしても合法的な定期券での折返乗車は許されている。折返乗車をしている人が多い路線は、このほかに京王高尾線のめじろ台駅などから高尾駅、京王線北野駅などから京王八王子駅、東急田園都市線の青葉台駅から長津田駅、JR中央線の西八王子駅などから高尾駅までなどである。

しかし、長津田駅では一度跨線橋を渡って隣のホームに行かなくてはならないし、すでにホームには整列乗車で多数の人が待っている。1〜2本の電車を見送らないと座れない。

小田急や西武、東武、京成などでも始発列車がある駅まで折返乗車をしている人も多い。しかし、路線が長いので折返乗車ができる駅は限られている。

東急東横線では横浜高速鉄道みなとみらい線の開通・相互直通により、横浜駅で渋谷方面行に乗っても座れなくなってしまった。そこで、まだ座ることができて対向電車に乗り換えやすい島式ホームのみなとみらい線のみなとみらい駅まで戻って折返乗車をする人がいる。

この場合もみなとみらい駅までの定期券を持っていればいいが、みなとみらい線の定期運賃は高いし、東横線と通し運賃にはならないから、結構高くつく。そこまでして折返乗車をしているとは思えないので無賃乗車をしている人がほとんどであろう。

東海道本線東京駅でも折返乗車が多かったが、上野東京ラインができてそれができなくなった。確実に座ることができるのは赤羽駅くらいからだが、そこまで長い距離を折返乗車するには運賃が高くつき時間も浪費する。折返乗車を止めた人は多いと思われる。

朝の折返乗車は他の路線でも行われているが、さほど目立っていない。大阪都市圏では私鉄のターミナル駅の多くは両側ホームによる乗降分離をしている。京阪電鉄の淀屋橋駅は島式ホームなのに天満橋方面から特急に乗ったままでの折返乗車はできない。折返乗車を防ぐために、特急電車はいったん手前で乗客を降ろしてドア閉めをして、少し前進してドアを再び開けて乗客を乗せている。

多摩ニュータウンに隣接して古くからある聖蹟桜ヶ丘駅の状況

京王線聖蹟桜ヶ丘駅は、まだ相模原線や小田急多摩線が開通する前の多摩ニュータウンの最寄り駅として利用され、さらに駅近くは京王百貨店をはじめとするショッピングセンター街になっており、その周囲には閑静な住宅地が広がっている。

昭和60年度にくらべて平成5年度は定期客が1・4倍に増えたが、その後は大きく低下したが、定期外客の減少は大きくない。少子高齢化が進んだためである。このまま進むと定期客は昭和60年度のレベルよりも下になる可能性がある。

●京王線　聖蹟桜ヶ丘駅　都心方向乗車

	定期外	指数	定期	指数	合計	指数	定期比率
S60（1985）	8436	100	13834	100	22270	100	62.1
H1　（1989）	10793	128	16857	122	27650	124	61.0
H5　（1993）	12190	144	19428	140	31618	142	61.4
H10（1998）	11351	135	17222	124	28573	128	60.3
H14（2002）	11322	134	14692	106	26014	117	56.5
H21（2009）	11019	131	15227	110	26246	118	58.0
H23（2011）	10616	126	14783	107	25399	114	58.2

田園都市線の混雑は横浜地下鉄ブルーラインと接続したことが大きい

田園都市線の池尻大橋→渋谷間の混雑率は196％にもなっている。沿線の住宅からの通勤客のほかにJR横浜線や南武線、少ないけれども東急世田谷線などからの乗換客も加わる。なかでも多いのは横浜地下鉄ブルーラインからの乗換客である。ブルーラインは大規模な港北ニュータウンを貫いている。

接続しているのは、あざみ野駅である。あざみ野駅は田園都市線が開通した後の昭和52年に設置された。開業時の駅周辺はなにもなかった。大きな農家がぽつんとあっただけである。駅の北西側のだいぶ離れたところに、すすきの団地と虹ヶ丘団地の開発を開始しており、その足として開設されたものである。

昭和60年度の上り方面の乗車客は1万2033人で、急行停車駅の青葉台駅の半分にも満たなかった。平成5年度に横浜地下鉄が同駅まで延伸されると、乗車客は2・2倍になり、平成21年度には4・1倍にもなった。

一方、青葉台駅は平成5年度に1・4倍になったあとはそれほど上がっていない。あざみ野駅周辺も青葉台駅と同様に平成5年

●東急田園都市線　あざみ野駅　都心方向乗車

	定期外	指数	定期	指数	合計	指数	定期比率
S60（1985）	3147	100	8886	100	12033	100	73.8
H1　（1989）	4208	134	11367	128	15575	129	73.0
H5　（1993）	9205	293	17371	195	26576	221	65.4
H10（1998）	12075	384	23631	266	35706	297	66.2
H14（2002）	14421	458	28758	324	43179	359	66.6
H21（2009）	15837	503	33817	381	49654	413	68.1
H23（2011）	15629	497	34021	383	49650	413	68.5

●東急田園都市線　青葉台駅　都心方向乗車

	定期外	指数	定期	指数	合計	指数	定期比率
S60（1985）	9026	100	20993	100	30019	100	69.9
H1　（1989）	10856	120	25511	122	36367	121	70.1
H5　（1993）	13134	146	27413	131	40547	135	67.6
H10（1998）	12914	143	27167	129	40081	134	67.8
H14（2002）	13500	150	28145	134	41645	139	67.6
H21（2009）	14246	158	28705	137	42321	141	67.8
H23（2011）	14035	155	28432	135	42467	141	67.0

度にはすでに開発はほぼ終わっているが、地下鉄からの乗換客が増加し続けている。

本来なら港北ニュータウンから東京都心へ直通するアクセス路線が必要だった。現在の東急目黒線と地下鉄グリーンラインを相互直通してアクセス線にすることが構想されていたが、グリーンラインは建設費を削減するためにミニ地下鉄を採用し、そのために直通運転はできなくなってしまった。

千葉ニュータウンの鉄道輸送はこれからか

多摩ニュータウンとは反対方向にあり、千葉県北総地域の大規模住宅地区として開発された千葉ニュータウンに

●北総鉄道　千葉ニュータウン中央駅　都心方向乗車

	定期外	指数	定期	指数	合計	指数	定期比率
S60（1985）	222	100	680	100	902	100	75.4
H1　（1989）	916	413	2292	337	3208	356	71.4
H5　（1993）	712	321	1682	247	2394	265	70.3
H10（1998）	3849	1734	9278	1364	13127	1455	70.7
H14（2002）	3663	1650	8845	1300	12508	1387	70.7
H21（2009）	4291	1933	10362	1524	14653	1625	70.7
H23（2011）	4654	2096	10865	1598	15519	1721	70.0

は北総鉄道が東西に貫通している。

当初の計画では相当な輸送需要が見込まれると想定して、北総鉄道（当時は北総開発鉄道）は京成電鉄と相互直通する京成高砂―千葉ニュータウン中央間を敷設する。京成電鉄と直通するために10両編成で走らせるとしても、18m中形車になる。

千葉ニュータウンの全体計画が完成すると、これでは足りないので、都営新宿線が本八幡駅まで延伸されたときに、その本八幡駅から印旛松虫（現・印旛日本医大）駅までは千葉県営鉄道を建設して都営新宿線と相互直通し、これによって輸送力不足を補うつもりでいた。さらに成田新幹線にも千葉ニュータウン中央駅を設置して東京駅までの高速アクセス電車を走らせることにしていた。

とりあえずは北総開発鉄道、現在の北総鉄道の1本で事足りるために小室駅から先の千葉県営鉄道の路線は北総鉄道が運行することになり、千葉ニュータウン中央、印西牧の原、印旛日本医大、さらにその先は成田高速鉄道アクセス株式会社によって成田高速鉄道接続点まで延ばした。

北総鉄道と千葉県営鉄道は、小室―千葉ニュータウン中央間で

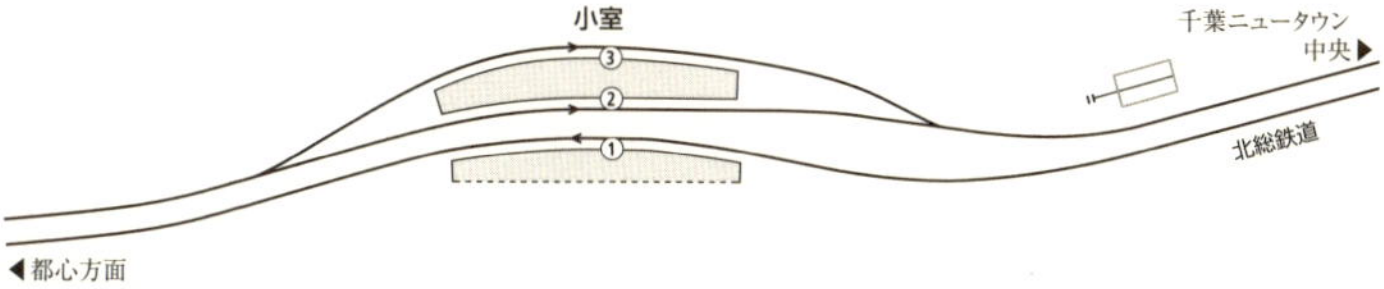

並行することになっていた。北総鉄道が北側、その南側に千葉県営鉄道、そして成田新幹線のそれぞれ上下線、合計６線が並行していく手はずだった。

この目論見は中止になったが、それでも小室―印旛日本医大間は千葉ニュータウン鉄道が保有し、北総鉄道が線路を借りて営業運行している。

北総鉄道が小室駅を出ると南側に寄っていっている。まさに千葉県営鉄道が予定していた路盤に移って走っているのである。

ところで、北総鉄道やその前の北総開発鉄道の運賃は建設費を償却するために高めに設定されている。今でも千葉ニュータウン中央―日暮里間は１０２０円もする。同じ線路を通る成田スカイアクセス線の特急の成田空港―日暮里間は27・６㎞も長いのに１２４０円である。運賃差は２２０円でしかない。

開通以来運賃が高いため千葉ニュータウンの入居率は芳しくなく、まだ未開発地がたくさんある。２０００年前後は低迷し、かえって乗車人数が減ったこともあった。しかし、成田スカイアクセス線が開業し、特急が頻繁に走るようになって、年々、乗車人数は増えている。スカイアクセス線によって乗客が増えたので、

●名鉄小牧線　小牧駅　都心方向乗車

	定期外	指数	定期	指数	合計	指数	定期比率
S60（1985）	685	100	1272	100	1943	100	65.5
H1　（1989）	602	88	1175	92	1777	91	66.1
H5　（1993）	664	97	1221	96	1885	97	64.8
H10（1998）	837	122	1133	89	1970	101	57.5
H14（2002）	767	112	1011	79	1778	92	56.9
H21（2009）	1337	195	1983	156	3320	171	59.7
H23（2011）	1244	182	2140	168	3384	174	63.2

そろそろ運賃値下げが必要だろう。

桃花台ニュータウンの低迷でせっかく造った路線が廃止

名古屋市の北側の東名高速道路と中央自動車道が合流する小牧ジャンクション近くに、完成時の人口が5万4000人の大規模な桃花台ニュータウンが1968年に計画された。その足として案内軌条式の桃花台新交通システムピーチライナーが計画され、小牧―桃花台東間を1991年に開業した。

しかし、小牧駅で名鉄小牧線と連絡するが、小牧線は名古屋市街の北端の上飯田駅がターミナルになっている。ここから都心に行くにはバスに乗り換えるか800m歩いて地下鉄名城線の平安通駅まで行くしかなかった。

このためにピーチライナーを利用する人は当初から少なかった。多くの人はJR中央本線春日井駅でパーク・アンド・ライドやキッス・アンド・ライド（後述）をして通勤していた。

本来なら、ピーチライナーは名古屋都心に行きやすい春日井駅まで先に建設すべきだったが、桃花台新交通に名鉄が出資してい

●名鉄小牧線　犬山方向乗車

	定期外	指数	定期	指数	合計	指数	定期比率
S60 (1985)	648	100	684	100	1332	100	51.4
H1 (1989)	527	81	646	94	1173	88	55.1
H5 (1993)	558	86	656	96	1214	91	54.0
H10 (1998)	557	86	653	95	1210	91	53.9
H14 (2002)	535	83	629	92	1164	87	54.0
H21 (2009)	532	82	559	82	1091	82	51.2
H23 (2011)	541	83	807	118	1348	101	59.9

●桃花台新交通　小牧駅　降車

	定期外	指数	定期	指数	合計	指数	定期比率
H5 (1993)	563	100	448	100	1011	100	44.3
H10 (1998)	595	106	409	91	1004	99	40.7
H14 (2002)	504	90	353	79	857	85	41.2
H16 (2004)	731	130	650	145	1381	137	47.1

たために小牧駅で接続したのである。桃花台ニュータウンの入居率がある程度上がったときには桃花台東駅から春日井駅まで延伸する予定だった。

しかし、あまりにも不便であり、マイカーに頼るのも費用と手間がかかる。そのため入居率は低迷し、小牧駅で降りる人は定期客、定期外客ともに500人程度でしかなかった。

小牧駅から上飯田駅経由で都心に行くのは不便だということで、犬山駅経由で名鉄犬山線に乗り換え、上小田井駅で直通している地下鉄鶴舞線に乗って都心に出る人もいた。

また、JR中央本線の春日井駅では周囲の開発とともに桃花台ニュータウンからの利用客が加わったため、平成5年度の乗車客は昭和60年度の1・5倍にもなっている。

ピーチライナーの輸送密度は開業当初は5346人もあったが、翌年は2579人と半減、

●中央本線　春日井駅　上下電車乗車

	定期外	指数	定期	指数	合計	指数	定期比率
S60（1985）	3618	100	9352	100	12970	100	72.1
H1　（1989）	4839	134	12017	128	16856	130	71.3
H5　（1993）	5520	153	14342	153	19862	153	72.2
H10（1998）	5270	146	13924	149	19194	148	72.5
H14（2002）	5063	140	13290	142	18353	142	72.4
H21（2009）	4474	124	11250	120	15724	121	71.5
H23（2011）	4429	122	11100	119	15529	120	71.5

その後も年々減少し2002年には1646人に減ってしまった。減価償却はできず、累積赤字がかさむばかりだった。

2003年に上飯田―平安通間の地下鉄上飯田線が開通すると、ピーチライナーの小牧駅での降車人数は2399人に回復した。小牧線の通勤の流れも上飯田・平安通へ圧倒的に向かうようになった。

しかし、累積赤字を賄えるほどではなかったので、2006年にピーチライナーは廃止されてしまった。そうすると桃花台ニュータウンの人口も2006年がピークの2万8041人だったが、その後は減少し、2011年には2万6128人に減ってしまった。少子高齢化も加わって春日井駅の乗車客も減ってしまっている。

キッス・アンド・ライドとは

住んでいるところが駅から遠いと、駅に歩いていくには時間がかかるし疲れてしまう。このときなんらかの交通機関を利用することになる。これを2次交通機関ともいうが、マイカーで駅に行っても駐車場がない。そこで家族などが運転するクルマで送ってもらうことになる。

これをキッス・アンド・ライドという。送ってもらうのは別にご主人とは限らない。電車通学をする子どもたちを母親が送っても、ご主人が奥さんを送っても、キッス・アンド・ライドである。

駅前の駐車場を確保して、自宅から駅までマイカーで行く場合はパーク・アンド・ライドという。南海電鉄の林間田園都市駅周辺には緑豊かな住宅地がある。林間田園都市駅を新設するとき、まずは駅前に広大な駐車場を確保し、パーク・アンド・ライドができるようにした。

地方都市圏の鉄道では、多くの人に列車に乗ってもらおうと、かつての貨物ヤード跡地などの遊休施設を駐車場にしてパーク・アンド・ライドを奨励しているところが多い。高松琴平電鉄琴平線の羽間駅では地元自治体のまんのう町が駅前に無料駐車場を設置している。

自転車やバイクが2次交通機関の場合はサイクル・アンド・ライド、バスが2次交通機関の場合はバス・アンド・

琴電羽間駅に設置された無料駐車場

ライドといい、タクシーも含めてライド・アンド・ライドともいう。

新しい仙台地下鉄東西線の八木山動物公園駅には駐車場が設置され、ICカードのｉｃｓｃａ（イクスカ）で地下鉄を往復して、駐車場料金もこれで精算すると、１００円分割り引きされる。さらに駐輪場があってサイクル・アンド・ライド、クルマ返しがあってキッス・アンド・ライド、バス・タクシー乗り場があってライド・アンド・ライドもできるという、全てが可能なようにしている。

中央本線四方津駅と福知山線西宮名塩駅は、高台の上にある住宅地と駅とを結ぶ斜行エレベーターがある。同じ中央本線の猿橋駅には山腹をくり抜いた通常の垂直エレベーターがある。これらはエレベーター・アンド・ライドということになろうが、これは定着していない。


大阪地区ニュータウンの鉄道の輸送人員は減りつつある

大阪府南部には泉北ニュータウン、北部には千里ニュータウンがある。泉北ニュータウンに

四方津駅に直結する斜行エレベーター

●泉北高速鉄道　光明池駅　都心方向乗車

	定期外	指数	定期	指数	合計	指数	定期比率
S60（1985）	5577	100	13514	100	19091	100	70.8
H1　（1989）	6924	124	16288	121	23212	122	70.2
H5　（1993）	7590	136	17574	130	25164	132	69.8
H10（1998）	6042	108	13016	96	19058	100	68.3
H14（2002）	6150	110	11297	84	17447	91	64.8
H21（2009）データなし							
H23（2011）	5881	105	9458	70	15339	80	61.7

は南海高野線と相互直通をしている泉北高速鉄道が乗り入れている。千里ニュータウンには阪急千里線のほかに大阪地下鉄御堂筋線と相互直通をしている北大阪急行が南北に貫き、大阪モノレールが東西に貫いている。

泉北高速鉄道光明池駅

光明池駅は1977年に開設された。8年経った昭和60年度までに乗車人員は順調に伸び、平成5年度にはさらに1・3倍に増えた。その後、泉北高速鉄道が和泉中央駅まで延伸されて、同駅付近から光明池駅までバス・アンド・ライドをしていた客が減った。さらに少子高齢化が進み、平成23年度には昭和60年度にくらべて2割減ってしまった。

平成23年度の定期外客の指数は105なのに、定期客の指数は70にまで落ち込んでいることからも少子高齢化が進んでいることがわかる。

混雑率は107%となったが、難波駅まで34分かかる。まだ立ち客は70%ほどいるので座りたいニーズがある。そこで全座席指定の特急「泉北ライナー」を朝夕に走らせるようになった。

●北大阪急行　千里中央駅　都心方向乗車

	定期外	指数	定期	指数	合計	指数	定期比率
S60（1985）	19531	100	27000	100	46531	100	58.0
H1　（1989）	17223	88	30355	112	47588	102	63.8
H5　（1993）	25204	129	31889	118	57093	123	55.9
H10（1998）	24665	126	28925	107	53590	115	54.0
H14（2002）	23481	120	25710	95	49191	106	52.3
H21（2009）	22856	117	23270	86	46126	99	50.4
H23（2011）定期客データなし	23158	119					

●阪急千里線　北千里駅　都心方向乗車

	定期外	指数	定期	指数	合計	指数	定期比率
S60（1985）	6199	100	14884	100	21083	100	70.6
H1　（1989）	7610	123	14507	97	22117	105	65.6
H5　（1993）	6055	98	14062	94	20117	95	69.9
H10（1998）	6654	107	11154	75	17808	84	62.6
H14（2002）	6413	103	9383	63	15796	75	59.4
H21（2009）	6991	113	7703	52	14694	70	52.4
H23（2011）	7469	120	7053	47	14522	69	48.6

乗客の減少でダイヤに余裕ができたために質の向上を図った電車を走らせた。逆にいうと乗客の減少で運賃収入が減ったことを逆手にとって泉北ライナーの特急料金収入でカバーするという構図である。

北大阪急行千里中央駅

当駅もバブル期に乗車人数が増加したが、その後は定期客が減少していった。少子高齢化の影響もあるが、定期外客はさほど減っていない。ＩＣカードのＰｉＴａＰａを利用すると定期利用よりも得な場合があって、定期利用から定期外利用に切り替えた人が多いといえる。

阪急千里線北千里駅

●大阪モノレール　千里中央駅　平成5年度は南茨木方向、その他は両方向乗車

	定期外	指数	定期	指数	合計	指数	定期比率
H5 （1993）	3762		3965		7727		51.3
H10（1998）	8812	100	4924	100	13736	100	35.8
H14（2002）	9092	103	4999	102	14091	103	35.5
H21（2009）	10362	118	5846	119	16202	118	36.1
H23（2011）	10813	123	5756	117	16579	121	34.7

少子高齢化で乗車人数全体が減少しているが、定期客が大幅に減って定期外客は増えている。やはりＰｉＴａＰａの利用に移行したといえる。バブル後の平成５年度には定期外客も減ってしまっている。大阪モノレールの開業で北千里駅から京都線方面へ向かう客が減ったことが要因だと思われる。

大阪モノレール千里中央駅

１９９３年はまだ千里中央—南茨木間しか開通していなかった。大阪空港方、門真市方とも沿線はまだ未開発地があるため、乗車人数は鈍化したとはいえ増え続けている。沿線の開発が進んでいて伊丹空港への利用もされるため、大阪空港方面のほうが門真市方面よりも倍ほど多い。

少子高齢化が止まり都心回帰現象が起こってきた東急池上線洗足池駅

古くから池上線沿線に住んでいる人にとって、池上線洗足池駅は田舎にある駅だというが、東京の都市圏が広がりすぎている現在では、街中を走る池上線は３両編成の町内電車といわれ、洗足池駅は旧市街の駅となっている。

●東急池上線　洗足池駅　五反田方向乗車

	定期外	指数	定期	指数	合計	指数	定期比率
S60（1985）	2293	100	3954	100	6427	100	61.5
H1　（1989）	2166	94	3888	98	6054	94	64.2
H5　（1993）	2152	94	3945	100	6097	95	64.7
H10（1998）	2211	96	3700	94	5911	92	62.6
H14（2002）	2738	119	3288	83	5499	86	59.8
H21（2009）	2769	121	3078	78	5847	91	52.6
H23（2011）	2816	123	3332	84	6148	96	54.2

洗足池駅をみると、バブル後の乗車客は全体に減り続けていた。

ところが平成23年度に定期、定期外とも増加に転じている。とくに定期外客の増加度が大きいのは少子高齢化のなかで庭付き一戸建ての郊外に居住していた人々が、山手線のちょっと外側ではあるものの、どこへ行くにも便利で、居住性のよい中高層マンションが増えている池上線沿線に戻ってきたためと思われる。これを都心回帰といい、最近のトレンドである。

それをもっとアピールするためか、東急は２０１７年10月に池上線だけ一日中、運賃を無料にして、注目を浴びた。

タワーマンションの林立で乗客が増えた都心の豊洲駅

現在の豊洲駅周辺はタワーマンションが林立している。１９８８年６月に東京メトロ有楽町線が新木場駅まで延伸し、そのときに豊洲駅ができた。案内軌条式新交通システムのゆりかもめが２００６年３月に豊洲駅まで延伸した。

豊洲駅ができて１年後の平成元年度にくらべて平成５年度は豊

●東京メトロ有楽町線　豊洲駅　月島方向乗車

	定期外	指数	定期	指数	合計	指数	定期比率
H1　(1989)	5620	100	9273	100	14893	100	62.3
H5　(1993)	6575	117	16040	173	22615	152	70.9
H10 (1998)	8113	144	15613	168	23726	159	65.8
H14 (2002)	8573	153	14835	160	22958	154	64.6
H21 (2009)	22318	397	37690	406	60008	403	62.8
H23 (2011)	24350	433	45020	485	69370	466	64.9

●有楽町線　豊洲駅　辰巳方向乗車

	定期外	指数	定期	指数	合計	指数	定期比率
H1　(1989)	524	100	1300	100	1824	100	71.3
H5　(1993)	806	154	2136	164	2942	161	72.6
H10 (1998)	749	143	2088	161	2837	156	73.6
H14 (2002)	673	128	1507	116	2180	120	69.1
H21 (2009)	1970	376	3183	245	5153	283	61.8
H23 (2011)	1983	378	3956	304	5939	326	66.6

洲→月島の乗車人数が1・5倍ほどになったが、平成10年度をピークに平成14年度あたりまでは少子高齢化によって緩やかだけれども減少していった。

しかし、平成21年度になると平成元年度にくらべ4倍に増加している。２００６年にゆりかもめが延伸開通して、豊洲駅は臨海部へもすぐに行けるようになり、何棟ものタワーマンションが建ったからである。平成23年度になっても増加しており、乗客数としては東京メトロの駅の中で13位になった。今後、豊洲駅から有楽町支線が分かれて半蔵門線、都営新宿線の住吉駅までの線路が造られる。さらに乗降客が増えることになる。

ゆりかもめの豊洲駅は平成21年度にくらべて平成23年度は定期外客が減ったものの、定期客は1・6倍になっている。毎日利用している定期外客は少なく、東京ビッグサイトな

●ゆりかもめ　豊洲駅　乗車

	定期外	指数	定期	指数	合計	指数	定期比率
H21（2009）	6329	100	1251	100	7580	100	16.5
H23（2011）	6161	97	1969	157	8130	107	24.2

どでのイベントの規模によって乗客数は大きく変動する。

横須賀線の駅ができて、急激に発展した武蔵小杉駅

２０１０年、横須賀線の西大井―新川崎間に武蔵小杉駅が開設された。正式な横須賀線は大船―久里浜間で、品川―鶴見間は東海道本線の貨物支線の通称品鶴線、鶴見―大船間は東海道本線の線路増設線（線増線）である。ともあれ横須賀線の武蔵小杉駅は従来の南武線の武蔵小杉駅から離れていて、乗り換えるには相当に歩かなければならない。

元来、武蔵小杉駅では南武線と東急東横線が交差して、渋谷や横浜に向かうのは東横線、川崎へは南武線、そして品川に向かうには南武線に乗って川崎駅で東海道本線に乗り換えるという棲み分けができていた。

南武線沿線は１９７０年代までは

東急からの乗換客は含まない
H1年度の定期外客は異常値と思われる
横須賀線上下、2010.3.13～3.31の19日分の１日平均

工場地帯だった。それら工場が他所に移転して徐々に住宅地に変わっていった。それに伴って武蔵小杉駅で東横線に乗り換えて東京都心に向かう乗客も増えた。表の南武線武蔵小杉駅には東横線からの乗換客を含めていない。単に駅からの乗車客である。ただし一度降りてから切符を買い直す、あるいはそれぞれの路線の定期券を持っているときはカウントしている。

いずれにしても平成10年度までは増加している。南武線ほどではないが、東急も同様に平成10年度までは増加している。

ところが、2000年に東横線武蔵小杉―多摩川間が複々線化され、線増線は元・目蒲線の目黒―田園調布間を分離して目黒線とし、その目黒線を電車専用線路にした。これによって目黒、さらには山手線に乗り換えて品川駅へ行くのに便利になった。南武線経由で品川に行くよりも便利になり、南武線の乗車客が減ってしまった。

●南武線　武蔵小杉駅　上下電車乗車

	定期外	指数	定期	指数	合計	指数	定期比率
S60（1985）	11325	100	16909	100	28234	100	59.9
H1　（1989）	18734	165	23241	137	41975	149	55.4
H5　（1993）	12841	113	28643	169	41484	147	69.0
H10（1998）	15490	137	29366	174	44856	159	65.5
H12（2000）	16636	147	20662	122	37298	132	55.4
H14（2002）	18977	168	23448	139	42425	150	55.3
南武線　H21（2009）	22629	200	22246	132	44875	159	49.6
横須賀線H21（2009）	4431	100	8580	100	13011	100	65.9
H21（2009）計	27060	239	30826	182	57886	205	53.3
南武線　H23（2011）	21590	191	19451	115	40615	144	47.9
横須賀線H23（2011）	13205	298	16506	192	29955	230	55.1
H23（2011）計	34795	307	35957	213	70570	250	50.9

２００１年には東横線で特急の運転が開始された。特急は急行にくらべてさして速くないけれども、やはり乗車客は増加した。このころからタワーマンションが建ちはじめたために南武線は乗車客が減少するどころか増えている。東急も東横線、目黒線とも大きく増えている。とくに目黒線は開業時にくらべて３倍以上になっている。

そして２０１０年に横須賀線に武蔵小杉駅ができると、東急目黒線経由で品川駅に行くよりもはるかに便利になったし、渋谷、新宿へも湘南新宿ラインに乗れば直行できる。ただし、横須賀線の武蔵小杉駅は南武線や東急線の武蔵小杉駅や繁華街から結構離れている。渋谷に行くには東横線のほうが便利だと思う人も少なからずいる。

駅の新設や路線の新設による効果は２年以上経たなければわからない。平成23年度のＪＲと東急各線の武蔵小杉駅の乗車客の増減を平成21年度とくらべると、南武線は微減、横須賀線は大幅増加、東横線はそれなりに増加、目黒線は微減となっている。武蔵小杉駅近辺のタワーマンションの建設は一段落した。今度は、南武線の隣の駅である武蔵中原駅などで建設され始めている。

●東急　武蔵小杉駅　都心方向乗車

	定期外	指数	定期	指数	合計	指数	定期比率
S60（1985）	9813	100	13563	100	23376	100	58.0
H1　（1989）	8661	88	18234	134	26895	115	67.8
H5　（1993）	9473	97	16928	125	26401	113	64.1
H10（1998）	10158	104	17462	129	27620	118	63.2
東横線H12（2000）	9297	95	15996	118	25233	108	63.4
目黒線H12（2000）	1607	100	2191	100	3798	100	57.7
H12（2000）計	10904	111	18187	134	29031	124	62.6
東横線H14（2002）	11217	114	15335	113	26552	114	57.8
目黒線H14（2002）	4175	260	6759	308	10934	288	61.8
H14（2002）計	15392	157	22094	163	37485	160	58.9
東横線H21（2009）	12302	125	18432	136	30734	131	60.0
目黒線H21（2009）	5269	328	7034	321	12303	324	57.2
H21（2009）計	17571	179	25466	188	43037	184	59.2
東横線H23（2011）	15231	155	19727	145	34950	150	56.4
目黒線H23（2011）	4228	263	4776	218	9004	237	53.0
H23（2011）計	19459	198	24503	181	43954	188	55.7

リニモの開通で人口増加率全国1位の市となった長久手市

愛知県長久手市は、２０１０～２０１５年の5年間でみると人口増加率が市としては全国1位になっている。

長久手市には、常電導磁気浮上式リニアモーターカーを走らせている愛知高速交通リニモが通っている。これができて沿線の開発が行われ、人口が増加した。

リニモができる前は近くを走っている名古屋地下鉄藤が丘駅までバスで行かなくては軌道系公共交通機関を利用できなかった。

そこで藤が丘駅の乗車人数の推移を見てみると、昭和60年度にくらべ定期外客が大きく増えているが、定期客はそこまでではない。駅周辺の開発が落ち着いてきて通

●名古屋地下鉄　藤が丘駅　乗車

	定期外	指数	定期	指数	合計	指数	定期比率
S60（1985）	7905	100	12255	100	20160	100	60.8
H1　（1989）	9252	117	12855	105	22107	110	58.1
H5　（1993）	10386	131	13654	111	24040	119	56.8
H10（1998）	10611	134	13511	110	24122	120	56.0
H14（2002）	11351	144	13054	107	24405	121	53.5
H21（2009）	12668	160	15142	124	27810	138	54.4
H23（2011）	11271	143	16139	132	27410	136	58.9

勤・通学以外の利用が増えたためである。

平成14年度までは定期比率が下がりつつあったが、2005年にリニモが開業すると乗車客は大きく増加した。そして再び定期比率が上がっている。

JRの新駅開設に対しライバル路線は対抗措置をとって乗客減を防ごうとしている

平成19（2007）年に東海道本線西宮―芦屋間にさくら夙川《しゅくがわ》駅が開設された。JRの西宮―芦屋間では阪神の西宮―芦屋間と阪急の西宮北口―芦屋川間が並行している。阪神にはその間に香《こう》櫨園《ろえん》駅と打出《うちで》駅、阪急には夙川駅がある。もともとこれら3路線は乗客獲得合戦を行っていたが、複々線のために高速でしかも頻繁に運転できるJRが攻勢をかけてきて、近年は一人勝ちの様相だった。

さらに殴り込みをかけるようにさくら夙川駅の開設である。一番影響を受けるのは、さくら夙川駅とあまり離れていない阪急の夙川駅である。次に阪神の香櫨園駅、続いて打出駅が影響を受け

●ＪＲ　さくら夙川駅　上下電車乗車

	定期外	指数	定期	指数	合計	指数	定期比率
H21 (2009)	2440	100	4387	100	6827	100	64.3
H23 (2011)	2536	104	4933	112	7469	109	66.0

●阪急　夙川駅　上下電車乗車　甲陽線からの乗換客は含まない

	定期外	指数	定期	指数	合計	指数	定期比率
S60 (1985)	5024	100	9064	100	14088	100	64.3
H1 (1989)	5273	105	9399	104	14672	104	64.1
H5 (1993)	5514	110	9029	100	14543	103	62.1
H10 (1998)	5942	118	8021	88	13963	99	57.4
H14 (2002)	6144	122	8246	91	14390	102	57.3
H21 (2009)	7373	147	6519	72	13892	99	46.9
H23 (2011)	7613	152	6163	68	13776	98	44.7

る。また、阪神の西宮駅も影響を受けるし、ＪＲの西宮駅も乗客が減る。

阪急はＪＲの新駅に対抗して特急、通勤特急を終日夙川駅に停車するようにした。これによって定期外客は逆に増えるようになったが、主として朝ラッシュ時に乗る定期客は大幅に減ってしまった。

阪急の特急、通勤特急は夙川駅からだと座れないし混んでいるが、ＪＲの各停は手前の芦屋駅で新快速や快速に乗り換える客が多いため空いていて、さくら夙川駅だと座れるチャンスが大きい。そして大阪（梅田）駅までの所要時間は阪急の特急、通勤特急とほとんど変わらない。

阪神は朝ラッシュ時に打出駅、香櫨園駅停車で西宮駅を通過する区間特急を設定して対抗した。しかし、座れないことと閑散時は走らないことなどで乗客は減ってしまっている。ただし阪急夙川駅ほど、さくら夙川駅に近くないために多大な影響は受けていない。打出駅は定期、定期外ともに、かえって増

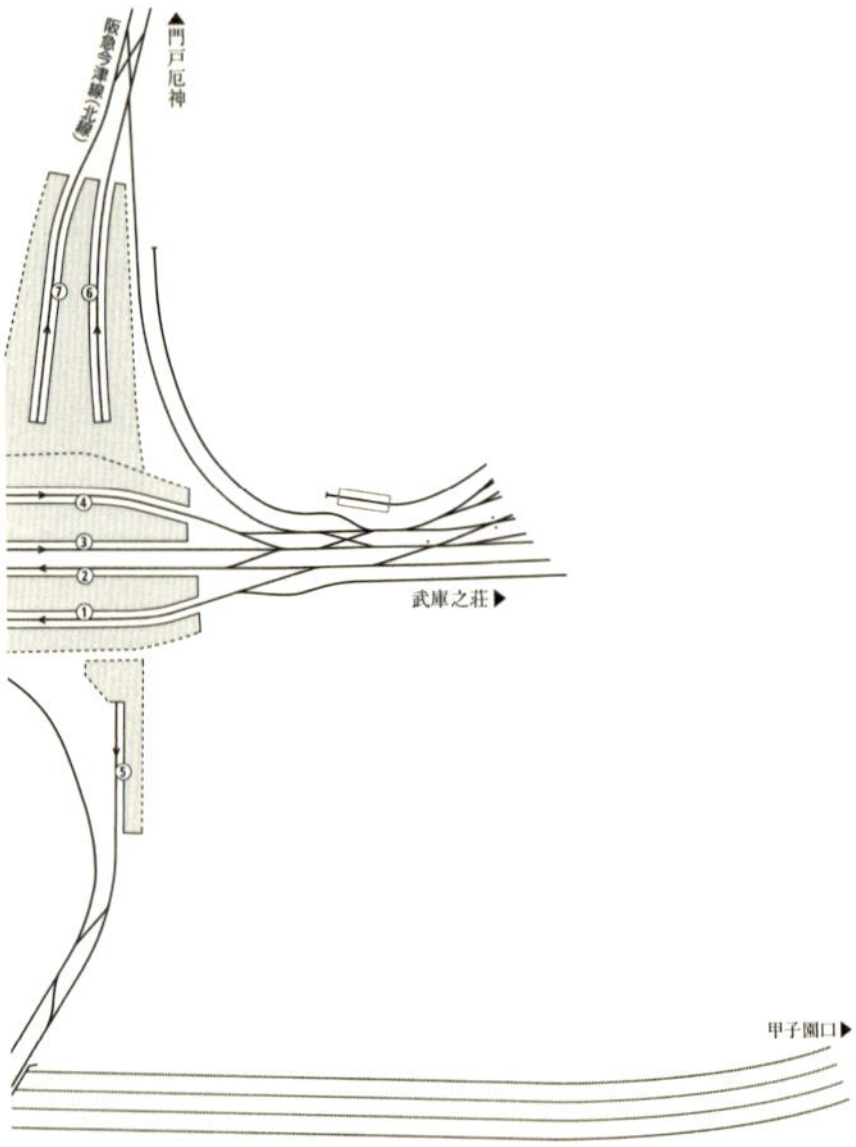
阪急今津線(北線)
▲門戸厄神
武庫之荘▶
甲子園口▶

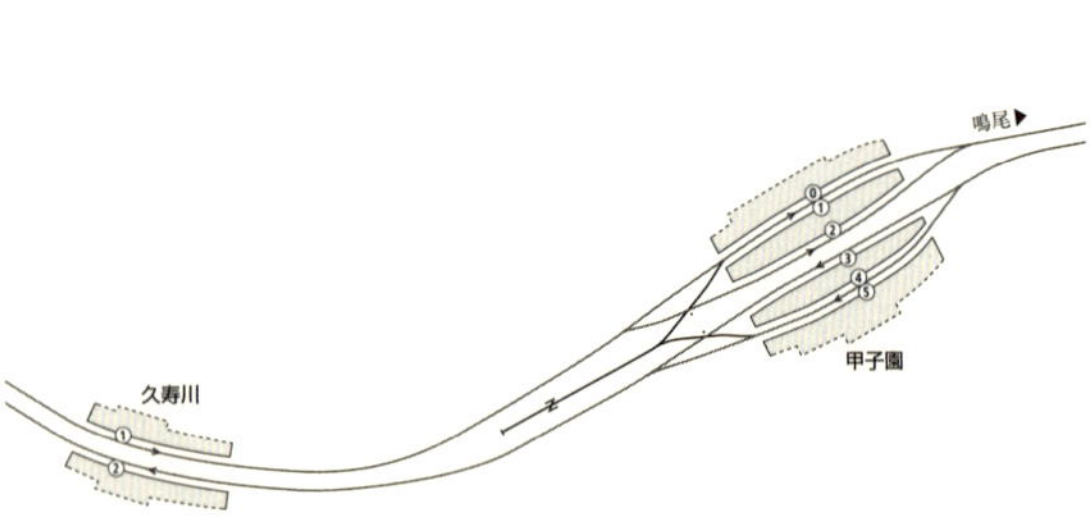
鳴尾▶
甲子園
久寿川

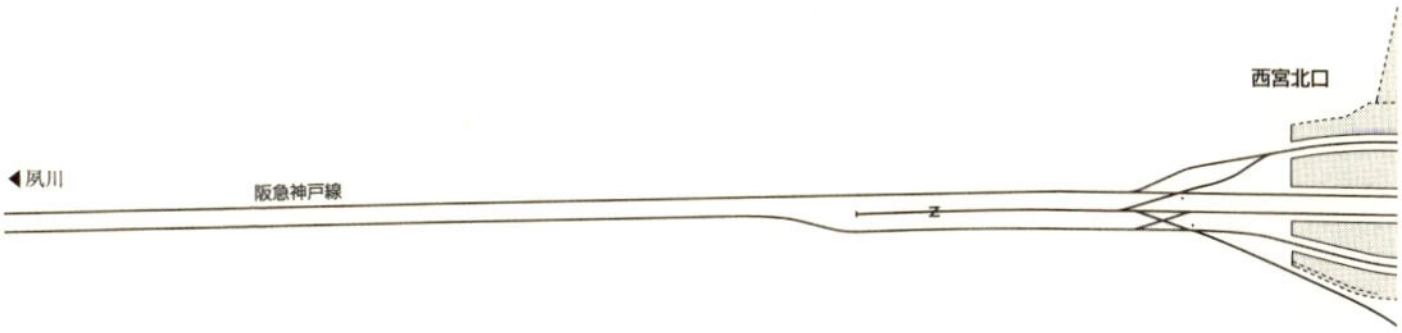
西宮北口
◀夙川
阪急神戸線

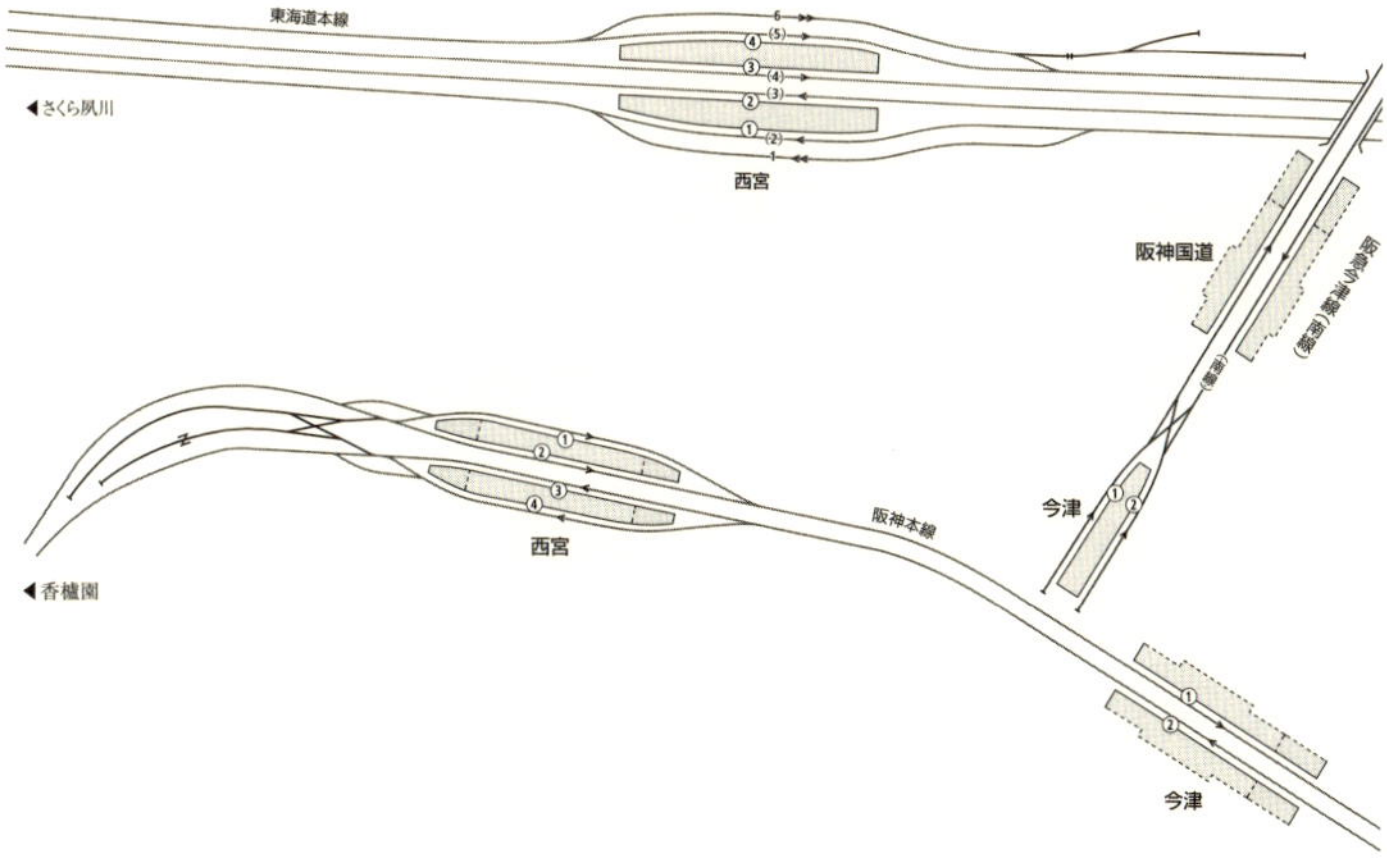
東海道本線
◀さくら夙川
西宮
阪神国道
阪急今津線(南線)
今津
阪神本線
西宮
◀香櫨園
今津

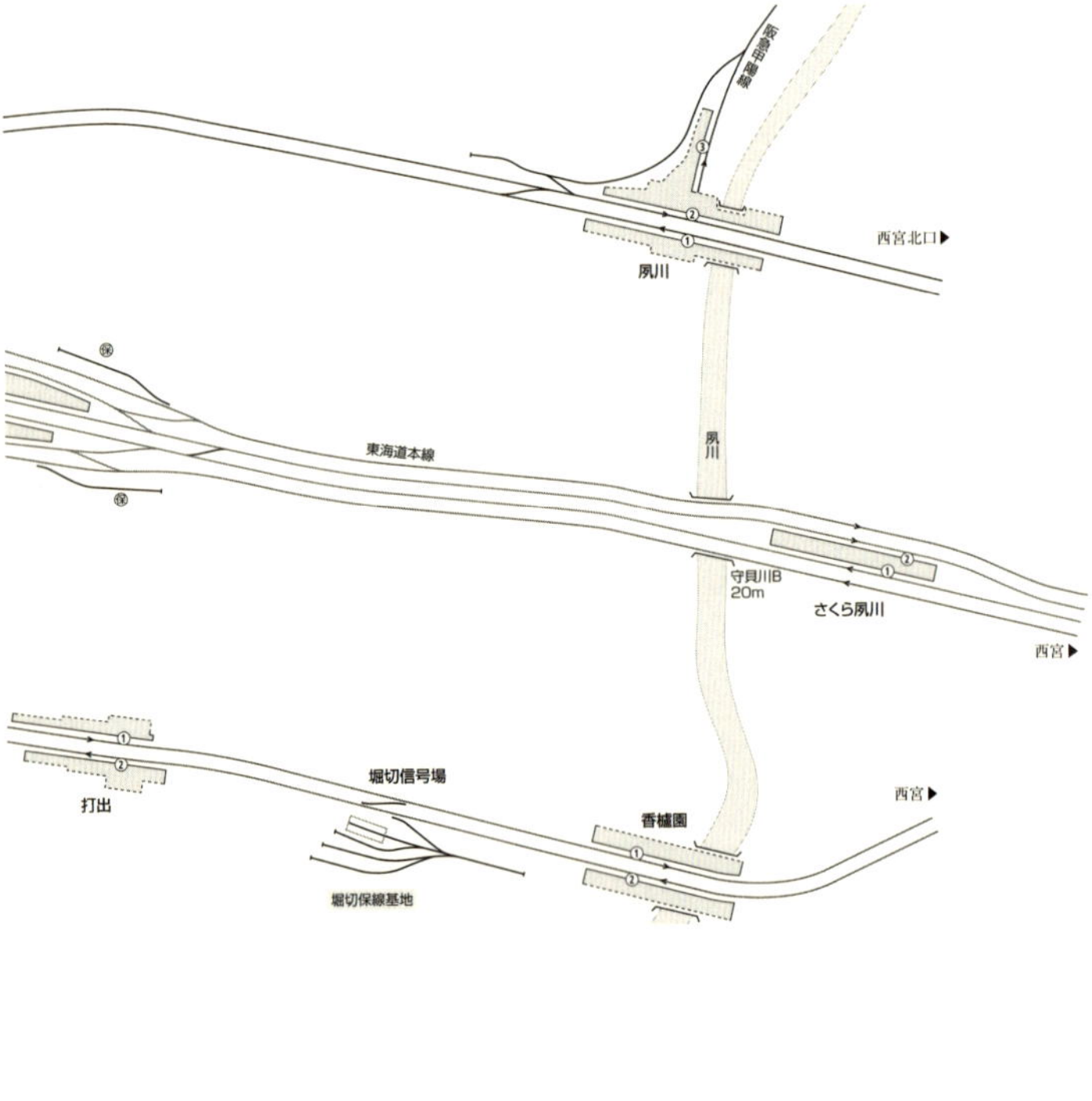
阪急甲陽線
西宮北口▶
夙川
東海道本線
夙川
守貝川B
20m
さくら夙川
西宮▶
打出
堀切信号場
西宮▶
香櫨園
堀切保線基地

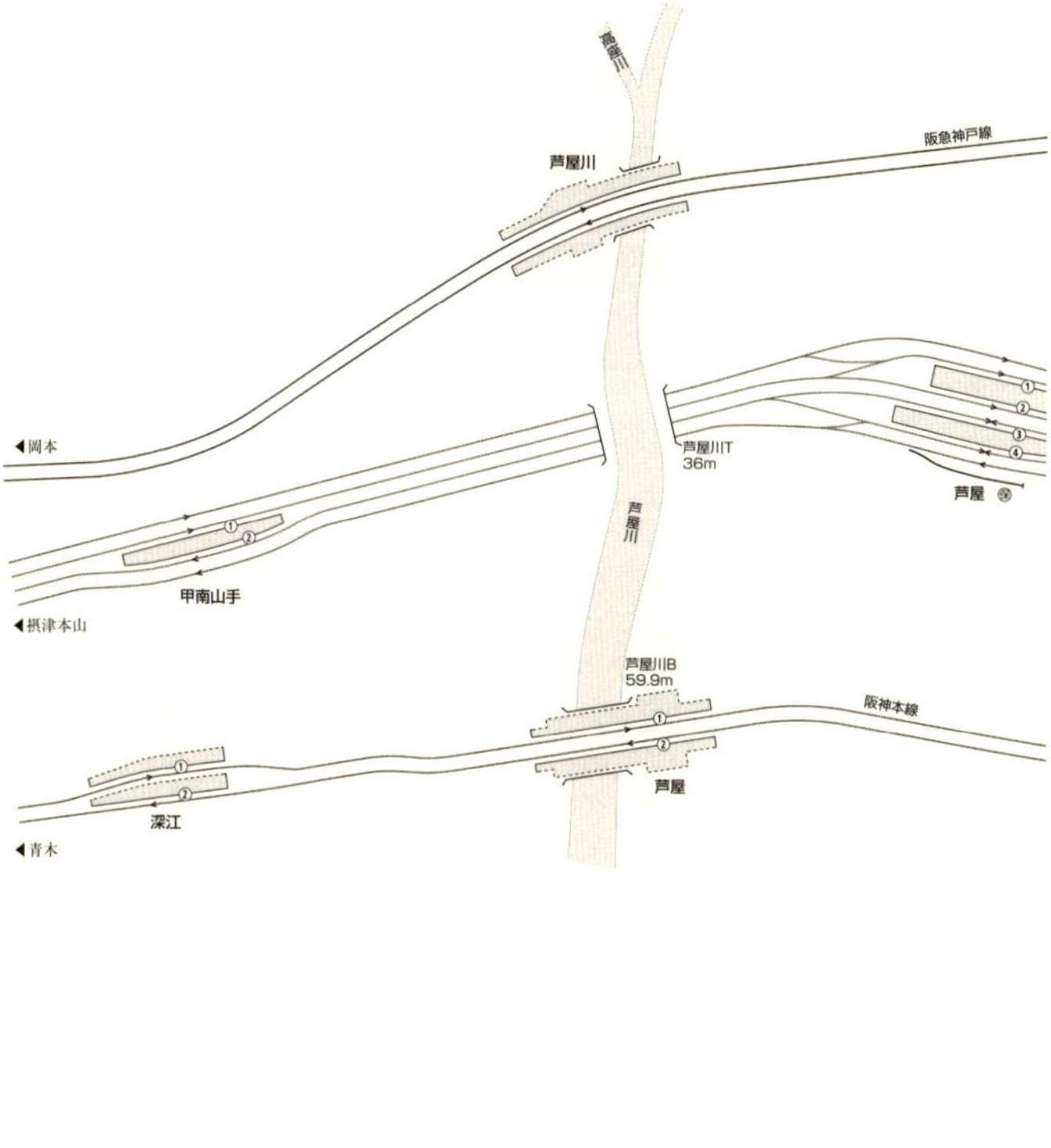
高座川
阪急神戸線
芦屋川
◀岡本
芦屋川T
36m
芦屋
芦屋川
甲南山手
◀摂津本山
芦屋川B
59.9m
阪神本線
芦屋
深江
◀青木

●阪神　香櫨園駅　上下電車乗車

	定期外	指数	定期	指数	合計	指数	定期比率
S60（1985）	1827	100	3004	100	4831	100	62.2
H1　（1989）	1921	105	2961	99	4882	101	60.7
H5　（1993）	2202	121	3118	104	5320	110	58.6
H10（1998）	1906	104	1962	65	3868	80	50.7
H14（2002）	2407	132	2500	83	5207	108	48.0
H21（2009）	2328	127	2169	72	4495	93	48.3
H23（2011）	2096	115	2154	72	4250	88	50.7

●阪神　打出駅　上下電車乗車

	定期外	指数	定期	指数	合計	指数	定期比率
S60（1985）	2195	100	3475	100	5670	100	61.3
H1　（1989）	2326	106	3338	96	5664	100	58.9
H5　（1993）	2338	107	3419	98	5757	102	59.4
H10（1998）	2466	112	2426	70	4892	86	49.6
H14（2002）	2578	117	2686	77	5004	88	53.7
H21（2009）	2800	128	2877	83	5677	100	50.7
H23（2011）	2837	129	3031	87	5868	103	51.7

えている。

阪神間は3路線が互いに激しい競争をしている

阪神間では南から阪神電鉄本線、ＪＲ東海道本線、阪急神戸線が並行して、昔から激しいデッドヒートを繰り広げている。

阪神西宮駅とＪＲ西宮駅はそう離れていない。阪急の西宮北口駅は離れているので論外とする。

昭和60年度は阪神西宮駅はすべての優等列車が停まっていた。国鉄西宮駅には各停と本数が少ない外側快速が停まっていた。そのために国鉄西宮駅の利用は少なく、阪急の利用が多かった。

ところが国鉄がＪＲになり、快速が停

●阪神　西宮駅　上下電車乗車

	定期外	指数	定期	指数	合計	指数	定期比率
S60（1985）	8129	100	9717	100	17846	100	54.4
H1　（1989）	8622	106	9912	102	18534	104	53.5
H5　（1993）	8518	105	9168	94	17686	99	51.8
H10（1998）	7563	93	6341	65	13904	78	45.6
H14（2002）	8183	101	6408	66	14591	82	43.9
H21（2009）	9834	121	7489	77	17323	97	43.2
H23（2011）	9118	112	7845	81	16963	95	46.2

車するようになったことや各停の増発などがあって、阪神とＪＲとは逆転した。

阪神は大阪難波駅への阪神なんば線ができたものの、定期客はその効果が出ていない。定期客は梅田経由を大阪難波経由に切り替えただけなのである。さらにＰｉＴａＰａ利用のほうが定期券利用よりも得な面もあって定期客が減っている。

阪急は西宮北口駅に隣接していた西宮球場を閉鎖し、跡地は商業施設となった。さらに周辺にマンションが林立し始めた。これによってＶ字回復している。

芦屋駅では阪神芦屋駅、ＪＲ芦屋駅、阪急芦屋川駅はもっと近接している。ＪＲは高速の新快速、そして快速

●国鉄・ＪＲ　西宮駅　上下電車乗車

	定期外	指数	定期	指数	合計	指数	定期比率
S60（1985）	2265	100	4224	100	6489	100	65.1
H1　（1989）	4540	200	6855	162	11395	176	60.2
H5　（1993）	4115	182	5854	139	9969	154	58.7
H10（1998）	6088	269	9083	215	15171	234	59.9
H14（2002）	6957	307	10526	249	17483	269	60.2
H21（2009）	6828	301	12625	299	19453	300	64.9
H23（2011）	6775	299	12863	305	19638	303	65.5

●阪急　西宮北口駅　上下電車乗車　今津線の乗換客は含まない

	定期外	指数	定期	指数	合計	指数	定期比率
S60（1985）	9339	100	17502	100	26841	100	65.2
H1　（1989）	10351	111	17644	101	27995	104	63.0
H5　（1993）	9025	97	16576	95	25601	95	64.7
H10（1998）	10099	108	13812	79	23911	89	57.8
H14（2002）	11419	122	15272	87	26691	99	57.2
H21（2009）	17246	185	15619	89	32865	122	47.5
H23（2011）	17850	191	15621	89	33471	125	46.7

●阪神　芦屋駅　上下電車乗車

	定期外	指数	定期	指数	合計	指数	定期比率
S60（1985）	5705	100	8275	100	13980	100	59.2
H1　（1989）	6119	107	8251	100	14370	103	57.4
H5　（1993）	5674	99	8031	97	13705	98	58.6
H10（1998）	5779	101	5194	63	10868	78	47.8
H14（2002）	5858	103	4978	60	10836	78	45.9
H21（2009）	6078	107	5315	64	11393	81	46.7
H23（2011）	5901	103	5612	68	11513	82	48.7

が停車する。

阪神は全優等列車が停車する。本来なら朝ラッシュ時に走る区間特急は通過させたいが、ＪＲとの対抗上、埋立地の新規住宅からの客を取り込むためにそれはできない。

阪急はラッシュ時に走る通勤急行は停車するが、他の優等列車は通過する。特急を停車させたいが、すでに両隣のＪＲの新駅への対策で夙川駅と岡本駅（新駅は甲南山手）に停車するようになっていて、さらに芦屋駅にも停車すると特急の意味が薄れてしまう。

このためＪＲの一人勝ちである。阪神はなんとか減少を食い止めているが、阪急はあきらめてしまった感がある。

阪急芦屋川駅は１９８０年代にくら

●国鉄・ＪＲ　芦屋駅　上下電車乗車

	定期外	指数	定期	指数	合計	指数	定期比率
S60（1985）	7309	100	12319	100	19628	100	62.8
H1　（1989）	9079	124	13709	111	22788	116	60.2
H5　（1993）	10893	149	15979	130	26672	136	59.9
H10（1998）	11275	154	16856	137	28131	143	59.9
H14（2002）	11578	158	16901	137	28479	145	59.3
H21（2009）	10782	148	18302	149	29084	148	62.9
H23（2011）	10628	145	18077	147	28705	146	63.0

●阪急　芦屋川駅　上下電車乗車

	定期外	指数	定期	指数	合計	指数	定期比率
S60（1985）	4669	100	8585	100	13254	100	64.8
H1　（1989）	4653	100	8681	101	13334	101	65.1
H5　（1993）	4067	87	7450	87	11517	87	64.7
H10（1998）	3575	77	5208	61	8781	66	59.3
H14（2002）	3533	76	4798	56	8329	63	57.6
H21（2009）	4231	91	4442	52	8673	65	51.2
H23（2011）	4645	99	4239	49	8884	67	47.7

べると2000年代以降はがらんとしている。ただし六甲山へは一番近い駅なので、土休日の朝はハイカーで賑わっている。

競争路線は運賃値下げやスピードアップも影響する

東京都市圏の新宿―八王子・高尾間ではJR中央線と京王線・高尾線が競争している。京王線の朝ラッシュ時は1時間に30本と過密ダイヤである。さらに優等列車と各停が混在して走るので、急行の京王八王子↓新宿間は1時間もかかる。

中央線も朝ラッシュ時には中野↓高尾間で各駅に停車する快速しか走っていなかったので、八王子↓新宿間は57

●京王線　高尾駅　都心方向乗車

	定期外	指数	定期	指数	合計	指数	定期比率
S60（1985）	2430	100	8066	100	10496	100	76.8
H1　（1989）	2573	106	7146	89	9719	93	73.5
H5　（1993）	2687	111	9134	113	10821	103	84.4
H10（1998）	3105	128	8440	105	11545	110	73.1
H14（2002）	3463	143	7699	95	11162	106	69.0
H21（2009）	4277	176	7536	93	11813	113	63.8
H23（2011）	4069	167	7256	90	11325	108	64.1

●京王線　京王八王子駅　都心方向乗車

	定期外	指数	定期	指数	合計	指数	定期比率
S60（1985）	12583	100	20215	100	32798	100	61.6
H1　（1989）	12572	100	21038	104	33610	102	62.6
H5　（1993）	12773	102	18566	92	31339	96	59.2
H10（1998）	13524	107	16928	84	30452	93	55.6
H14（2002）	14073	112	15113	75	29186	89	51.8
H21（2009）	13677	109	15836	78	29513	90	53.7
H23（2011）	13175	105	15493	77	28668	87	54.0

分と京王とどっこいどっこいだった。
しかし、１９９３年に通勤特快の運転を開始し八王子↓新宿間は43分に短縮した。最混雑時間帯には２本しか走らず、その２本の運転間隔は42分もあるけれども長距離通勤客にとっては重宝されている。高尾駅からだと座るチャンスはなんとかある。

通勤特快の運転開始以後、京王の京王八王子駅、高尾駅から乗車する定期客は減り、中央線の八王子、高尾駅から乗車する定期客は増えた。

ところが、１９９７年に京王は運賃を値下げした。京王はすべての列車を大形車による10両編成化する費用を捻出するために、特定都市鉄道整備事業の認定を１９８７年に受け、同事業の費用を運賃に加算した先取り運賃を徴

●**中央線　高尾駅**　都心方向乗車

	定期外	指数	定期	指数	合計	指数	定期比率
S60（1985）	5229	100	14557	100	19786	100	73.6
H1　（1989）データなし							
H5　（1993）	7117	136	21795	150	28912	146	75.4
H10（1998）	7494	143	22013	151	29507	149	74.6
H14（2002）	7540	144	20071	138	27611	140	72.7
H21（2009）	8489	162	17428	120	25897	131	67.3
H23（2011）	8301	159	16937	116	25238	128	67.1

●**中央線　八王子駅**　都心方向乗車

	定期外	指数	定期	指数	合計	指数	定期比率
S60（1985）	9505	100	19966	100	29471	100	67.7
H1　（1989）データなし							
H5　（1993）	12729	134	27824	139	40553	138	68.6
H10（1998）	13918	146	25248	126	39166	133	64.5
H14（2002）	14915	157	24167	121	39082	133	61.8
H21（2009）	15143	159	23227	116	38370	130	60.5
H23（2011）	15392	162	24149	121	39541	134	61.1

ＪＲ八王子駅を発車した中央特快東京行。奥は八高線電車

収していた。

10年後に同事業を達成したため、先取り運賃を乗客に返還することになり、運賃を値下げした。新宿―八王子・高尾間は400円だったのを350円に値下げした。中央線の新宿―高尾間は540円だったので190円も差ができた。個人の懐があまり痛まない定期客は中央線に乗り続けるが、定期外客は個人負担がほとんどである。

さらに京王の特急がスピードアップしたため、その後の高尾駅の定期外客は、京王は増えてJRは増加率が鈍化した。かえって定期客が減っている。

新宿―八王子・京王八王子間も同じような傾向になっているが、運賃の差は小さいために、あまり目立っていない。また、どちらかというとJR八王子駅のほうが繁華街に近いこともある。

バブル期の増加とバブル崩壊による減少

バブル期には郊外路線のさらに奥のところに住宅地が開発されるようになった。中央線の高尾以遠でも、広い庭付き一戸建て住宅が開発され始めた。

統計では高尾以遠の乗車人数は高尾駅流入客として公表している。これを見ると昭和60年度からたった8年後の平成5年度には1・37倍、その5年後の平成10年度には、1・67倍にまで増えた。

●中央線相模湖以西　相模湖→高尾間　乗車人数

	定期外	指数	定期	指数	合計	指数	定期比率
S60（1985）	13524	100	10161	100	23685	100	42.9
H1　（1989）データなし							
H5　（1993）	19121	141	13301	131	32422	137	41.0
H10（1998）	25701	190	13762	135	39463	167	34.9
H14（2002）	18027	133	12742	125	30769	130	41.4
H21（2009）	16093	119	13327	131	29420	124	45.3
H23（2011）	15544	115	12420	122	27964	118	44.4

しかし、急速な景気後退と中央線の運転本数が増えないことで、長距離通勤そのものに嫌気がさして都心に戻る人がでてきたり、親は定年退職して踏みとどまっても、その子どもはもっと都心に近い場所に移り住むようになって、人口が流出し平成14年度には大きく減少してしまっている。このまま続けば昭和60年度の乗車人数に戻ってしまうどころか、それ以下になってしまうおそれがある。

これを見ても満員電車が走っているのは都心からせいぜい50㎞圏内、つまり人口が集中しているところだけである。人口の偏りを減らすにはスピードアップと本数増が必要である。

これに成功したのは大阪―姫路間の新快速である。それまで30分毎に所要時間90分の快速電車が走っていた区間に、所要時間60分と大幅に短縮した新快速の運転を開始し、しかも15分毎に運転したため、姫路市の人口は昭和60年度は50万人だったのが、平成27年度は54万人と増えている。まさに新快速効果である。

また、長距離の定期客が増えているだけでなく、昼間にショッピングや所用で乗る定期外客が大いに増えてＪＲも潤っている。

●京急本線　横浜→神奈川　上り駅間乗車人数

	定期外	指数	定期	指数	合計	指数	定期比率
S60（1985）	43505	100	101569	100	145074	100	70.0
H1　（1989）	46883	108	111301	110	158184	109	70.4
H5　（1993）	49233	113	111243	110	160476	111	69.3
H10（1998）	45642	105	102923	101	148565	102	69.3
H14（2002）	48920	112	101141	100	150061	103	67.4
H21（2009）定期データなし	51195	118					
H23（2011）	49212	113	94673	93	143885	99	65.8

●東海道本線　横浜→新子安　上り駅間乗車人数　横須賀線の乗客を含む

	定期外	指数	定期	指数	合計	指数	定期比率
S60（1985）	183649	100	315928	100	499577	100	63.2
H1　（1989）データなし							
H5　（1993）	152581	83	398484	126	551065	110	72.3
H10（1998）	159599	87	390400	124	549999	110	71.0
H14（2002）	168929	92	377890	120	546819	109	69.1
H21（2009）	180991	99	405444	128	586435	117	69.1
H23（2011）	176490	96	407702	129	584182	117	69.8

京急 vs. ＪＲ

ＪＲ東海道本線と京急本線は横浜―品川間で並行している。ＪＲ側はあまり意識をしていないが、京急のほうはかなりライバル意識を持っている。とくに横浜以南の京急の利用者が横浜駅でＪＲへ乗り換えて品川以遠に向かっている。これを防ぐために、いろいろ工夫を施して、それなりに効果を上げている。

京急の表は横浜↓神奈川間の駅間乗車人数である。これには快特など優等列車も含まれている。これを見ると増減を繰り返しているが、収益性が高い定期外客の乗車人数を増やしている。横浜↓品川間で快特がスピードアップをしたことと、さらに羽田空港へのエアポート急行の運転が開始されたためである。

第四章　満員電車アラカルト

電車はいつでも遅れている？

朝のラッシュ時に通常は2分間隔で電車がやって来るのに、ちょっとした遅れで2分5秒間隔になってしまうことがある。次の駅では通常は2分間分の乗客がホームで待っているところに、もう5秒間分の乗客が増える。

そうすると、その駅での乗降に手間取り、さらに5秒遅れることがある。そのまた次の駅では先行電車とは2分10秒の間隔になるので、いつもよりも10秒分多い乗客がホームで待つことになる。

そして次の駅、そのまた次の駅と運転間隔が延びてしまい、超満員の車内になってしまうのである。通常では2分間分の乗客しか乗らないのに、遅れた電車ではひどい時には3分間分の乗客が乗る。そして後続の電車はこの超満員の電車が発車したあとに間隔を狭めてホームに滑り込むので割に空いていることが多い。

遅れが多いと超満員の電車に乗る機会が多くなる。そのためやってくる電車がいつも遅れて超満員だと、不満を持つ人が増えてくるのである。

実は、大正時代にも「東京の名物満員電車」と電車は揶揄《やゆ》されていた。ただし、これは東京市電に対するもので、先述のように、少し遅れるとどんどん遅れて、先行電車との間隔が広がる。そうすると超満員の電車に乗る機会が多くなるということである。

運転間隔調整で混雑を平均化している

「後続の電車が遅れているために1分ほど停車します」と、1分ほど駅に停まっている電車に乗った経験を持つ人は多い。

これが先述した後続の電車が遅れて超満員になるのを防ぐための運転間隔調整である。しかし、時間調整した電車も先行電車との間隔が延びるから、やはり通常よりも混雑してくる。それでも混雑の平均化をするほうが、長い目で見ると遅れの度合いが少なくなるために間隔調整をするのである。

ただし、これは山手線やラッシュ時にすべての電車が各駅停車となっている横浜線や地下鉄などで行っていることで、急行や快速が混在して走っている路線ではあまり行われない。

こういった路線ではダイヤをパターン化してダイヤの乱れを調整している。たとえば6分間を一つのサイクルにして、その間に各停1本と快速を2本走らせるダイヤにしているとする。遅れが出たときに、その遅れの影響で各駅の停車時間が延びて、それが6分遅れになると次のサイクルの快速がやってきたのと同じことになる。そのような形だと現実にダイヤが乱れていても、駅で待っている人はダイヤ通り電車がやってきたと思ってしまう。

ただし、いつもとくらべて非常に混んでいるなと感じることになる。それでも、その先が遅れなければ、ダイヤの乱れで遅れの影響を受けたことにはならない。

実際にはもっと複雑なパターンでダイヤを組んでいる路線が多いが、それでもパターン化したダイヤを組んでいればダイヤの乱れは少ないし、回復も早い。

昔は特発予備というものがあった

電車が遅れると先行電車が駅でいつもよりも停車時間を延ばして間隔調整をしているが、あまりにもひどいときにはそれでは追いつかず、さらにダイヤが乱れてしまう。

近年の各路線では、以前にくらべると混雑が緩和されて間隔調整程度で対応できるが、1960年代には300%近い混雑になっていたために、間隔調整では追いつかなかった。当時、山手線などでは朝ラッシュ時に特発予備という電車を池袋駅と品川（後には大崎）駅の留置線などに待機させ、遅れによって運転間隔が延びたとき、臨時電車として運転させていた。

これによってダイヤの乱れで停車時間を含む所要時間が延びたとしても2分30秒間隔を維持できたのである。

山手線だけではなく、中央線快速電車や私鉄、とくに関西私鉄などで特発予備を待機させていた。

それがいつのまにかなくなった。混雑が緩和されたこともあるが、ほとんどの鉄道会社が効率を優先するようになり、特発予備は無駄な電車ということになったことが大きな理由のようである。

中央線快速電車が2分間隔なのに山手線は2分30秒間隔になっているのはどうしてか

中央線快速電車の朝ラッシュ時の運転間隔は2分となっている。それなのに山手線は2分30秒間隔である。山手線は11両編成、京浜東北線と中央線は10両編成で、山手線はホームドアが設置されたために、各駅に停まるときには自動的にブレーキをかけ所定の停止位置の誤差＋－35㎝で停まることができるTASC装置を搭載している。

TASC装置とはTrain Automatic Stopposition Controller＝列車自動停止位置制御装置のことで、通常はタスクと呼ばれる。

東京メトロ銀座線でタスクを採用したとき、自動で停まれることから駅への進入速度を高めて所要時間を短縮した。駅進入速度が高いと運転間隔も詰めることができるが、それは行わなかった。

タスクが付いていると運転間隔を短くすることができそうだが、山手線は国鉄時代以来ずっと2分30秒間隔のままである。中央線は国鉄時代2分10秒間隔だったのをJRになって2分間隔に縮めた。こちらにはタスクはない。

現在では上野東京ラインの運転開始で混雑が緩和されたが、少し前までは混雑しているのは山手・京浜東北線のほうだったのに中央線のほうが運転間隔が短い。

この違いは運転方法にある。運転間隔は停車時間に影響される。中央線で乗降客が多いのは立川、国分寺、三鷹、中野、そして新宿の各駅である。とくに新宿駅の乗降が多く、停車時間

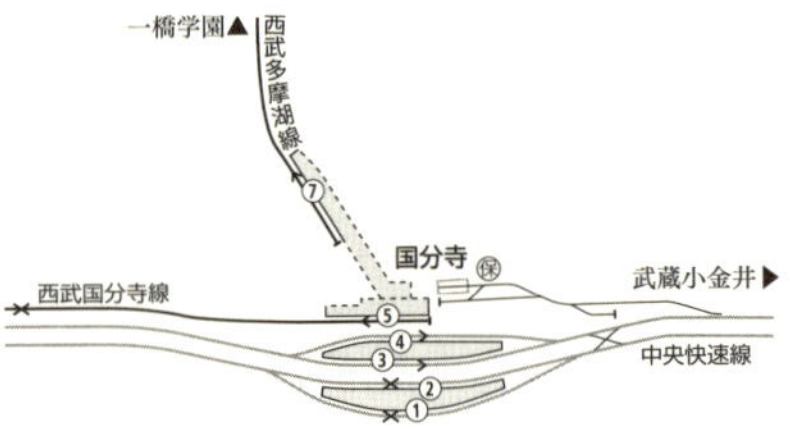

交互発着をする新宿駅中央線上りホーム

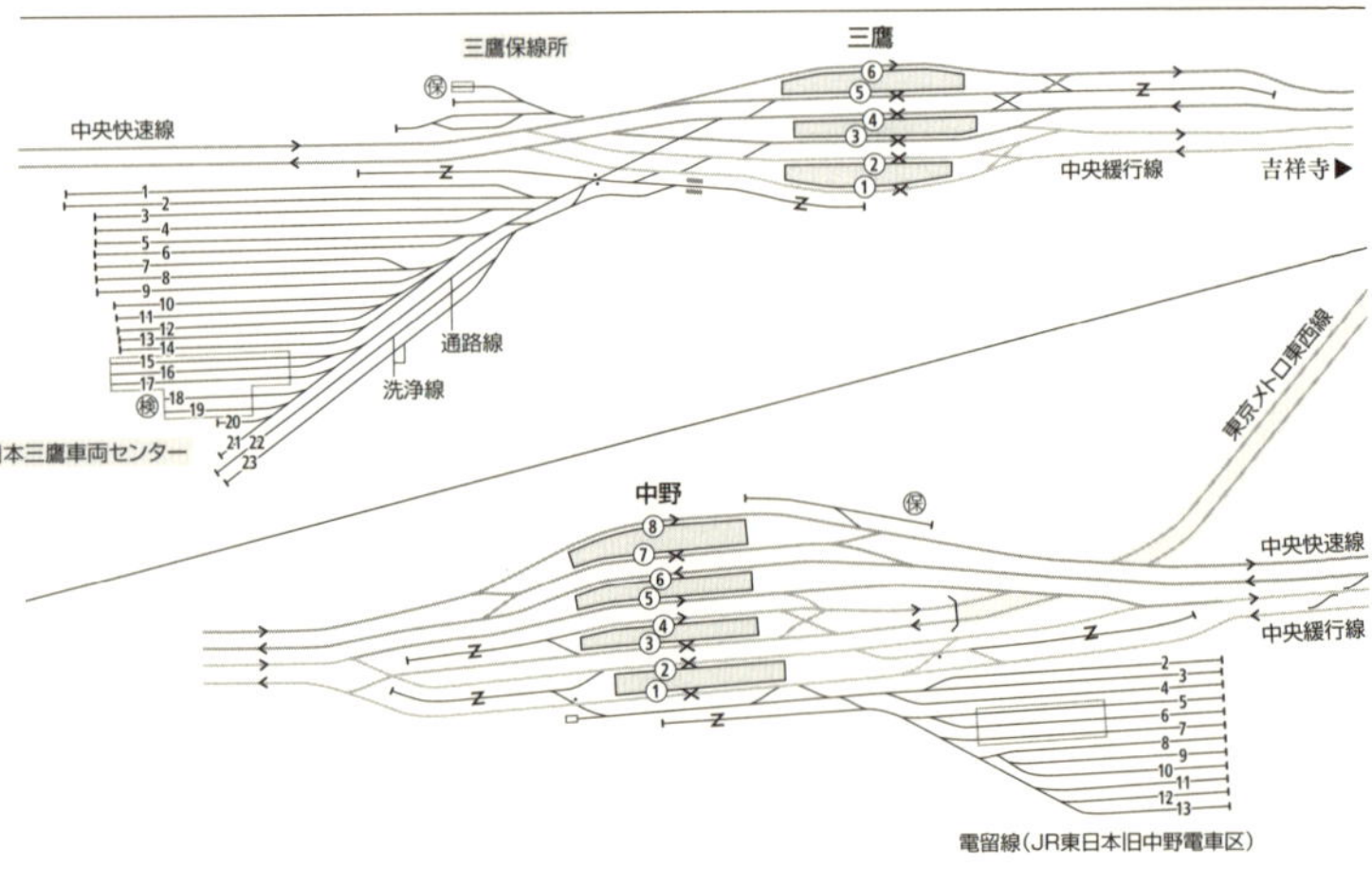

は1分、その他の駅は基本的に40～50秒である。また、山手線の新宿駅は50秒、渋谷駅は45秒である。

山手線新宿駅での50秒停車の場合先行電車が発車して、信号による速度制限が緩んだ約50秒後に後続電車が駅手前でブレーキをかけはじめ、駅に停止するのに約40秒かかる。この合計90秒に停車時間の50秒を加えると2分20秒になる。そして10秒の余裕をみて運転間隔を2分30秒にしている。

しからば新宿駅で1分

停車する中央線はもっと間隔を開けなくてはならないはずなのに、山手線よりも30秒も運転間隔が短い。これが可能なのは立川、国分寺、三鷹、中野、新宿だけでなく、さらに東小金井、武蔵小金井、国立、豊田の各駅で、ホームを挟んだ両側の線路に交互に発着しているからである。先行電車が発車しようとしているとき、後続電車がすでに反対側のホームに進入してくるようにして、運転間隔を詰めている。

新宿駅ではダイヤが乱れたり、乗降に手間取ってしまうと先行電車と後続電車がともに扉を開けて並ぶことがある。乗客の中にはこれを見つけて後続電車から先行電車に素早く乗り移る猛者もいる。ともあれ交互発着をしているので列車によって進行方向右のドアが開くのか左が開くのかがわからない。そこでラッシュ時には八王子駅などを発車するとき、「立川駅は右、国分寺駅は左、三鷹駅は左、中野駅は右、新宿駅は左の扉を開ける予定です」との案内がなされる。中央快速線でしか聞くことがない案内放送である。

交互発着は中央線のほかに常磐線の北千住駅、松戸駅の中距離電車と快速でも行われている。とくに松戸駅は下り快速線に面した中線の2番線と下り緩行線に面した上り本線の3番線で交互発着をするから、朝ラッシュ時にはどちらで発着するか見極めなくてはならない。案内放送に注意が必要である。

また、東海道新幹線の新横浜、名古屋、京都の各駅でも交互発着しており、これによって2分45秒間隔という過密運転ができるようにしている。京王も桜上水駅で行っている。

間引き運転をするわけ

翌日に大雨や積雪などの天候不順が起こると天気予報が出されたとき、鉄道各社では「明日は朝から間引き運転をする」との予告をすることがある。通常の朝ラッシュのダイヤで動かすとダイヤが乱れるから、電車の運転本数を減らすために間引き運転をすると思われがちだが、実はそうではないのである。

電車の運転がストップしたときに駅と駅の間で立ち往生すると避難誘導がしにくいということで、駅の数以上の数の列車を走らせなくするために間引き運転をするという。しかし、山手線の駅の数は29駅、正常運転時の朝ラッシュ時の運用本数は内、外回りとも26本である。ようするに間引き運転をする必要はない。それなのに降雪時などで間引き運転を行う。山手線だけでなく都心から40キロ程度までの各路線も同じようなものである。ただし、複々線区間の快速線では停車駅数が減るから間引き運転をする理由に合致はするが、間引き運転をせざるをえないのには、もっと大きな理由がある。

天候不順のときに通常のスピードで走っていると、滑走（クルマでいうブレーキロック）や空転（スリップ）が起こる。このためゆっくり加速し、速度も通常よりも遅くし、ブレーキも緩めにかけて運転をすることになる。そうすると必然的に所要時間は通常よりも延びて、間引き運転をせざるをえなくなるのである。

所要時間が長くなることで間引き運転をせざるをえないのである。わかりやすくいえば、起点から終点まで10分かかる路線があるとする。そこを朝のラッシュ時に2分毎に運転をし、折り返し時間を2分とすれば、往復して再び起点を出発するまでの時間は、走行時間20分に起終点でのそれぞれの折り返し時間合わせて4分を足し、合計24分となる。2分毎に走らせるためには12本の電車が必要になる。

それが天候不順によって所要時間が12分になったとする。走行時間と折り返し時間の合計は28分になってしまう。しかし、走らすことができる電車の本数、これを運用本数というが、それは12本しか用意されていない。この結果、必然的に運転間隔は2分20秒にしかできない。これが間引き運転をする理由である。

実際には、もっと運転距離が長く、ダイヤも複雑だが、運用本数が決まっているのに所要時間が長くなると、大きく間引き運転をせざるをえないのである。間引き運転といわれると運用本数を間引くように捉えられがちだが、そうではなく、運用本数は同じなのである。ただし、複雑なダイヤでは乱れやすいので、単純なダイヤにするために、真っ先に特急などの運転を中止することが多い。

同様に電車が遅れるということは所要時間が延びることになる。この場合でも運用本数が限られているので、どうしても運転間隔が延びてしまう。そしてひどい時には通常は2分間隔でやってくるのに、30分も来ないという事態が起こるのである。

電車が遅れても、鉄道会社は謝るだけでいいことになっている

電車が遅れても、鉄道会社は各乗客に対して金銭的に何らかの補償をしなくてもいい。ただし、特急料金などでは各鉄道会社の規定によって払い戻しをすることになっている。ＪＲでは2時間以上の遅れのときに特急料金の全額を払い戻すことになっている。

遅れに対しての金銭的補償責任はないといっても、乗車券については何ら責務を負わないというわけではない。乗車券というのは契約書と同じで、「○○駅から△△駅まで」とか「○○駅から××円区間まで」などと記入されている。

何らかの要因で路線が不通になったときでも、目的の駅まで輸送しなければならない責務を負っている。

このため他社線経由の振り替え輸送やバス代行で目的の駅まで行けるようにするか、払い戻しをする。乗車途中であっても、その先が運休して行けなくなった場合、旅行を中止して乗った駅に戻ることにしたときには、戻るための運賃は無料、そしてそれまでの運賃は全額払い戻しをしてもらえる。

乗車券にはそれだけの効力があり、鉄道会社もその責務を負うことになっている。近距離ならたいしたことはないが、たとえば東京—博多間乗車券で旅行を始め、在来線も新幹線も広島駅から先が不通になったときには、バス代行や迂回乗車で博多駅まで行けるようにしてもらえるとしても、旅行を中止して東京駅まで無料で戻り、全額払い戻しを受けることができる。

ただし、乗り降り自由の「青春18きっぷ」は、あらかじめこれらの補償はしない旨が、発行時に渡される別札に記入されており、振り替え輸送も代行バス輸送もしてもらえない。便利で格安な「青春18きっぷ」だが、非常時にはなんら補償をしてもらえない。

話は戻るが、ある国会議員が、30分以上遅れれば何らかの補償をすべきであるという発言をして、ネットで炎上したことがある。鉄道のことをなんにも知らないとか、補償を避けるために、遅れを正常に戻そうと無謀な運転をすることになって「第二の福知山線列車事故が起こることになる」などの反論があった。

しかし、あの福知山線列車事故後は、どんな路線でもスピードオーバーはできないシステムを構築して、速度超過をすることはできなくなっている。だから第二の福知山線列車事故は起こりえない。さらにあの事故以来、遅れがでても「遅れたままでいい、安全第一である」とする鉄道会社が出てきている。

そして、遅れを取り戻すこと、これを回復運転というが、これをしなくてもいいとまで職員に通達している鉄道会社もある。しかし、無理な回復運転はしてはいけないが、列車ダイヤには遅れたときに遅れを取り戻すために余裕時間というものを組み入れている。たとえばある区間では時速90㎞走行で走るようにした所要時間でダイヤを組んでいても、実際は時速95㎞まで出していいようにしている。あるいは通常は30分で走ることができるのに、これを35分にして5分以内の遅れは取り戻せるようにしていたりする。この5分の余裕のことを余裕時間という。これによって遅れを回復するようにしているのである。

それなのに、遅れてもいつも通りの走り方をして少しも遅れを取り戻すことをしないような路線もある。安全なダイヤ回復のための余裕時間を持たせているのに、いつも通りの運転をしているのでは怠慢でしかない。

まったく関係がない路線の事故が影響して遅れるわけ

京葉線に乗っていて、なにもないのに急に電車が非常停止をし、「ただいま総武線で人が立ち入った影響で、この電車も緊急に停車しました」といったような案内放送がなされるのを聞いた経験を持つ人は多い。

京浜東北線と山手線が並行する品川―田端間で山手線が事故で停まって京浜東北線も停まるのはわからないでもないが、まったく関係がない路線の事故で停まるのは不思議に思われる。もっとも総武線が停まると振り替え輸送で京葉線に人が集まって、その混雑でダイヤが乱れるのだったらわからなくもないが、それは事故発生のしばらく後の話である。さらに京葉線は停まっても私鉄の京成電鉄はお構いなしに平常運転をしている。

この答えは防護無線という国鉄時代から続くＪＲ線の安全装置にある。ある路線の電車や線路に異常があると、運転士や車掌は防護無線を発報（発信）する。該当する路線の電車以外でも周囲の電車はその防護無線を受け取るとただちに非常停止して、前方線路に異常がないか確かめることになっている。

これが設置されたのは、三河島事故（１９６２年）という悲惨な事故の教訓からである。常磐線三河島駅構内で電車が脱線した。そして乗客が避難のために線路を歩いていたところに別の電車が突っ込んで多数の死傷者が出たのだ。

　こういったときに事故を知らせるなんらかの方法が必要ということで、防護無線が開発された。防護無線はおおよそ半径２～３㎞くらいにいる周囲の電車に聞こえればいいので、さほど電波は強くない。しかし、晴天で電波が通りやすくなったときには遠くの電車でも受信してしまうことがある。外房線電車が発報した信号を海を越えて横須賀線電車が受け取って非常停止をしたこともある。それはいいとしても、近年は防護無線をやたらに発報しているように思うがどうだろうか。

同じ駅名なのに路線によってとんでもなく離れている駅があるのはなぜか

飯田橋駅にはＪＲ中央緩行線のほかに東京メトロの東西線と有楽町線、南北線、そして都営大江戸線が乗り入れている。中央緩行線の飯田橋駅の西口と大江戸線の飯田橋駅のＣ３出口とは５００ｍ以上離れている。この間に各線の各出入り口が多数ある。乗り換えが簡単な路線があったり、大江戸

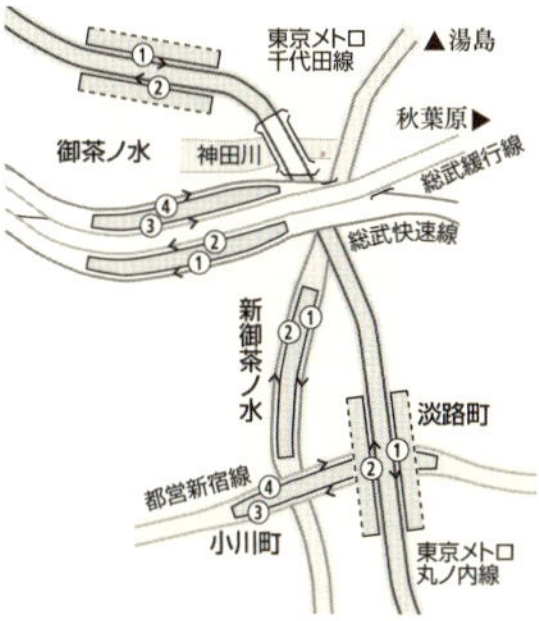

線のように他線に乗り換えにくい路線もある。

　後発の大江戸線だから、駅を設置する場所がないためこのようになったのだろうと思われがちだが、それだけが理由ではない。乗り換えをしやすくするだけのためなら既存路線の真下に大江戸線のホームを設置する方法もある。

　それなのにあえて離しているのは、東京特別区の全体の都市計画で、山手線内のどんな場所からも2㎞以内に、主として地下鉄の入り口を設置するという方針にしたためである。

　しかし、あまりにも離してしまうとおかしなことになってしまう。東京メトロ丸ノ内線の淡路町駅と都営新宿線の小川町駅とは駅名が違うが同一駅扱いにして乗り換えができる連絡運輸をしている。

　その小川町駅は東京メトロ千代田線の新御茶ノ水駅と同一駅扱いになっていて乗り換えが可能である。このため淡路町駅と新御茶ノ水駅も同一駅扱いになる。ここまでは別におかしいことではない。

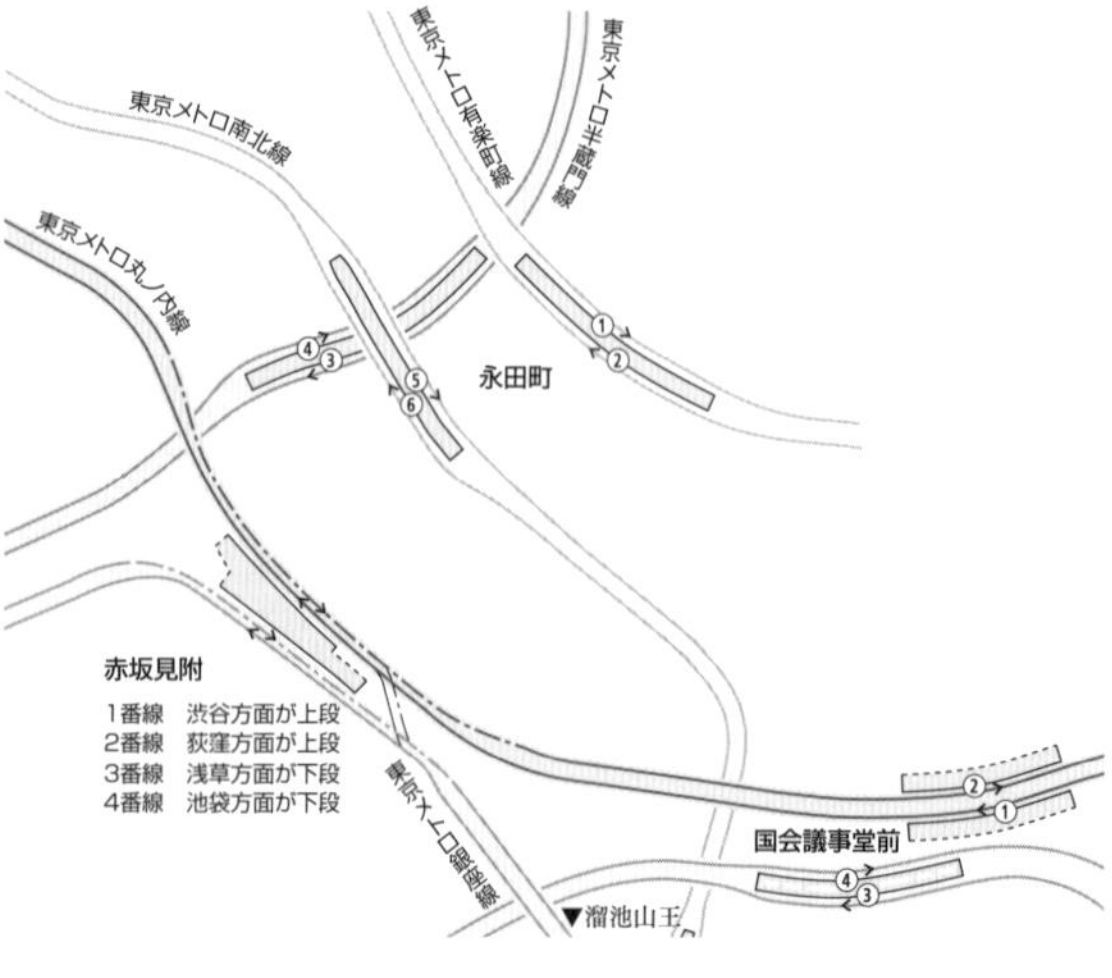

しかし、新御茶ノ水駅は中央線御茶ノ水駅との連絡運輸をしている。その中央線御茶ノ水駅と丸ノ内線御茶ノ水駅も連絡運輸をしている。ということは丸ノ内線の淡路町駅と御茶ノ水駅とは同じ駅になることになるが、それはないのである。

東京メトロ赤坂見附駅と永田町駅も同じ駅の扱いである。有楽町線永田町駅から丸ノ内線の国会議事堂前駅に行く場合、半蔵門線のホームを通り抜けてさらに地下乗換通路を歩いて赤坂見附駅で丸ノ内線に乗ることになるが、有楽町線側の1番出口からだと400mほど歩けば行ける。2㎞以内に地下鉄の入り口を設置するということに杓子定規に徹すると、歩いたほうがいいのか、地下鉄に乗ったほうがいいのか迷ってしまう。

乗り換え通路をわざと遠回りさせている

路線同士で乗り換えるとき、簡単に乗り換えられるのは中央線と総武線が接続する御茶ノ水駅や銀座線と丸ノ内線が接続する赤坂見附駅、名古屋地下鉄では名城線と名港線が接続する地下鉄金山駅、大阪地下鉄では御堂筋線と四つ橋線が接続する大国町駅のように、島式ホーム2面4線の駅である。

十字交差している駅では、大阪地下鉄の堺筋本町駅のように両ホーム間がただ階段で結ばれている駅である。ホームに

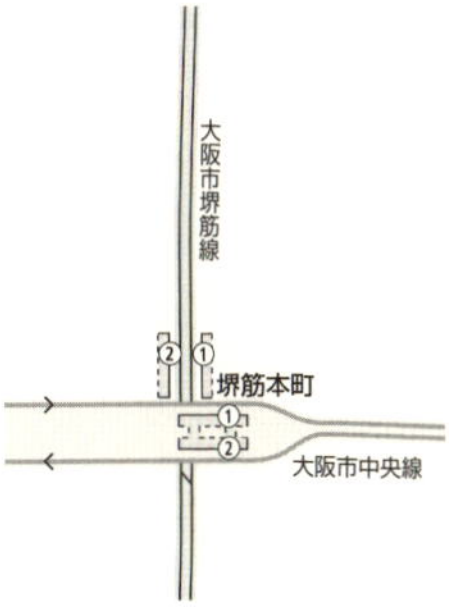

降りて階段で上り下りだけすれば別の路線のホームに出ることができる。

しかし、多くはそうはなっておらず、一度コンコースに出てから再び降りるようになっている。銀座駅での日比谷線と銀座線、または丸ノ内線との間などである。

なぜ、こんなことをするかというと、いずれかの路線が動かなくなったり遅れたりしたとき、直接階段で結ぶと、すぐに遅れたほうの路線のホームに人が溢れてしまう。一度、コンコースに出るようにすれば、コンコースという緩衝地帯によって1~2列車分の乗換客をコンコースに溜め込むことができて混乱を避けられるというのである。小田急と東急が連絡している中央林間駅の両改札がかなり離れているのも同じ理由である。

御茶ノ水駅のような簡単に乗り換えができるところでは、遅れによってホームに人がたまってしまい大混乱を起こしたことがあって、その経験からこのような緩衝地帯としてコンコースを経由させているのである。

小田急と千代田線の接続駅の代々木上原駅は、方向別ホームで簡単に乗り換えができる。ここでも遅延による大混乱が起こる可能性がある。実はそれを見越してホーム下に使われていない部屋がある。大混乱のときには満員の10両編成2本分の乗客を誘導して収容するという。これがあれば大震災のときの帰宅困難者も受け入れられそうである。

1時間に30本の運転は遅延のもとになる

中央快速線は乗降客が多い駅で交互発着をしており、さらに比較的運転間隔が詰められる自動列車停止装置ATS－P形を使用して1時間に30本の運転をしている。

しかし、各駅での乗降時間が、所定よりも5秒程度延びただけでも、すぐに後続電車に影響してしまい、慢性的遅れになってしまう。

京王も同様に1時間に30本の運転をしていた。しかもかつては、新ATCの設置もなく、交互発着は桜上水駅だけでしか行われていない。京王もダイヤはノロノロ走ることを前提にして組まれていた。これを解消すべく、2011年にはブレーキパターン対応の新ATCを導入した。これによって慢性的に起こっていた遅れが解消されると期待されたが、採用後も遅延が多発した。いろんな手法を用いても遅れは解消しにくいのである。今は27本に減らしている。なお、笹塚－仙川間が連続立体交差事業で高架化される。このときに停車時間が長い千歳烏山駅と明大前駅は、島式ホーム2面4線にして交互発着ができるようにする。新ATC導入と交互発着実現によってようやく慢性遅延とノロノロ運転が解消することになろう。

相模鉄道も1時間に30本の運転をしていた。当然、慢性遅延状態だった。近年になって少子高齢化と神奈川地区事業所の分散化などで、相模鉄道の乗客は減ってきた。そのまま1時間に30本の運転を続けて混雑の緩和をするよりも、やはり運転本数を27本に減らすほうを選んだ。つまり2分間隔から2分15秒間隔にしたのである。

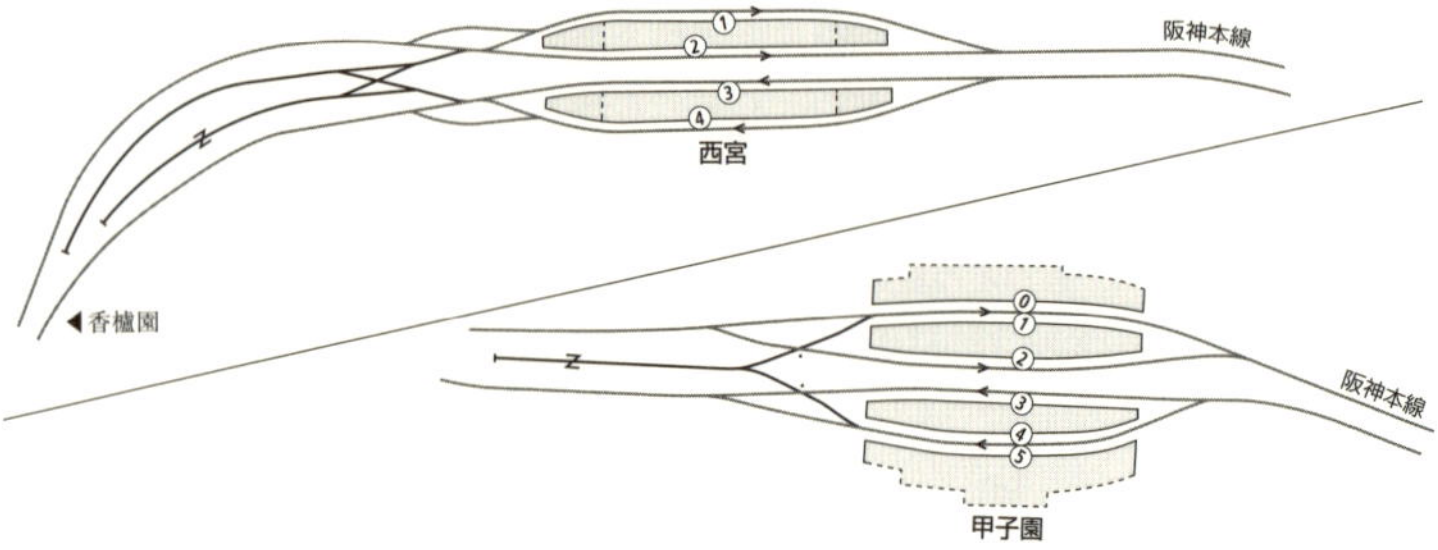

そうすると一つの駅で乗降に手間取って所定よりも15秒ほど余計にかかったとしても、後続の電車のダイヤに影響しない。それに15秒も時間が余計にかかることはめったにない、せいぜい5秒程度である。そのために遅れの度合いは極端に少なくなったのである。

1時間に30本の運転から27本に減らすとほぼ遅れはなくなる。それだけではなく、車両の運用数も減り、そのぶん保有車両を減らすことができる。

遅延が少ない西の阪神電鉄、東の京浜急行電鉄、中を取り持つ東海道新幹線

統計をみると関西の阪神電鉄、関東の京浜急行電鉄、そしてその間を走る東海道新幹線の3路線の遅延率が一番低い。

阪神は西側で山陽電鉄、東側で近鉄と相互直通運転をしている。他社のダイヤの遅れが影響しそうだが、ほとんど遅れない。これは本線普通用として日本一の高加減速車両のジェット・カーを使い、ラッシュ時に千鳥式運転をし、普通が優等列

車を待避後10秒くらいですぐに発車できる信号システムを構築していることや、阪急、山陽とともに優等列車の誤通過を防ぐ装置を設置しているからである。

さらに各折返駅では、折返電車とスルーする電車が同時に進入できる配線になっていることで、交差支障をなくしている。

京浜急行も都営浅草線、さらには京成電鉄、北総鉄道、芝山鉄道と相互直通運転をしているのに、ほとんど遅れない。京急の場合は駅構内のポイントの切り替えや出発信号機の扱いなどをほとんど自動化せず、ベテランの信号要員が手動で行っている。このほうが機械よりも迅速でスムーズに切り替わる。

また、乗り入れ他社の車両とともに、先頭車の台車は必ずモーター付きの重いものにしている。これによって素早く信号機の切り替えができる。ほとんどの鉄道がそうであるように、左右のレールに信号電流を流し、車輪によって左右のレールに流れている信号電流をショートさせることで、閉塞区間に入ったことを検知して信号を制御している。先頭台車にモーターを装備させると、それだけ重くなる。重くなればなるほどショートするまでの時間は短くなる。京急では5秒程度早く検知でき、それによって複雑なダイヤを作ることができ、遅れの回復のためにも余裕が生まれる。

そして本線を走る車両は阪神ジェット・カーほどではないが、加減速度が高い。さらに、運転指令の管轄を全線まとめてせずに、各ブロックごとに分散させて行っている。これによってどこかで故障や事故で電車が動けなくなったときでも、他のブロックでは走り続けることができるようにしている。

各列車を集中管理している路線ではそうはいかず、ほとんどは全線を停めてしまう。動けるものは動けるところまで走らせるということをしないのである。京急のように動けるところまで走らせるやり方を「出たとこダイヤ」「出たとこ回復」と呼んでいる。

東海道新幹線も山陽新幹線と相互直通しているが、あまり影響されない。最大の理由はすべての編成が少なくとも東海道新幹線内では「のぞみ」「ひかり」「こだま」に使えることである。運転支障があっても、それまで「のぞみ」に使っていた車両が折り返し後に「こだま」に使える。

もう一つは早朝深夜に走る「のぞみ」を除いて余裕時間をたっぷりとっていることである。東京―新大阪間で早朝深夜に走る最速「のぞみ」の所要時間は2時間22分である。この列車も5分程度の余裕時間を持たせ、途中の駅で発車に手間取ってもダイヤを維持できるようにしている。

しかも新横浜駅と名古屋駅、京都駅の停車時間は1分30秒である。1分停車で充分なので30秒の余裕がある。さらにこの3駅は交互発着をしている。そして閑散時の「のぞみ」の所要時間は2時間30～33分なので、13～16分もの余裕時間を持っていることになる。11分遅れで新大阪駅を発車したのに新横浜駅には定時に到着したこともある。

「こだま」は通常は270㎞／hも出さない。しかし、270㎞／h以上出せる車両を使っている。

といっても、途中の線路で新幹線電車が立ち往生してしまうと大混乱が起こる。これだけが日本の新幹線の泣き所である。

なぜ1ヵ所だけ走らせることができなくなって全線がストップしてしまうのか

先述したように新幹線の車両が故障したとき、全線をストップすることが多い。その理由は、まず一つに折り返すことができる駅が少ないこと、そして故障した新幹線電車を他の電車で引っ張ることをまずしないことである。引っ張り出して、その故障車を収容できる留置線を用意していない駅がほとんどだからだ。

海外の新幹線である高速新線では、必ずといっていいほど各駅に留置線を用意している。さらに多数の個所に上下線間を転線できる信号場を設け、単線運転で立ち往生した電車の横をすり抜けることができるようにしている。そして在来線とレールの幅が同じところが多く、高速新線が不通になっても在来線経由にして運休させない。

日本は故障しないことを前提にしており、コスト削減もあって、このような構造にはなっていない。海外ではほぼすべてが、このようなことができるようにしている。海外では故障することが当たり前と考えているからである。

ともあれ、新幹線で折返運転ができるところまで走らせることができるのに、しないことが多い。

たとえば新横浜駅は、名古屋方面から来た電車を折り返すことができるような配線になっている。しかし、新横浜駅で折り返して品川駅、東京駅に行けなくなったときに、横浜線、さらにその先の私鉄各線も含めて振り替え輸送をするには、いろいろと手続きが必要だし、それがないとしても新横浜駅で乗客が滞留して混乱する。折返運転をした経験もないためにためらってしまうこともあって、まず行わない。

この折り返しができる駅まで運転をするという発想は、京急や首都圏以外の鉄道会社は持っており、すぐ行う。これが先述した「出たとこダイヤ」だが、多くの首都圏の鉄道会社では、折り返しができる駅まで走らせると、その駅に次々と折返電車がやってきて人が集まり、大混乱になるということで、それならばと、全線ストップさせて、各駅で運転再開を待ってもらうことで一駅だけに乗客が集まらないようにしている。

混雑がひどい首都圏ならではの処置だが、毎日とは言わないが、全線ストップは毎週のように起こっている。折り返し可能な駅まで走らせたときの人の動きや混雑の度合い、代替輸送機関があるのか、あるならばどのくらいの輸送力なのか、足りない場合はどうするかといったことをシミュレートしたりして、最善の対策をして折り返しができる駅までなんとか走らせてもらいたいものである。

編成が短いと運転間隔は短くできる

阪神の普通は4両編成、京急の普通は6両編成である。先行電車が駅を発車して、後続の電車が駅に停車するためには、先行電車の編成が短ければ短いほど、後続の電車のために道を空けることができる。

要するに先行電車が駅に停車中は、その駅の手前の信号機は赤が点灯している停止現示になる。その次の信号機は黄が点灯する注意現示（警戒現示もあるが）になっている。先行電車の全車両が駅の先の信号機を通り越すと、駅の手前の信号機は注意現示になり、後続の電車が駅に進入できる。このとき編成が短いほど、停止現示から注意現示に変わる時間が当然短くなる。先頭台車を重くすることに京急がこだわっていることも同じ理屈である。

車両編成の長短でも運転間隔が大きく影響される。丸ノ内線は中形車6両編成である。これによって最小運転間隔を1分50秒にしている。中央線は大形車10両編成で2分間隔にしている。東海道・横須賀線、常磐快速線、東北・高崎線の15両編成では3分間隔が最小運転間隔である。

10両編成で2分間隔、1時間に30本の運転は、３００両の輸送力、15両編成で3分間隔、1時間に20本の運転は、これも３００両である。

編成を長くすれば輸送力が大きくなるかといえば、そう単純ではない。編成を長くするメリットは乗務員の数を少なくできることだが、ホームを15両分にするのは並大抵ではない。どちらをとるかである。ただし、信号保安の種類や停車時間が長くなる駅などの条件で一概にはいえない。

１０３系と２０９系の違い

大阪環状線で走っていた１０３系電車の運転が２０１７年秋をもって終了した。といっても１０３系は関西線や奈良線、阪和線、それに九州の筑肥線と、これと相互直通している福岡地下鉄空港線など多数の路線でまだ走っている。

１０３系は国鉄が１９６３年から造った車両で、当初は山手線に投入され、その後は全国各地の直流電化区間の通勤形車両として投入された。国鉄は１０３系を通勤形の汎用車とした。

そのコンセプトは、大量生産による製造コスト削減、頑丈で長持ちする車両とした。このため３４４７両も造られた。そしてＪＲになっても走り続け、ＪＲ西日本やＪＲ九州では延命工事を施して今も走っている。製造されて40年を越える車両もある。とにかく重くて性能は悪くても頑丈な車両である。

現在、ＪＲ各社が造っている車両は軽量高性能車両。とくにＪＲ東日本の２０９系は価格半分、重量半分、寿命半分を

おおさか東線を走る103系

コンセプトにした車両である。

　寿命が長いと、その後の技術発展などで要求される性能や居住性などに対応するために、改造するのも大変である。それよりも新しく造ったほうが安くて手っ取り早い。そこでこのようなコンセプトの車両を造ったのである。国鉄時代から続く、いかに安い通勤電車を造るかという発想をそのまま受け継いで追求した車両である。

　長年、名車を造り続けた関西の私鉄の車両設計とは真逆な発想である。関西の私鉄各社は一両一両丁寧に造っていた。ある私鉄の車両設計の幹部の人が国鉄１０３系を「電車やない、詰め込んで運ぶ機械や」と言っていたのを思い出す。

　ともあれ、２０９系はそのコンセプトで大量に製造したものの、10両編成でモーター付き車両が４両しかない動力集中式を採用していた。10両１編成が故障したとき、それまでのように他の電車で引っ張るか押すかして車庫に入れることができなくなってしまった。牽引する10両編成４両のモーター付き車両しかない。これで20両の車両を引っ張るのは無理があるうえに、馬力がないモーターで動かせない。結局、機関

総武緩行線を走る209系

車を投入して車庫まで引っ張り入れたことがある。

その反省からモーター付き車両の比率を増やし、福知山線列車事故の反省も踏まえ、重心を低くしたりしたＥ２３１系を造るようになった。

ほかのＪＲも価格が安い通勤形車両のほうがいいとして、２０９系ほど多くはないにしても銀色のステンレス車両を走らせている。そしてこれは大手私鉄車両にも波及している。

現在、ステンレスボディの銀色むき出しの車両を造っていないのは関西の阪急と京阪、近鉄である。なお、東京メトロの車両も銀色だが、こちらはアルミ車体であり、軽量でも価格は少し高い。

加速度も高いほうがいい

表は、１０３系8両編成を導入する前に各加減速度で運転間隔がどのくらいになるかを計算したものである。これを見ると加速度を上げるよりも減速度を上げたほうが効果があるように見える。

その条件といえば、駅進入時は駅

3.0km/h/sec	4.0km/h/sec
1'56"	1'49"
1'53"	1'46"
1'52"	1'45"
1'50"	1'43"
1'49"	1'42"
1'49"	1'42"

3.0km/h/sec	4.0km/h/sec
2'11"	2'04"
2'02"	1'55"
1'57"	1'50"
1'52"	1'46"
1'50"	1'44"
1'49"	1'43"

●国鉄が公表した運転間隔と加速度・減速度との関係
（8両編成、40秒停車）

加速度＼減速度	1km/h/sec	1.75km/h/sec	2.0km/h/sec
1.0km/h/sec	2'50"	2'15"	2'09"
1.6km/h/sec	2'47"	2'12"	2'06"
2.0km/h/sec	2'45"	2'11"	2'05"
3.0km/h/sec	2'44"	2'09"	2'03"
4.0km/h/sec	2'43"	2'08"	2'02"
4.5km/h/sec	2'43"	2'08"	2'02"

●筆者計算

加速度＼減速度	1km/h/sec	1.75km/h/sec	2.0km/h/sec
1.0km/h/sec	3'05"	2'30"	2'24"
1.6km/h/sec	2'56"	2'21"	2'15"
2.0km/h/sec	2'51"	2'16"	2'10"
3.0km/h/sec	2'46"	2'11"	2'05"
4.0km/h/sec	2'43"	2'08"	2'03"
4.5km/h/sec	2'42"	2'07"	2'02"

手前の信号機間隔を短くしたときとし、発車時は前方の出発信号機を通過したときとしているが、表をよく見てみるとその通過は先頭台車が出発信号機の前方の線路に入って出発信号機を停止信号にしたときとしている。

そうであれば駅を出発して少し進んだときなので、加速度が低くても高くても所要時間には大差がない。しかし、長さにして160mの8両編成の最後部が出発信号機を抜けたときで比較するのが本来あるべき計算であるはずである。

これで計算すると加速度も運転間隔を短くするのに有効であることがわかる。国鉄が加速度を上げても間隔を短縮する効果がないとしたのは、加速度が高い電車は製造コストが高くなるだけでなく、消費電力も大量だからであろう。

１０３系登場前に造った１０１系は加速度を３・０㎞／h／secにすることで設計し、試作車を登場させた。全電動車の10両編成を中央線快速電車として走らせたところ、非常に電力を消費し、架線電圧が大幅にダウンして逆に思うように加速できなかった。

そこで変電所の容量がアップするまで10両編成のうち２両をモーターなしにした。それでもうまくいかず、その後は4両をモーターなしとした。そこには製造価格が安いモーターなしを組み入れて、すみやかにすべての中央線快速電車を１０１系化するにはこのほうがいいという目論見もあった。

そして山手線では当初からモーター車の比率を下げる設計の１０３系を造ったのである。山手線ではスピードが出せないから、高速性能を犠牲にすれば低出力でも加速度を上げることができる。結果、加速度２・０㎞／h／sec、減速度３・５㎞／h／secとした。鈍足でも混雑率３００％の

阪神の新型車両、
ジェット・シルバー5700

ときにも走り続けることができるという、農耕馬のような通勤電車だったのである。

その後、技術の発展で、安くてそれなりに高性能な電車が登場するようになった。阪神は各停用に高加減速車のジェット・カーを走らせ続けているが、ずっと１００㎞／ｈで走り続けることはないことから、最新のジェット・シルバー５７００は永久磁石をもちいた特殊なモーターを採用して、省エネとともに省保守費、そしてモーターの数をへらした経済的な新しいジェット・カーとなった。

広幅車について

広幅の通勤形車両は小田急が最初に登場させた。１９６４年のことである。ＪＲとして最初に登場した車両はＪＲ西日本の２０７系電車である。

元来、在来線車両の車体の幅は２８００㎜としていた。しかし、快適性を求める中長距離電車について国鉄は２９００㎜にした。この幅を小田急は踏襲し、通勤形車両の２６００系を登場させた。ＪＲ西日本はさらに50㎜広げて２９５０㎜に拡幅した。

通常、側板の厚さは１００㎜なので２０７系の車内の幅は２７５０㎜になる。２０７系は通常幅の車両よりも１５０㎜幅が広くなっているが、ホームに接するところの幅は２８００㎜になっている。そこから上を斜めに立ちあげて、左右それぞれ75㎜外側に広げているのである。

それならば有効床面積は幅２６００㎜で計算しなければおかしいということになるが、ロングシートの座席はそのぶん外に広がっているので有効床面積は幅２７５０㎜で計算していい。扉部分は確かに２６００㎜だが、立っている人の足は胴体ほど面積をとらない。胴体部分のところだと２７５０㎜になるということですべて幅２７５０㎜で計算する。これによって定員が増え、混雑率が緩和する。

ただし、超満員になったとき、扉に密着して立っていると扉が足元に斜めに当たる。そんなところに立つとバランスはよくない。広幅車ではなるべく扉に密着して立たないほうがいい。

交差支障の解消が必要

京王線に乗って新宿駅へ到着するとき、ずっと手前で信号待ちをすることが多い。これは新宿駅を20m大形車による10両編成化するとき、八王子寄りのホームを延ばしたからである。

それまでの折返用のポイント（交差渡り＝シーサスポイント）があったところまでホームを延ばした。そ

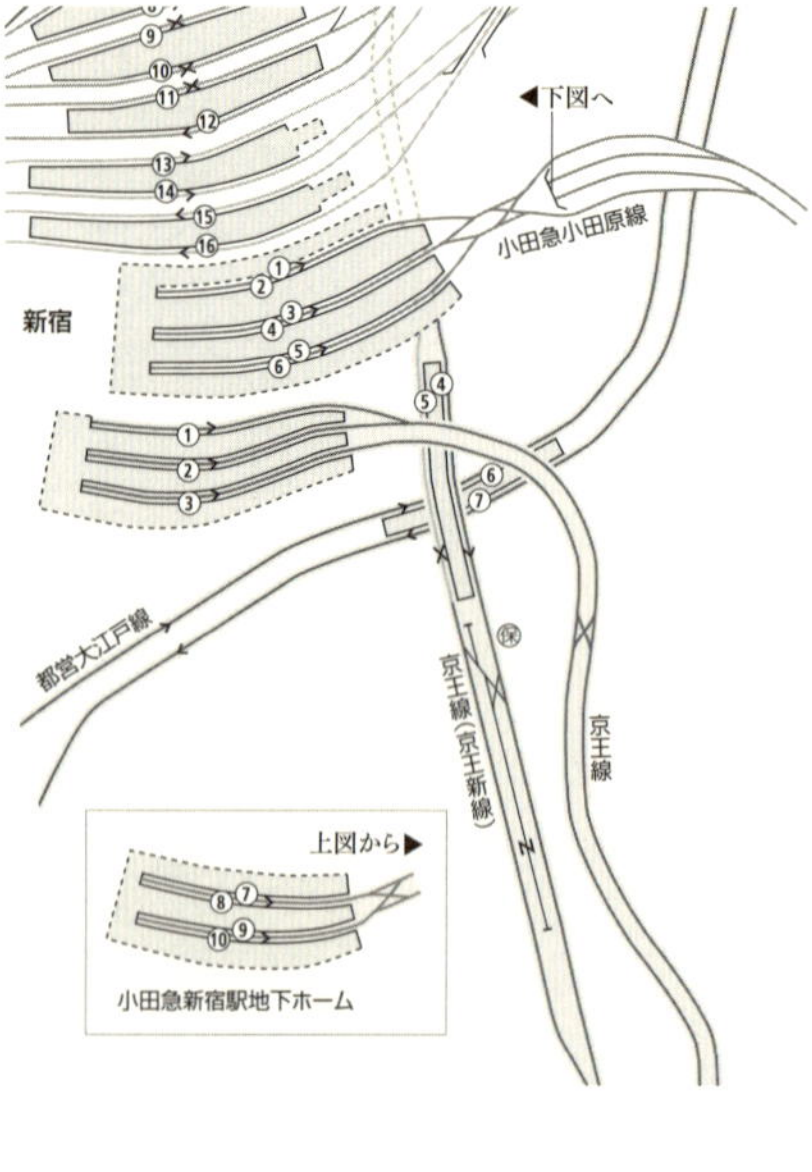

の八王子寄りはカーブしている。基本的にシーサスポイントは直線に置かなければならないので、ずっと手前の八王子寄りにそれを置いた。

このため特急用ホームの3番線では、折返電車がシーサスポイントがある部分を通ってからでないと、次の電車はシーサスポイントの先の新宿寄りに進入することができないのである。この状態を交差支障という。

同様のターミナル駅は東武伊勢崎線浅草駅にあるが、さほど運転本数が多くないので信号待ちの頻度は低い。これが東武東上線池袋駅や西武池袋線池袋駅、西武新宿駅などでは交差支障を減らす配線になっている。

関西の各ターミナル駅では交差支障を極力なくす配線になっている。ただし交差支障率が一番少ないのは小田急線新宿駅である。上下2段に立体化していることが、一番の理由である。

ところで中央快速線東京駅は発着線が2本しかないのに、最混雑時は2分毎に折り返している。折り返し時間は2分強で、進入電車が停車すると間髪を容れずに停車していた電車が発車する。このため、進入する電車は高速で駅に入ってくる。

これを可能にするために終端側の停止位置のだいぶ先までホームを延ばし、さらに線路はホームがなくなっても相当な距離まで延ばしている。ブレーキのタイミングが悪く滑走して停止距離が延びても安全なようにしているのだ。さらに進入電車がシーサスポイントで転線して1番線に入っても速度制限が最低限ですむように転線側を直線にしたポイント配置になっている。

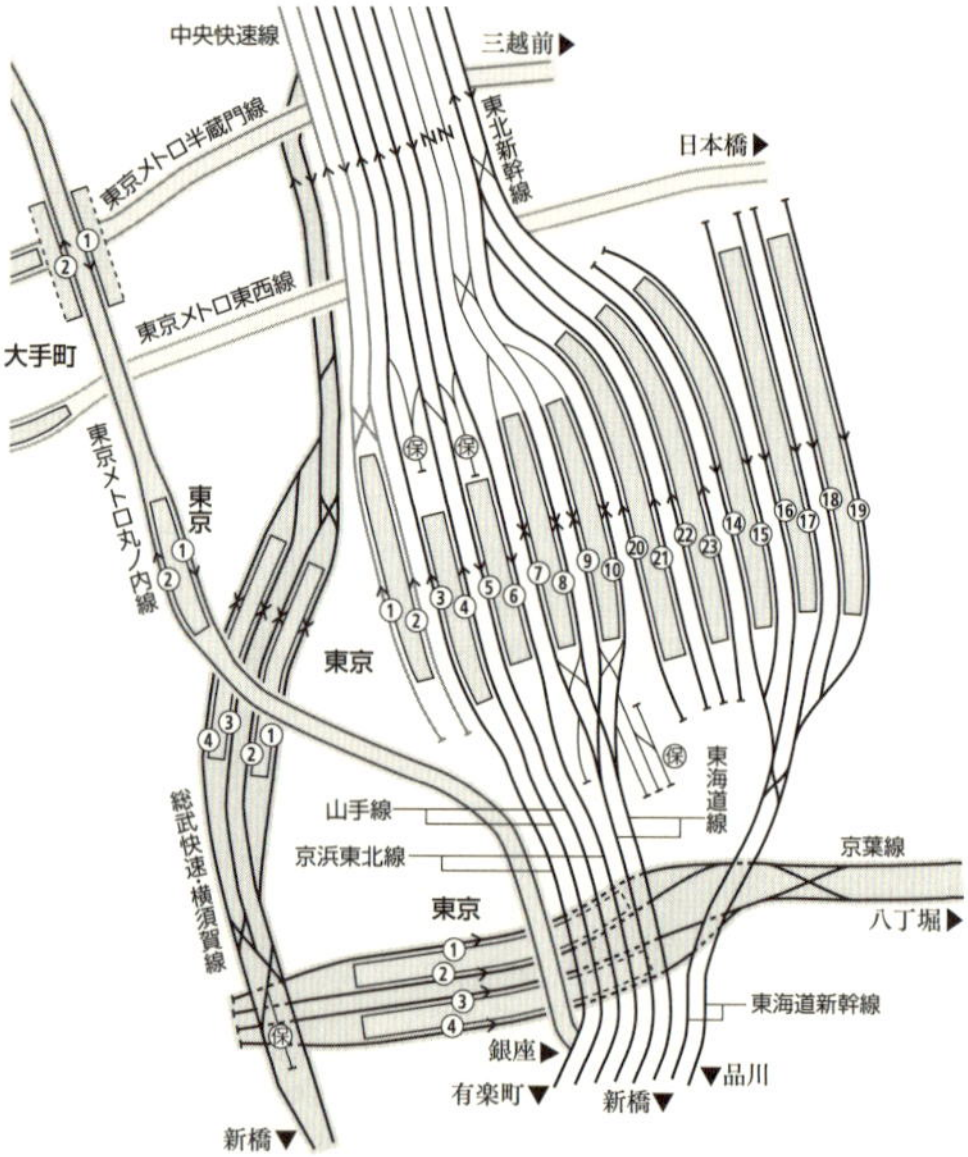

今後、グリーン車2両が連結され12両編成になる計画がある。このとき終端側の線路をそのままにしていると2分毎の折り返しはしにくくなる。さらに12両編成になると運転間隔が長くなる傾向にある。しかもグリーン車2両はモーターなしなので、いろいろ工夫をしないと2分間隔を維持できない恐れがある。このためグリーン車の連結開始時期は当初の予定よりもずっと後になってしまった。

一つの駅で両方向とも二股に路線が分岐している駅は立体交差をしなくてはならない

西武新宿線小平駅は新宿線と拝島線が分岐合流している。新宿線の下り線と拝島線の上り線は久米川・萩山寄りで平面交差をしている。典型的な交差支障を生じている配線だが、さほど過密運転をしていないので、交差支障による信号待ちはそれほどしない。

　小田急と千代田線とが分岐合流する代々木上原駅では両線とも過密運転をしているので、千代田線が地下に潜った地点で立体交差をして交差支障を避けている。

　しかし、両方向とも二股に分かれている駅で交差支障を避けるには、単純な立体交差ではすまない。西武有楽町線と東京メトロ有楽町線とが分岐合流をし、その反対側で東京メトロの有楽町線と副都心線が分岐している小竹向原駅では、和光市・練馬寄りでは単純な立体交差にしているが、反対側では線路を6線ならべて、かつ立体交差をしている。これによって交差支障はなくなり、いずれの方向でも同時進入、同時発車ができる。

　同様なことができるようにしているのが新幹線大宮駅である。現在は東北新幹線と上越新幹

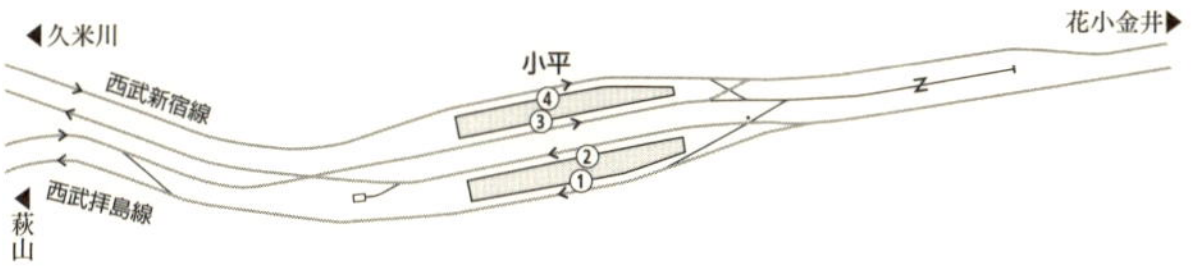

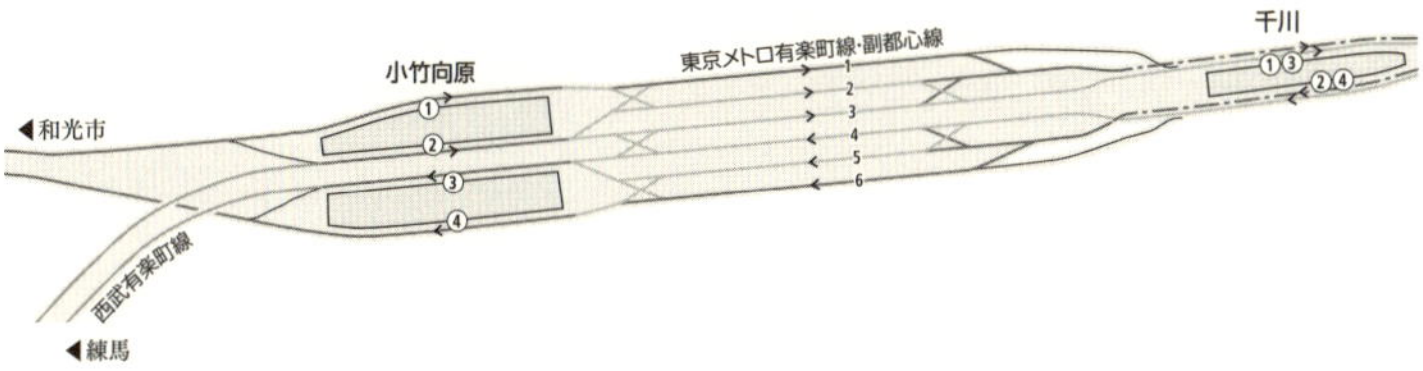

線が分岐合流しているだけなので、新青森・新潟寄りで単純な立体交差構造になっている。しかし、下り線を眺めてみると、上越新幹線と東北新幹線の間が広がっている個所があるのがわかる。

上越新幹線は新宿—大宮間がまだ開通していない。同区間が開通したとき、いずれの方向同士でも同時進入発車ができるようにするために、両線間を広げている。あらかじめ準備をしておかないと、後々立体交差にするには大変な工事になるからである。なお、上り線側は「イ」の個所で分岐する。これによって立体交差をしなくてすむよう

大宮駅付近の配線変更計画

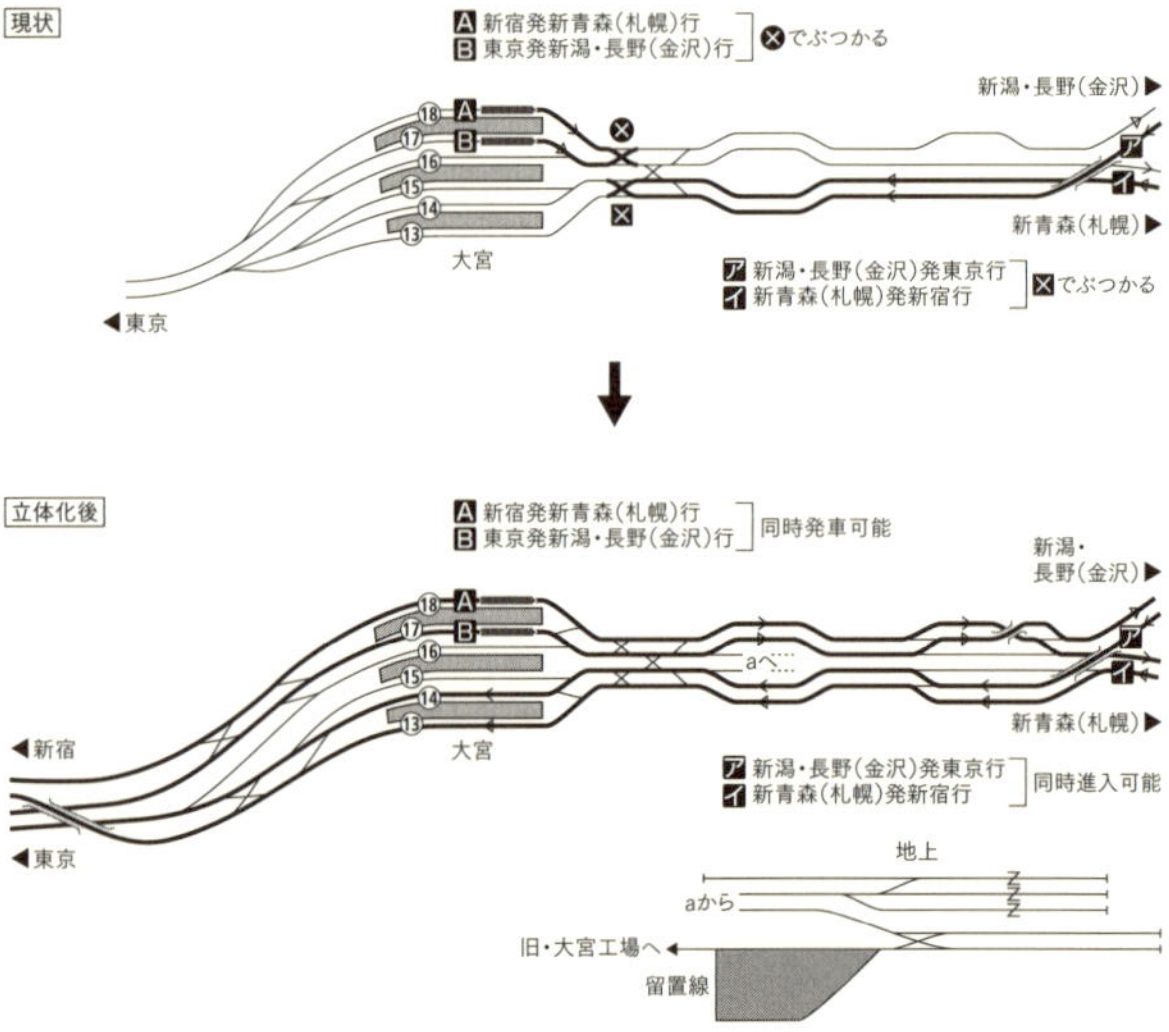

※白丸囲み数字は番線

にしている。

しかし、そこには埼玉新都市交通ニューシャトルが走っている。「イ」で分岐するときは、ニューシャトル用線路をさらに外側に移設し、現在ニューシャトルが走っている路盤は新幹線の路盤に転用する。

両側ホームは便利

両側ホームは首都圏では私鉄のターミナル駅でよく見かける。しかし、どういうわけかすべての発着折返線が両側にホームがあるわけでなく、いちばん端にある1線は片側しかないところが多い。また乗車ホームと降車ホームを分けているが、両方とも開け放しでずっと停車していることもある。京王線新宿駅の3番線は乗車ホームだが、新線新宿駅への階段は3番線にしかつながっておらず、そこへ向かう降車客が後部車両に非常に多い。ときおり乗車ホーム側から降りる客と乗車客とがトラブルになっている。

関西地区では南海高野線の難波駅で1線だけ片面にしかホームがないが、他の路線のターミナル駅ではほぼすべて両側ホームになっている。しかも乗降分離のホームで、朝ラッシュ時を除いて降車客がすべて降りてから扉を閉めて、乗車ホーム側の扉を開けている。

阪急の西宮北口駅では内側の発着線をはさんで両側ホームになっている。現在、阪神の甲子園駅は下り線だけ西宮北口駅と同様に両側ホームがある。これによって甲子園球場への野球観戦客がどっと降車していってもホームや階段が混乱しない。
同様に阪神の尼崎センタープール前駅では外側の上り線が両側ホームになっていて、尼崎競艇場の客が乗ってきても、降車客は降車用ホームから降りることができるので混雑やトラブルが起こりにくいようにしている。

極めつきは阪神の尼崎駅である。上下線それぞれ島式ホーム2面3線になっていて、内側は阪神なんば線電車が発着、外側と中央の線路は本線電車が発着する。

たとえば中央の2番線に梅田行本線普通が停車して両側の扉を開ける。1番線には尼崎始発の本線急行が停車している。そして3番線に阪神なんば線の近鉄奈良線直通近鉄奈良行快速急行が進入する。快速急行→本線急行への乗換客は2番線に停車している本線普通を通り抜けて乗る。いちいち階段を登り降りして別のホームに行く必要はない。平面移動で乗り換えることができる。これを車両通り抜け方式という。

車両通り抜け方式は昔から関西地区の各路線で行っているが、これだけ頻繁に行っているのは阪神の尼崎駅しかない。他に行っているのは近鉄の伊勢中川駅と南海の泉佐野駅、

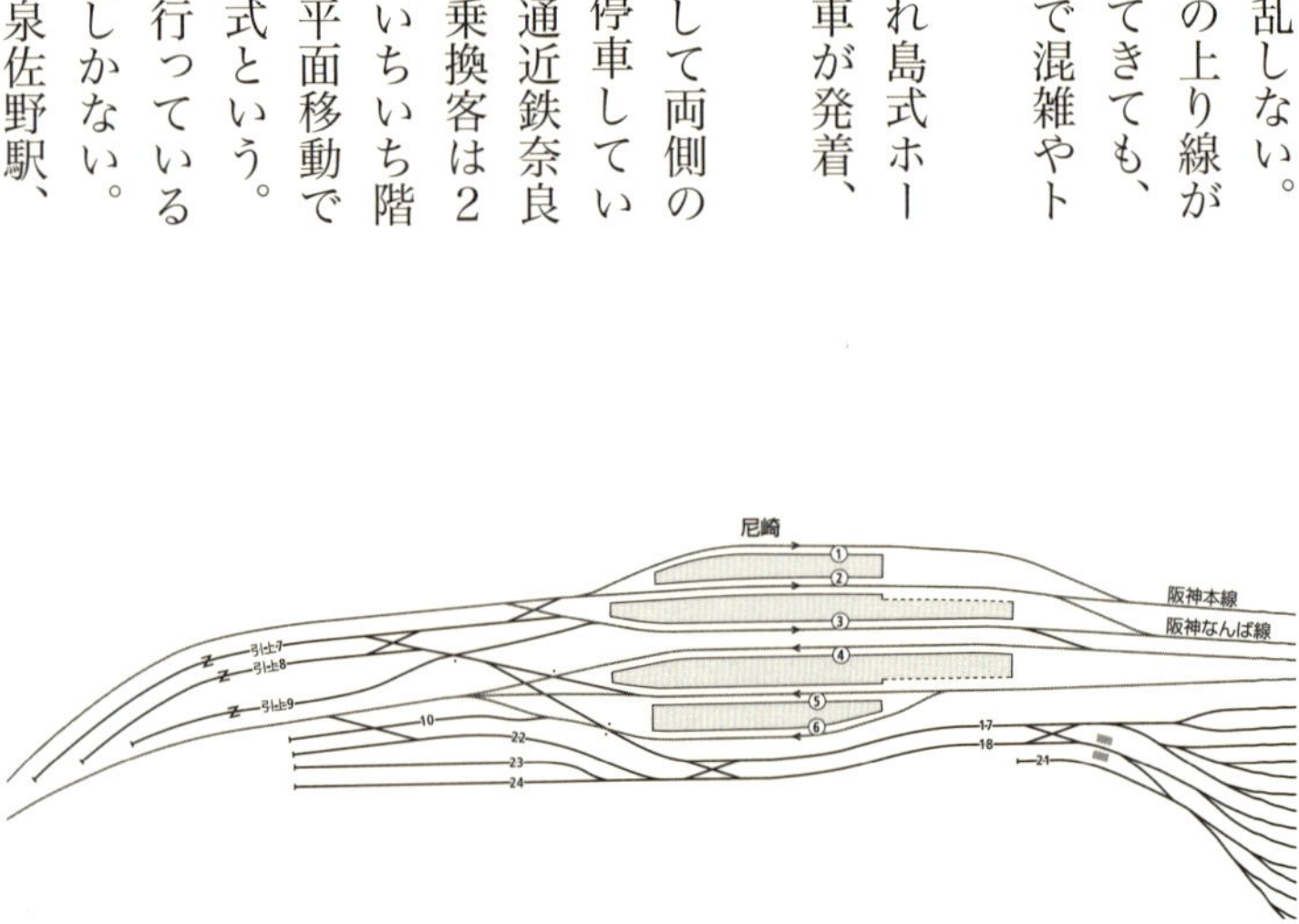

それに山陽電鉄の東二見駅である。

　東二見駅では通常の追い越しのための島式ホーム2面4線の1〜4番線のほかに4番線と5番線に挟まれた島式ホームがある。しかし、このホームは改札口から通じる階段がない。見た目には行くことができない。

　ところが行けるのである。4番線は両側にホームがある。ここに電車を停めて両側の扉を開ける車両通り抜け方式で行けるようにしている。5番線は車両交換のために車庫から出てきた電車が発車する。そして4番線に交換される電車が到着して両側の扉を開けるのである。

　二つの路線が乗り入れる駅では、車両通り抜け方式がなされると便利である。ただし両側の扉を開ける電車が空いていることが前提である。

　混雑する首都圏で両側ホームを設置すると迅速に乗り降りができる。それだけ停車時間が短くなる。扉の数が片側2枚に制限されている2階建電車で行えば扉の数が倍の4倍になる。

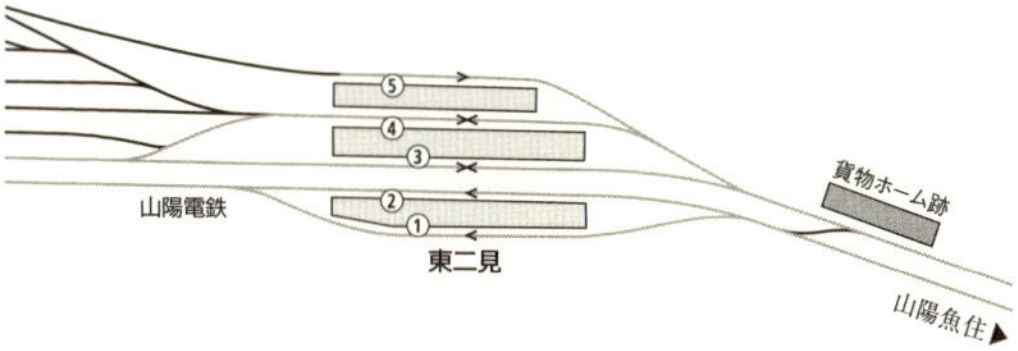

第五章　ホームドアが普及していないわけ

ホームドアとホームゲート

ホームからの転落事故を防ぐ最大の方法はホームドアを設置することである。現在はホームドアといえば乗降扉に面したところに可動ドアがある安全柵のことをいうようになったが、設置当初はホームの天井までカーテンウォール式にガラス壁が立っているものをホームドア、安全柵のものはホームゲートと呼んでいた。

もともとのホームドアは、転落すると逃げ場がない案内軌条式新交通システムのポートライナーに採用されたのが日本で最初である。

そしてホームゲートと呼ばれていた可動式ホーム柵は、東海道新幹線新横浜駅に1974年という早い時期に設置された。新横浜駅の内側のみの設置である。新横浜駅に全「のぞみ」が停車するようになる前は内側の線路を「のぞみ」や「ひかり」が約200km／hで通過していた。非常に危険だったために設置されたのである。

一般的なホームドア

可動式ホーム柵を設置する条件

総称としてホームドアになったが、採用率の一番高い可動式ホーム柵の設置すらなかなか進まない。その主な理由を述べてみる。

まず、車両の扉位置がすべて同じである必要があり、次にホームの停止位置に正確に自動で停止できることも重要だ。そしてホームが可動式ホーム柵の重さに耐えられることが条件で、さらにいまだに価格が高いことも大きなネックである。

可動柵が開いても、電車の扉の位置がずれたり、あるいは4扉車と3扉車があったりして可動柵と車両の扉がぴったりと合わないと、当然、乗降できない。

たとえば2扉の特急電車と3扉の中距離電車、そして4扉の通勤電車が同じ線路を走っていては設置できない。また、2扉の特急電車は扉の位置が統一されていないことが多い。中央本線の特急「あずさ」「かいじ」用と「スーパーあずさ」用では扉の位置が異なる。

天井まであるのが本来のホームドア

このため普及が進んでいるのは、ほぼすべて同じ車両で統一されている地下鉄や案内軌条式新交通システム、モノレールなどである。

そして運転士のミスでオーバーランなどをして停止位置がずれてしまうと、やはり乗降ができなくなってしまう。

そこで各駅のホームの停止位置に自動的に停止ができる、四章で述べたタスク装置を付けることが要求されている。もともと無人運転も可能なＡＴＯ（自動列車運転装置＝Automatic Train Operation）の駅停止部分の機能をするのがタスクである。

タスクの停止位置誤差は＋－３５０㎜となっている。このため扉幅の１３００㎜に前後３５０㎜ずつ加えた２ｍかそれ以上を、可動柵の幅にしている。

東京メトロではまず銀座線にタスクを導入した。銀座線で取り付けたのはまだホームドアがないころのことだが、銀座線の各駅のホームの長さに余裕がなく、運転士はゆっくりと駅に進入して停止位置を合わせていた。タスク装置の導入によって自動的に停車できるようになって、浅草―渋谷間の所要時間を2分短縮し、これによって運用車両数を減らすことができた。ただし溜池山王駅ができて1分＋α所要時間がかかるようになって元の所要時間に戻ってはいる。

現在、東京メトロの日比谷線では3扉中形車の8両編成から4扉大形車の7両編成に取替中である。すべてが4扉大形車になってからホームドアを設置する手はずになっている。このため東京メトロは日比谷線用に１３０００系、東武も日比谷線直通用に７００００系を登場させた。

さらに東西線では広幅の扉を装備している車両がある。これに対応するために可動柵も広くしたものを採用している。

ＪＲ西日本の大阪環状線では、快速用３扉転換クロスシート車と通勤形の４扉ロングシート車が入り交じって走っているが、同線にも可動柵式のホームドアを設置することになっている。首都圏では扉の数が多い通勤形に合わせているが、大阪環状線ではロングシート車の通勤形を３扉にした３２３系を登場させ、すべてを３扉に統一する。ただし、特急「くろしお」用２８７系は扉の位置がまったく異なるため、停車する西九条駅の２・３番ホームは通常タイプのホームドアを設置できない。

また、山手線や東急田園都市線で乗降時間の短縮のために６扉車が連結されていたが、ホームドアの設置のために全車４扉車に統一している。

可動柵は結構な重量であり、しかもホームの線路側端部に並べる。そうすると下に柱などがないホームの端部に重さがかかるというアンバランスな重量配分になり、ホームにひびが入る恐れがある。そこでホームを強化しなければならない。

このためホームドアの取り付け費用がかさんでしまい、設置が進まない。

制約を乗り越えるホームドアの開発

まず、ホームドアの軽量化対策として東急田園都市線のつきみ野駅に支柱間隔10ｍのロープ式ホームドアを試作設置した。支柱間に数十本のロープを取り付け、電車が到着するとロープを上昇させて乗降できるようにしたものである。支柱とロープだけなので軽量になりホームを強化する必要がないメリットがある。しかし、車掌から各車両の見通しが悪いという欠点が判明し、現在は使用していない。

次に相模鉄道の弥生台駅では、３本のパイプを昇降させる方式のホームドアを試作設置した。パイプ式によって軽量化できる。車掌からの各車両への見通しも少しはよくなった。これも試験的なもので1両分だけの長さでしか設置されていなかった。

試作ではなくＪＲ西日本が開発したロープ式ホームドアがある。それまでのホームドアの改良試作品はメーカーの開発だが、この方式は鉄道事業者のＪＲ西日本が開発したものである。

相鉄のパイプ式ホームドア

東急のロープ式ホームドア

パイプによる昇降バー式をロープに換えたもので、ロープの長さを変えることによって各種の車両の扉位置に対応でき、支柱間を長くしているために、少しくらい停止位置がずれても車両の扉の開閉は問題なくできる。このためタスク装置の設置は不要である。

まず大阪の桜島線桜島駅で試験運用をし、東海道本線摂津本山駅や京都駅1番線に設置した。

ロープがきちっと張られているのでたわみはないものの隙間ができる。その隙間は子どもでもすり抜けることができないようにしている。さらにすり抜けようとするとセンサーが働いて上昇あるいは下降を止め自動的にホームドアから離れるよう放送される。しかし、ホームにいる人のカバンやコートなどがロープの間を抜けて線路側に一瞬はみ出してもセンサーが感知して動作しなくなってしまう。

このため混んでいる大阪環状線などの駅のホームドアは通常タイプのものを設置し、混雑していないホームはロープ式にすることにした。

ＪＲ東日本の八高線拝島駅にはこれをパイプ式にしたもの

八高線拝島駅に試験設置されているパイプによる昇降式ホームドア

JR西日本のロープ式ホームドア

を試験設置している。これもいろいろな電車の扉位置に対応できるようにし、タスク装置も不要である。

さらに横浜線町田駅ではパイプなどによるフレーム構造のホームドアを設置した。ホームドアの開口部を広くしてタスク装置を不要にした。

しかし、軽量化するためにパイプとパイプの間が広く、意図的に線路内に進入しようとする人は簡単にすり抜けられる心配があるし、隙間にカバンやコートがはみ出してしまう可能性も高い。

これらロープやパイプの隙間を強度がそれなりにある布等で塞ぐ方法もあろうが、まだ、このようなホームドアは試作もなされていない。

このように、パイプ式やロープ式は隙間ができるという欠点がある。

京急の「どこでもドア®」式は格納板そのものを移動させる方式だが、これは重たくなるという欠点がある。

一番いいのは通常の板式で伸縮ができ、しかも軽量にすることだろうが、これはまだ試作されていない。

ホームドアの設置位置をもっと内側に下げる方法もある

いろいろと試作されているが、現状では通常タイプのホームドアが量産されていて価格も少しは下がっている。これを採用したほうが得策である。

近鉄奈良線と阪神なんば線・本線とは相互直通している。近鉄車は21m4扉車、阪神車は19m3扉車で各列車の乗車位置はまったくバラバラである。さらに山陽車も乗り入れている。山陽車は阪神と同じ19m3扉車だが、微妙に扉の位置がずれている。

このような路線ではホームドアの設置は絶望的かというとそうではない。東急は田園都市線宮前平駅に試験的にホームドアを設置している。当時は4扉車にまじって6扉車が連結されていた。これではホームドアは設置できないと思われるが、ホームドアの位置を線路側から1・5mほど内側にして対応した。ゲートの位置は4扉車に対応しているが、6扉車であってもホームドアと車両の扉が離れているから、乗る人は歩いて移動すればいいだけである。この方式はタスク装置がない新幹線でも行われている。

さらにホームの一番端に設置していないので、ホームドア設置のためにホームやそれを支える支柱等をさほど強化する必要はない。

問題はホームドアが閉まってしまいホームドアの外側、つまり線路側に人が取り残される心配があることと、幅が狭いホームで

東急田園都市線宮前平駅のホームドア

横浜線町田駅に試験設置された伸縮できるパイプ式ホームドア

は設置が難しいことである。

ホームドアを閉めて5秒程度経ってから電車の扉を閉めれば取り残されることは少ない。混んでいて乗り込むことができなくなってホームドアも電車の扉も閉まってしまうと取り残されてしまうが、線路側からは手動でホームドアを少し開けられるようにすればいいといえる。

また、幅の狭い駅では設置しづらいと思われようが、北陸新幹線の金沢駅などの島式ホームの端部の幅はかなり狭い。それでもホームドアを設置している。このため端部のホームの有効幅は1mほどしかないところもあり、かえって外側のほうが広くなっている。

そんな状況でもホームドアがあるので列車に接触する恐れがない。ホームドアがないホームにくらべるとかえって広く感じてしまう。幅が1mもないところでは無理なことだが、2mくらいあれば設置できる。

1mもないところでは昇降ロープ式にすればいい。こういった駅はもともと乗降客が少ない駅である。混んでいる駅ならばすでにホームを拡幅しているはずである。

北陸新幹線金沢駅のホームドア

ホームドアは停車時間が延びる傾向にある

全駅にホームドアの設置が完了した東京メトロ有楽町線の車掌が乗務する小竹向原―新木場間の所要時間は閑散時で38分になっている。しかし、設置前の所要時間は37分だった。

電車が駅に停車するとホームドアが先に開き、発車するときはホームドアが最後に閉まる。それを車掌が確認してから、運転士への発車ＯＫのブザーを押す。ホームドアがなかったときにくらべると5～10秒ほど時間がかかっている。

山手線も大半の駅でホームドアが設置されるようになった。1周の所要時間は時間帯によって異なるが、時刻表に記載されている初電で見る限りでは、ホームドア設置後は外回りが3分、内回りが1分遅くなっている。おそらくホームドアの設置で1分程度遅くなったと思われる。

現在、山手線の新宿駅などはまだホームドアが設置されていない。理由ははっきり説明されていないが、新宿駅の山手線ホームに設置するとホームドアの開閉確認も含めて10秒程度停車時間が延びることを問題にしているように思える。

新宿駅で停車時間が10秒延びると運転間隔が2分30秒から2分40秒になり、輸送力が落ちてしまう。一番混雑してホーム転落事故の恐れがある新宿駅が一番ホームドアの設置が必要なのに、一番設置しにくい駅も新宿駅なのである。

ただし、山手線の混雑率は減少傾向にあるので停車時間を50秒から40秒に短縮してもいいかもしれない。さらに2分30秒間隔になったときの設定は103系によるものだった。103系の加速度は2・0km／h／secでそのぶん電車の発車時間がかかる。最新の山手線車両のE235系の加速度は3・0km／h／secとなったから、停車時間が1分になったとしても運転間隔を2分30秒にすることができよう。加速度が高くなれば1周の所要時間を元に戻すことも充分可能である。

JR西日本はクロスシートがお好き

ホームのベンチをクロスシートにしている駅が増えている。車両のクロスシートは景色を楽しむためのものだが、ホームでは従来の線路に向いたベンチシートのほうが通過する電車をじっくりと眺められる。別に駅のベンチをクロスシートにする必要はないように思える。

では、何故クロスシートにしたかというと、乗客の行動を解析すると、ベンチに座って寝込んでしまったときなどに、電車がホームに進入する直前に、ベンチから立

ホームが狭い駅は１人掛け

JR西日本のクロスシートのベンチ

ちあがってふらつきながらまっすぐ進む傾向にあることがわかった。そうするとホームから線路に転落してしまって痛ましい事故が起こってしまう。

クロスシートにすれば、まっすぐ歩いても線路には落ちない。そこで駅のベンチをクロスシートにしたところ、乗客の転落事故がほとんど起こらなくなったのである。

狭いホームでクロスシートにすると歩くのに邪魔になる。そんな駅では線路に背を向けたベンチシートを設置してみた。

しかし、こうなるとホーム背面にある壁ばかり見ることになり、しかも電車に乗るときは立ちあがって向きを変えなくてはならない。そういったことから、非常に評判が悪かった。そこで狭いホームでは1人掛けのクロスシートのベンチに取り替え、あるいは設置するようになった。

いずれにしてもクロスシートのベンチの設置によって、乗客のホームからの転落事故はかなり減ったという。首都圏でも京王線の笹塚駅がそうなっている。

京王線笹塚駅のクロスシート

第六章

流行の「通勤ライナー」を考察する

中途半端な東武ＴＪライナー、西武Ｓ－ＴＲＡＩＮ、京王ライナー

20ｍ４扉通勤形の座席をロングシートにもクロスシートにもできる座席によって、ラッシュ時に着席保証をする電車を東武と西武、京王が走らせている。

東武ではこの座席をマルチシートと呼び、東上線でＴＪライナーとして朝は最混雑時の前後の時間帯に上りで、夕ラッシュ時から夜間は30分毎に下りで走らせている。着席保証をする着席整理券の料金は３１０円だが、朝の上りで走るＴＪライナーに川越以遠から乗る場合は４１０円となっている。

西武と京王では座席に対しての名称はないが、Ｓ－ＴＲＡＩＮの列車名で東京メトロ有楽町線と相互直通し、平日早朝に上り1本、夕方以降に上下各3本を運転している。

所沢駅を発車し、西武線内の停車駅は保谷、石神井公園で、上りは乗車のみ、下りは降車のみ、東京メトロ有楽町線内の停車駅は、飯田橋、有楽町で豊洲が終点、上りは降車のみ、下りは乗車のみとなっている。指定席料金は５１０円である。

さらに土休日には東京メトロ副都心線、さらに東急東横線、みなとみらい線と西武秩父―元町・中華街間で直通運転をしている。副都心線の池袋駅は降車のみ、横浜駅とみなとみらい駅は元町・中華街行は降車のみ、西武秩父方面行は乗車のみとしている。料金は西武線内では距離に応じて３００円か５００円、副都心線と西武線の各駅相互間は７１０円、東横線、みなとみらい線と西武線の各駅相互間は１０６０円、３社間の利用は１０６０円もする。なお、小竹

向原駅では乗務員交替のために運転停車をする。

元町・中華街寄り先頭車の運転室後部扉間に簡易座席を中央に置いているとともに、車椅子やベビーカー用のスペースもある。簡易座席は高くしてあって子どもが窓からの景色を楽しめるようにしている。また、トイレも付いている。しかし、その分、座席定員が減っている。

京王ライナーは夜間20時台以降に京王八王子行毎時0分発、橋本行が毎時30分発でそれぞれ5本運転される。停車駅は府中または京王永山駅までノンストップ、以遠は準特急と同じ停車駅である。座席指定料金は400円、指定券を買わずに乗った場合は700円が徴収される。

これらは必ず座れるが、いずれも10両編成で定員はTJライナーが462人、S-TRAINが440人、京王ライナーが438人と少ない。

4扉車で扉間の座席定員は6人、そして幅が広い扉に面した部分は、座席指定時にはまったく無駄な空間になっている。ここに補助椅子を設置できる構造になっていればもっと多くの人が着席して利用できる。しかし、ロングシートにして通勤電車としても使用できるようにしているために、そのような補助椅子は設置できない。

ロングシート化して通勤用に使えるというが、通常の20m4扉車の扉間の座席定員は7人となっている。それなのにこれらは6人なので、1両当たりの座席定員は6人少ない。ただしロングシートにしたときも、肘かけによって二人分で区分できているので快適ではある。

首都圏では混雑が激しいから一人でも多く座ってもらうことが必要であり、それは着席保証時でも同じである。結局、中途半端で、指定料金も高すぎる。

近鉄が当初に採用した

このような4扉大形車でロングシートとクロスシートの両方に変化する車両は、近鉄がL／Cカーと称して、1996年に2610系の一部車両をロングにもクロスにもなるデュアルシートに取り換えた。

扉間はそれまで4人掛けボックスシート2組8人分が配置されていたのを、快適性を追求するために6人掛けのデュアルシートにしたのである。快適なクロスシートで走らせるのが基本だが、朝ラッシュ時には各駅の乗降時間を短縮するためにロングシートにする。それでも扉間6人掛けで一人当たりの掛け幅が広くなるので快適である。あくまでも乗降時間の短縮が目的であり、詰め込みをするのが目的ではない。

そして座席指定などの料金は取らずに、一般車両として長距離急行に主として使うために、その後の急行用として各路線に登場させた。

次にデュアルシートを採用したのはJR東日本の仙石線用車両である。山手線で使用していた205系を仙石線に転用したとき4両編成にしたが、その4両編成の石巻寄り先頭車1両をデュアルシートとした。仙石線ではこれを2WAYシートと称しており、全17編成のうち5編成に連結した。これもラッシュ時にロングシートにするのは迅速に乗り降りできるようにする

近鉄L／Cカー車内

ためであり、閑散時には松島などの観光客のためにクロスシートにして主として快速に使っている。やはり特別料金は取っていない。

仙石東北ラインの運転開始後は仙石線の快速運転は廃止になったために、2WAYシートは終日ロングシートに固定されている。

もっとも、L／Cカーの元祖は1972年に試作された旧形国電のクハ79-929号である。片開きの扉の間は8人掛けだったが、これを2人ずつ分割して回転させてクロスシートにした。大阪の片町線で使用されていたが、ほとんどクロスシートで走ることはなかった。

小田急のロマンスカーMSE車

割り切って専用車両による通勤ライナーにしたほうがいい

座席定員が少ないL／Cカーで着席保証のいわゆる通勤ライナーを走らせるのはクエスチョンマークがつく。やはり、座席数を多くした専用の車両を造るのがいい。

小田急ロマンスカーのなかのMSE車は東京メトロ千代田線に直通できる。10両編成で総定員は578人とTJライナーやS-TRAINよりも100人以上多い。しかも座席はリクライニングできて快適である。

ロマンスカーということでトイレやビールサーバー付きの売店が

ある。帰宅時に生ビールを一杯というのはありがたい。しかし売店のスペース分座席は減り、6＋4の10両編成の最先頭と最後部の先端が流線形になっている車両を、中間に連結しているため先頭車と同様にスペースを小さくする。それらのことを改善すればさらに座席数は40ほど増えて座席定員は618人になる。

通勤ライナー専用車両で一番定員が多いのはJR東日本の215系2階建電車である。10両編成の総定員は1010人、グリーン車が2両連結されているので、これを普通車にすれば1061人にもなる。

しかし、215系2階建電車は4人ボックス席になっている。一人乗車が多い通勤ライナーでは息苦しい。やはり最低でも転換クロスシートがほしいところである。転換クロスシートにすると2割ほど定員は減り850人程度になるが、これが理想的な定員制の通勤ライナーであろう。

天井が低い地下鉄に直通する通勤ライナーは2階建電車にするのは無理のように思えるが、地下線を走る京阪特急には2階電車が走っている。2階建部分の階上、階下とも天井はやや低くなっているものの、快適性は損なわれていない。

通勤ライナーは小田急がはじめた

小田急ロマンスカーは元来、新宿―小田原間ノンストップ運転だった。ロマンスカーの車庫は相模大野駅にあったので、箱根湯本駅から新宿駅まで走った後は相模大野駅まで長距離回送をしていた。

通勤客の帰宅時間帯に回送のロマンスカーを走らせるのはもったいない。会社帰りの乗客を乗せてはどうかという意見が出てきた。そこで１９６７年に定期券でも特急料金を払えば利用可能にするように約款を改正し、回送ロマンスカーを町田駅に停車させて利用できるようにした。これが通勤ロマンスカーの誕生の発端である。

しかし、その前の１９６０年に近鉄は旧式特急車ながら特急料金さえ払えば定期券でも利用できる準特急の運転を開始した。準特急はすぐに乙特急と呼ばれるようになった。甲特急は名阪間ノンストップ特急のことである。ただし鶴橋駅は停車する。乙特急は上本町・名古屋―宇治山田間の主要駅に停車して朝から晩まで走っているので通勤客も大いに利用するようになった。

一方、国鉄は１９８４年に上野↓東大宮間で長距離回送をしていた特急「あさま」のうち２本を小田急と同様に通勤利用ができるようにした。

乗車整理券を３００円とし、１編成で２３２人の利用

小田急のロマンスカーLSE車

を可能にした。乗車する車両を制限するため、全閉していた扉のうち乗車可能車両だけ手動で扉を開けるようにした。予測では50人程度の利用しかないとしていたが、実際には毎日1編成で160人ほどが利用していた。そして列車愛称は「ホームライナー大宮」となった。

その後、総武快速線の東京↓津田沼間を皮切りに東海道本線、東北・高崎線、常磐線、横須賀線、中央・青梅線、さらに関西地区などの他地区でも走るようになった。

また、朝には各車庫から東京や上野などの各始発駅まで回送されるが、当初は通勤客が利用したあとに特急として走るのは清掃をしなくてはならないということで、ライナーとして走らせなかった。しかし、1989年に総武快速線で「おはようライナー」を走らせてから解禁となって各線に広がった。そしてJR化後ライナー専用の2階建電車の215系を登場させた。

名鉄は全車指定席特急のパノラマDX、続いて6両編成のうち2両を指定席車としたパノラマsuperを走らせるようになった。南海も本線では8両編成のうち4両（当初は2両）が指定席車の特急「サザン」、高野線では全車指定席車の極楽橋発着の特急「こうや」のほかに橋本発着の特急「りんかん」の運転を開始した。

一方、首都圏では西武が特急「レッドアロー」を通勤・帰宅時間に走らせ、東武の特急は元来、浅草—下今市間でノンストップだったのを主要駅に停車させて通勤・帰宅用に利用できるようにした。

京急は快特用2000形を使用して座席指定制のウィング号を夕夜間の下りに走らせるようになった。座席については快特と同じなので指定料金は200円にしていたが、現在は300

円になっている。また、朝の上りにはモーニング・ウィング号も走っている。これらは横浜駅を通過している。

京成はスカイライナー用車両によって全席座席指定のモーニングライナー、イブニングライナーを本線経由で走らせている。特急料金は410円で、スカイアクセス線を走るスカイライナーの1230円よりもはるかに安い。

大手私鉄ばかりではない。泉北高速鉄道では難波駅まで直通する特急「泉北ライナー」が走り始めた。南海の「りんかん」とほぼ同じ車両を用意し、停車駅は光明池、栂・美木多、泉ケ丘、天下茶屋、新今宮である。特急料金は510円である。

扱いやすい「リバティ」

東武東上線では前述のTJライナーを走らせるようになったが、伊勢崎線では分割併結可能な3両固定編成の特急「リバティ」を登場させ、浅草駅を6両編成で発車して春日部駅で分割して東武野田線の大宮方面と野田市方面の両方面に向かう特急「アーバンパークライナー」などを走らせるようになった。

「リバティ」は3両固定編成で通常は2本を連結して6両編成で走る。これを途中で分割して3両編成にして走らせる。需要が大きくない支線区などでは6両編成だと輸送力が過大になる。3両編成ならば需要に見合った輸送力にすることで運用しやすくなる。

野岩鉄道を走る東武特急「リバティ会津」

先述の「アーバンパークライナー」がそれである。このほかに野岩鉄道と会津鉄道に乗り入れている「リバティ会津」は浅草─下今市間は「リバティけごん」と併結し、下今市駅で分割して「リバティけごん」は東武日光駅へ、「リバティ会津」は会津鉄道の会津田島駅へ向かう。

それまでの「スペーシア」だと分割できないので片方が東武日光駅へ行く場合、2扉ボックス式セミクロスシート車の旧快速用の6050系と下今市駅で連絡するようにしていた。分割ができるようになれば、日光・鬼怒川の両方向に特急車両を走らせることができる。

このほかに「リバティりょうもう」は東武動物公園駅まで「リバティけごん」と併結運転をする。

併結運転を特急車同士だけとせず、一般車と連結する可能性もある。この場合2両編成にして、残りの4両を先述の6050系にした6両編成にしてもいい。

さらに地下鉄直通仕様で3両編成の「リバティ」を造って、これに通勤形車両7両を連結した10両編成にして東急田園都市線の中央林間駅と東武日光駅あるいは鬼怒川公園駅までを結ぶということもできる。

これらの方法はグリーン車的使い方である。これによって慢性的混雑の田園都市線で、らくらく通勤ができる手段が加わる。お年寄りや赤ちゃん連れ、車椅子利用をする人など通勤弱者にとって大きな福音になる。

京阪はよりデラックスなプレミアムカーを特急に連結するようになった

京阪も朝ラッシュ時の淀屋橋行に2本の全車座席指定のライナーを走らせ始めた。既存の特急用転換クロスシート車を使用するので料金は300円と安く設定している。ただし1編成のうち1両はプレミアムカーとして距離に応じて400円か500円と少し高くしている。

プレミアムカーはJRのグリーン車のような存在で、ライナーに連結されているほかに特急車の8両編成のうち1両をデラックス化した座席指定車両として連結されている。他の車両であっても快適な転換クロスシートなので、これよりももっと快適にしなければ利用されない。

そこで横1&2列にし、当然リクライニングシートにしている。そして大型スーツケース置き場を設置して海外旅行者の利用にも対応している。アテンダントを1人配置して検札と乗客サービスをする。ただし飲食物の販売はしない。京阪では乗客

京阪のプレミアムカー車内

が減ったことによる減収分をプレミアムカーで補おうともしているが、これくらいデラックスな車両にしないと座席指定車両として利用してもらえない。

なお、すべての特急には連結されておらず、大まかに3本に2本の割合で連結されている。運転開始が2017年8月と間もないが、結構利用されている。しかし、車両基地に屎尿《しにょう》処理設備がないためトイレがないのが玉にきずである。

京阪のプレミアムカーは、西武のS-TRAIN、東武のTJライナーの料金と同程度だが、設備や座席には雲泥の差がある。

関西の大手私鉄で座席指定制の有料電車が走っていないのは阪急と阪神である。阪神のほうはいずれ近鉄特急が乗り入れてくるだろう。そのときには阪神負担分として自社所属の有料特急車を造るかもしれない。

阪急も京都線に元特急車の6300系転換クロスシート車を横1&2列のボックスシート車に改造した「京とれいん」を土休日に快速特急として走らせている。これに京阪のようなプレミアムカーを連結するかもしれない。

今後、多くの私鉄でこういった着席保証の列車が走ることになろう。今後は混雑電車とらくらく通勤電車の2種が走る。らくらく通勤電車に乗るには、それなりの経済的負担が必要なのである。

グリーン車

普通列車にグリーン車が連結されているのは首都圏のほとんどの中距離電車のほかに、中央線の中央・青梅ライナー、名古屋圏の通勤ライナー、瀬戸大橋線のマリンライナー、博多発吉塚行の片道2本がある。

マリンライナーなどはさておき、首都圏の普通グリーン車は横須賀・総武快速線、常磐線中電、東北・高崎線、東海道本線で連結されている。

ずっと以前は平屋のグリーン車だったが、グリーン車利用のニーズが高いために2階建グリーン車にした。平屋の定員は64人だったが、2階建では90人と約1・4倍に増えた。

東北・高崎、横須賀、常磐の各線は15両編成のすべてが普通車だったのを2両のグリーン車を組み込んだために普通車は13両に減ってしまった。しかし、これに対しての苦情はほとんどなかった。それほどグリーン車のニーズが高いのである。

今後、中央快速線にもグリーン車が連結される。さすがに10両編成のうちの2両をグリーン車にすると普通車が非常に混んでしまう。そこでグリーン車2両を増結した12両編成にすることになっている。

さらに中央快速線用の通勤車両は大月駅までだったが、これを甲府駅まで走らせるという。この快速用編成は4両編成の普通車と、グリーン車2両が組み込まれた8両編成を連結した12両編成とし、このうちの8両編成が甲府駅まで通勤特快で走るという。通勤電車による過密ダイヤになっている朝ラッシュ時には、甲府→新宿間の特急を走らせることはできない。その代わりとしてグリーン車付きの甲府→東京間の通勤特快を走らせるというのである。

関西の京阪神地区を走る新快速は閑散時でも混んでいる。そのためグリーン車を連結してほしいという要望が多い。これを受けてグリーン車を連結する可能性はある。しかし、130km／h走行をしていることから、走行安定性をよくするために2階建電車ではなく平屋電車になると思われる。

普通車の多座席車の試作と椅子なし電車の登場

JR東日本は着席率向上のために、できるだけ座席を多くした2階建普通車を常磐線中電用に試作した。2階建部分の階上は、横2&3列のボックスシートを6組（階段寄り端部は2&2）とし座席定員は58人、階下は4人ボックスシートを8組と階段寄りを3人にした5人ボックスシートを1組として座席定員は37人、妻部の平屋部分の運転席後部側は4人ボックスシートと3人掛けロングシートを各1組、連結側は4人ボックスシートと3人掛けロングシートを各2組として座席定員は21人とした。総計で116の座席がある。

通常の運転室付き平屋車両の座席定員は62人だから、倍近い座席になっている。

ただし、乗車はいいとしても北千住駅や日暮里駅では降車に手間取ることが予想され、最混雑時間をはずした朝9時台に上野駅に到着する普通の一番混まない水戸寄りに連結していた。

しかし、結局は実用化できず２００５年に廃車になった。

これとは反対に朝ラッシュ時にはまったく椅子をなくし、さらに乗降時間を短縮するための６扉車をＪＲ東日本は登場させた。

その後、首都圏の私鉄各社もこういった多扉車や扉幅を広げたワイドドア車を登場させたが、ホームドア設置のために、ほとんどが改造もしくは廃車になってしまった。

現在走っているのは中央・総武緩行線の６扉車と東京メトロ東西線のワイドドア車、そして日比谷線の5扉車である。このうち残るのは東西線ワイドドア車だけで、他はいずれ廃車になってしまう。

なお、多扉車の元祖は京阪５０００系5扉車である。閑散時は5扉のうち2扉は扉上部に収納していた座席を降ろして座席定員を増やしている。製造開始は１９７０年、50年近くたっているが、整備が行きとどいており今でも古さを感じさせない。

第七章　混雑緩和に秘策はあるか？

これまで述べてきたように、混雑緩和策には、編成両数を増やす、広幅車両にする、運転間隔を短くできる新しい信号保安装置の採用、2つの線路で交互に発着する方法、停車時間が長いと運転間隔に影響することから停車時間を短くできる多扉車やワイドドア車の導入などがある。

しかし、編成両数は10両程度が限界、常磐快速線や中距離電車区間では15両編成があるが、信号機の間隔に制約されて運転間隔が延びてしまい、それほど輸送力を大きくできない。

信号保安方式の改善によって、東急田園都市線や京王線は1時間に30本の運転をしてもノロノロ運転はしなくてすむといわれていたが、現状では27本にしたとしても結局ノロノロ運転をしている。信号機を改善しても運転間隔短縮の効果はあまり大きくないのである。結局、遅延したときに早期に回復できるよう悠長性が大きくなっただけである。

交互発着を採用すればそれなりに効果はあるが、多くの駅が交互発着できるようにしないと運転間隔の短縮にはならない。

中央快速線では三鷹駅、中野駅、新宿駅などで交互発着をしているが、三鷹駅では高い速度で進入するものの、次の吉祥寺駅が交互発着していないために詰まってしまってすぐにノロノロ運転になる。

ノロノロ運転をしなくなるのは中野から先の東京駅までである。中野、新宿と連続で交互発着しているために中野駅の手前で急にスピードを出しはじめる。四ツ谷駅から先は交互発着をしていないが、もう空いてきているので停車時間は短く、あまりノロノロ運転にはならない。

ホームドアの設置によって多扉車の連結は結局中止になった。多扉車が連結されているのは中央・総武緩行線と東京メトロの日比谷線だけだが、早晩、これらの路線でもホームドアの設置によって廃止される。東京メトロ東西線で残っているワイドドア車については、これに対応したホームドアを採用しているから、今後も残る。

東急田園都市線では2017年夏に早朝出勤を奨励するために「時差Bizライナー」を期間限定で試験的に運転した。臨時特急で停車駅を長津田、あざみ野、溝の口として8日間走らせたが、所要時間の短縮は急行と比べてわずか2分であり、中央林間発が6時4分と余りにも早すぎて利用者は少なかった。結局定着することはなくパフォーマンスにすぎなかった。もう1時間遅くした7時0分台だとかなり利用されたであろう。京王線はそれを行っている。

まだまだある混雑緩和策

車両性能の向上

加速度を上げることで運転間隔を短くできることは別の章で述べた。しかし、これも阪神のジェット・カーの加速度4・5km／h／secが限度であろう。制御方式の一大転換で最近の通勤電車の加速度は3・0km／h／secになりつつある。

これを4・0km／h／secに上げればダイヤ上で5秒程度運転間隔を短くできる。というよりもホームドアの設置で停車時間が延びても、設置前の所要時間や運転間隔を維持できるようになる。

交互発着駅を拡大する

中央快速線が1時間に30本の運転をしているのは、新宿をはじめとする大きな駅で交互発着をしているからであることはすでに述べた。今後、京王線の明大前駅は連続立体交差事業で高架化される。このとき島式ホーム2面4線にして、交互発着を行う予定である。

京王線のノロノロ運転はかなり解消されるが、中央快速線では少しでも遅れると、それがすぐに他の電車に影響して各電車はノロノロ運転をする事態になってしまう。とくに武蔵小金井↓中野間では慢性的に起こっている。

これを解消するためには、1時間に30本走る武蔵小金井↓四ツ谷間にある全部の駅の上り線で交互発着ができる配線にすれば、ほぼ遅れはなくなる。他の輸送力増強策は遅れるとどうにもならなくなるが、全駅で交互発着ができるようになると、悠長性は非常に大きくなる。さらに言えば、駅に進入するはるか手前で交互発着の線路を振り分ける方法もある。これだと運転間隔を2分以下にすることもできよう。しかし、それを実現することはかなり難しい。

西武と阪神が行っている千鳥式運転をもっと大々的に採用する

西武と阪神は千鳥式運転によって一部の電車の一部の区間で運転間隔を1分程度にしている。これと同様なことを中央快速線で行えば、交互発着よりも費用をかけずに運転間隔を詰めることができる。三鷹↓中野間で快速の停車駅をA快速とB快速の2種類に分ける。そしてA快速は三鷹駅を出ると西荻窪、阿佐ヶ谷、中野の各駅に停める。B快速は三鷹駅を出ると、吉祥寺、荻窪、高円寺の各駅に停める。

この方法だと3分に2本の電車を走らせることができる。つまり1時間に40本の運転が可能なのである。問題は新宿駅から先は千鳥停車はできないし、東京駅での折返能力も足りない。そこで10本は新宿折返にするか、山手貨物線に入って大崎駅からりんかい線に直通してもいい。

三鷹─新宿間で千鳥停車をしても、同区間は複々線になっており緩行線があるから問題はないし、所要時間も2分程度短縮する。たった2分でも満員電車から解放される。とはいえ、この方法も遅延時の対応に悠長性がない恐れがある。

両側ホームの設置

線路の両側にホームを設置すれば乗降時間は短縮する。山手線の新宿駅の停車時間は50秒になっている。これが山手線の運転間隔を2分30秒以下にできない理由である。

それならば山手線の内外回り線の間に島式ホームを設置すればいい。そのスペースを捻出するためにあまり使われていない隣の11番線を下り中央快速線の発着線にして12番線を中央緩行線御茶ノ水方面とし、13番線を廃止してホームを設置するというようにずらして、山手線内外回りの間に島式ホームを設置する。

このホームは降車専用にして乗降分離をすれば、降りる人を待ってから乗るということをしなくていいために乗降時間を短くできる。結果、山手線内外回りと中央緩行線が両側ホームになる。ただし、山手線は中央緩行線との乗り換えがあるため、あまり効果的ではないが、それでも乗降時間を10秒程度は短縮でき、ホームドアの設置による運転間隔の延びを抑えることができる。

また、日暮里駅と上野駅の常磐線ホームを両側ホームにすれば、かつて試作した2階建普通車を大々的に走らせても、両側で4枚の扉を開けることができて乗降時間の延びを抑えることができる。

有効床面積を広げる

有効床面積を広げる試みは小田急やＪＲが行っている。といっても中間車で定員が８人増える程度である。

小田急ロマンスカーのように運転席を2階にすることも考えられる。これによって先頭車は10人ほど増える。しかし、これも微々たるものである。

鉄道総合技術研究所がまだ国鉄所属の鉄道技術研究所だった時代に、限界ぎりぎりに車幅と車高を広げた車体を試験的に造った。

これは限界といっても建築限界のことで、車体が周囲の建築物とぶつからないようにする限界である。建築限界とは別に車両限界がある。この試作車体の幅は３８００㎜で、定員は１９

３人にもなる。

　そして車高は４２００㎜にもなり充分2階建車両にできる。階段のない車体全通で2階建車両にしたとすれば定員は３８６人にもなる。しかし、こんな車体だと、少しでも揺れれば建築物にあたってしまう。造ってみてどんなものになるか確かめただけである。

　まったくの新線であれば、今の新幹線よりも幅広の電車を走らせることはできる。レール幅の１０６７㎜の狭軌線で車体幅２９５０㎜が可能ならば、レール幅の１４３５㎜の標準軌線では車体幅３９５０㎜は可能になる。今の新幹線電車の基本の幅は３３８０㎜だから６００㎜近く幅が広くなる。横３&３列のクロスシートを設置しても立席スペースを充分確保できる。

　横2&2&2の6列シートにしてもいいし、ホームを2段にして全通2階建車両だと10両編成で３５００人の座席定員となり、これを1時間に27本走らせるとすると、着席での輸送力は９万４５００人にもなる。

　このような広幅車両の製作やその運用、そして路線の建設はまったく経験がない。しかし、新幹線の車体幅は３３８０㎜で、これによる線路規格も定められている。これを通勤用にした新路線の建設はさほど難しくはない。

鉄道総研が試作した車体

そして造った経験がない2段ホームにしなくても、シートピッチが短い転換クロスシートにした2階建車両による10両編成の座席定員は1200人程度にはできる。1時間に27本走らせるとすると3万2400人にもなる。新たに通勤路線を造るのなら新幹線規格である。

田園都市線の混雑解消策

混んでいる東急田園都市線の混雑緩和をするには新線建設が最も効果的である。その場合は新幹線規格にして特別料金を徴収する。

建設区間は長津田—渋谷間とし、駅はあざみ野、溝の口の2駅だけにする。最近はシールド工法といって駅間はシールドマシンでくり抜くだけなので比較的費用は軽減される。一番お金がかかるのは駅の建設である。だから駅を減らせば必然的に建設費は安くなる。

特別料金をとるのは建設費の償還を早めるためである。その代わり全員着席を前提とした車両とダイヤにする。

満員電車から逃れたい人はお金を出して新線のほうを利用し、満員でもいいという人は現在の田園都市線を利用すればいい。しかも新線の建設によって既存の田園都市線の混雑率は下がる。

同様なことは東京メトロの東西線にもいえる。田園都市線の線増線を渋谷駅から西船橋駅まで延伸すればいい。

中央線でかねてから計画されている京葉線東京駅から四ツ谷駅、新宿駅を通って三鷹駅まで延びる新線も特別料金付きでしか乗れない列車だけを走らせる。こちらは新幹線規格にせず、在来線規格にするほうがいい。特急「あずさ」「かいじ」もこちらの路線を走らせる計画があるからである。

この計画では三鷹駅から立川駅まで複々線化をし、京葉線とも相互直通をする。さらに新木場駅から市川塩浜駅まで複々線にし、市川塩浜駅から船橋駅、津田沼駅を経由して総武快速線に接続する。これらができたとき特別料金をとる列車しか走らせないようにする。こうすれば建設費の償還は早期に終わらせることができる。

もう一つ、混んでいる路線として総武緩行線の錦糸町→両国間がある。御茶ノ水駅を経て新宿方面に向かう乗客によって混むのだから、立体交差で上り快速線から上り緩行線に転線できるようにする。単線の立体交差線とすれば、比較的工事費は安い。それでも費用がかかるとすれば、やはり特別料金をとる列車を走らせることで建設費を償還すればいい。

それには特急「あずさ」「かいじ」を千葉駅始発にするか、特急「成田エクスプレス」を八王子行にするかである。

2階建特別車を連結する

お金で快適通勤ができる方法として通勤ライナーやグリーン車の連結がある。しかし、グリーン車は別にして朝の最混雑時間帯にライナーを走らせるのは抵抗がある。ライナーのために輸送力が落ちるからである。

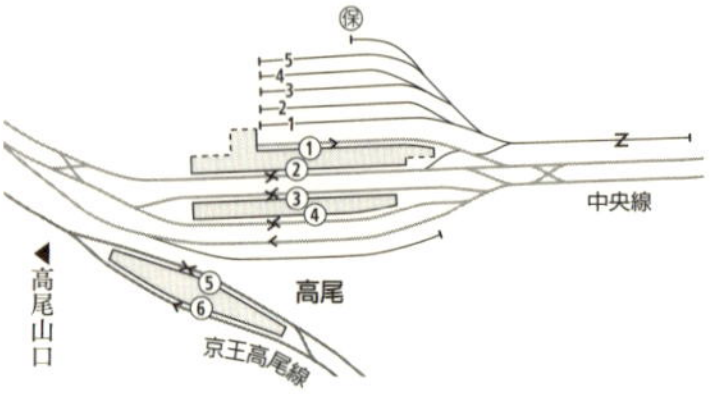

これを解決するためには現行10両編成の最後部に1両の特別車を連結するのである。増結した1両はホームからはみ出すが、定員が少ない特別車であれば連結側に扉を1枚設置するだけで事足りる。10両用ホームは最低でも10mの余裕を持たせているから、扉部分はホームからはみ出すことはない。

そして車掌室を連結側に設置する。特別料金はICカードで決済や座席指定を行えるようにし、一般車と連結している扉の部分にICカードをかざして乗車する。ターミナル駅では特別車の扉と貫通路を通り抜けて他の一般車から降りることもできるようにする。

これだとホームを延伸する必要はない。しかし、ホームぎりぎりのところに折返用のポイントがあったり、引上線を使っての折り返しは引上線を延伸したりしなくてはならないし、車庫も11両編成が収容できるように延ばす必要がある。

特別車を連結した11両編成を比較的費用をかけないで走らせる路線としては京王線がある。終点新宿駅の折返用のシーサスポイントはずいぶん手前にあるため、11両編成の折り返しはなにもしなくても可能である。ただし信号関係は移設する必要が

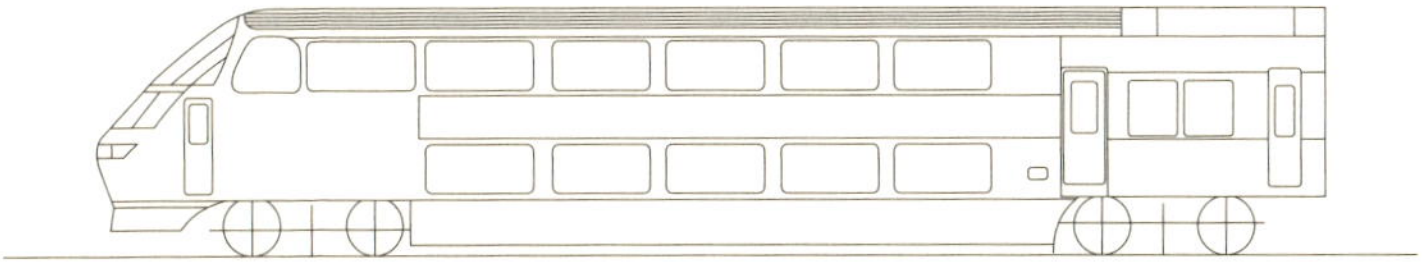

2階建特別車のイメージ（著者作成）

ある。

　反対側の京王八王子駅や橋本駅では難しいし、高尾山口駅も同様である。しかし、高尾駅では高尾山口側に連結している特別車をはみ出して停まっても折り返しはできる。ただし折り返しができるのは上り線側の5番線である。そして2階建車両にすれば定員増は100人確保できる。運転室側に扉がないから、こちら側の階段は不要であり、運転室の上まで階上席を設置できる。ただし階下は台車があるからそこまではできない。

　5000系による定員乗車は朝ラッシュ時には走らせにくいが、この方法で特急を走らせても不満は出ない。そして明大前駅では特別車の扉も開けて降車を可能にする。そのために連結側に車掌室を置くのである。

　車庫などの留置線を延伸する必要をなくすためには、特別車付きの3両編成に既存の8両編成を連結した11両編成であれば、入庫時に分割して留置線に収容すればいい。他の路線でも少し工夫をすれば同様なことはできるだろう。

　満員電車を避けて着席通勤をすることは結局、金次第である。混雑緩和のために新線や線増線を造るにしても、その償還は乗客から特別料金をとることで早めることができる。やはりこれも金次第ということである。運賃と同じくらいの料金をとるということは、今後、少子高齢化の波が来るであろう東京圏で、赤字を避ける手段として定着することになろう。

エピローグ

利便性向上・混雑緩和のジレンマ

各社の努力で電車の混雑は減ってきた

混雑緩和のための対策は、もう何年も前から国や鉄道各社がいろいろと努力し、工夫を重ね、切磋琢磨して行ってきた。しかも混雑緩和は一朝一夕にはできない。相当な時間と労力が必要なのである。

緩和するのに一番効果的なのは複々線にすることである。首都圏の国鉄は五方面作戦と称して複々線化を行った。五方面とは東海道・横須賀線、中央線、東北・高崎線、常磐線、総武線である。

私鉄も複々線化を行った。東急は東横線の田園調布―日吉間と田園都市線の二子玉川―溝の口間、小田急は梅ヶ丘―和泉多摩川間、京王は新宿―笹塚間、西武は池袋線の練馬―石神井公園間、東武は東上線の和光市―志木間、伊勢崎線の押上―曳舟間と北千住―北越谷間、京成は青砥―京成高砂間である。

私鉄の複々線区間はすべて方向別といって、急行線と緩行線が同じホームに停車する。これによって優等列車と各停との乗り換えが簡単にできる。JRは国鉄時代に早期に複々線化をするために緩行線の上下複線と快速線の上下複線をならべる線路別にした。別のホームになっているので優等列車と各停との乗り換えは面倒である。山陽本線の新長田―西明石間も線路別複々線になっている。

ほとんどの複々線区間では緩急分離を行っているが、2018年春に代々木上原―和泉多摩川間の複々線化が完了する小田急では準急と通勤準急は緩行線を走る。それだけではなく朝ラッシュ時に走る通勤準急は成城学園前駅で各停を追い抜く。このとき急行線に転線して追い抜くことになっている。経堂駅でも追い抜くが、こちらは緩行線を2線にした島式ホームになっているために急行線に転線せずに追い抜く。夕ラッシュ時には下りの急行は経堂駅に停車しないが、その他の時間帯には停車する。このときには緩行線に転線する。さらに特急ロマンスカーが登戸駅で急行を追い抜くことがあり、この場合、上りの緩急分離の複線になっている向ヶ丘遊園―登戸間で急行は緩行線を走り、追い抜かれる。

ともあれ小田急の複々線化計画は第1段階で代々木上原―和泉多摩川間、第2段階で向ヶ丘遊園―新百合ヶ丘間となっているが、第1段階の代々木上原―和泉多摩川間がようやく2018年春に完成する。

計画が決定したのは1964年だから実に54年もかかっている。1964年に新入社員として満員の小田急の電車に乗り始めた人は、複々線になると楽になると期待したものの、定年はおろか、リタイアして15年以上たってようやく完成するのである。

国鉄であれば国の予算で次々と複々線化できたが、その国鉄も五方面作戦という大工事をしたために分割民営化されて消滅してしまった。私鉄では採算を度外視して工事をするわけにもいかないからこれだけかかってしまった。第2段階の複々線化については中止も含めて、大幅な見直しが必要かもしれない。

京王も新宿―つつじヶ丘間を複々線化することになっているが、笹塚―つつじヶ丘間はいまだに着工すらされていない。

実現させるには、特別料金をとれる快適な電車をもっと頻繁に運転して後払いで建設費を捻出することである。

便利になれば客が増え、これによる混雑緩和をすればまた客が増えるジレンマ

先述したように国鉄が五方面作戦で複々線化した。これで混雑が緩和されると期待されたが、快速と緩行を分離する複々線化では快速に乗客が集中するだけでなく、利用しやすくなったために沿線が開発されて、さらに輸送力を増強しなくてはならなくなる。そのためにはまたさらに費用がいる。

混雑緩和をやってもやっても乗客が増えるだけで赤字になるということで、国鉄は混雑緩和をすることから目をそむけた。中央線は三鷹―立川間も複々線化する予定だったが、それはついに実現しなかった。

また、御茶ノ水―三鷹間は緩急分離の複々線だが、中野以遠で快速は各駅に停車をして緩行

と所要時間は変わらない。中野—三鷹間が複々線化され、快速を荻窪駅と吉祥寺駅だけに停車させることになっていたのを、中野—三鷹間で緩行と同じ停車駅にした。これは有力者が多い高円寺、阿佐ヶ谷、西荻窪の各駅の利用者が反対したのが大きな要因だが、快速がこれらの駅を通過して速くなると快速の乗客が増えて、また混雑緩和をしなくてはならなくなることを危惧して、これら各駅にも快速線のホームを設置して停めることにしたことも事実である。

つくばエクスプレスや東京臨海高速鉄道をＪＲが引き受けることなく第三セクター鉄道によって運営されることになったのも、開業後の輸送力増強策でいつまでたっても黒字にならないという危惧がそうさせたといえよう。事実、国鉄が最後に開通させた埼京線は東北新幹線を通す見返りとしてやむをえず造った路線である。結局、ＪＲになってからになるが、乗客が増えて輸送力増強に追われている。

むしろ混雑緩和をしないほうがいいかもしれない

東急田園都市線は当初、大井町—長津田間として開通した。その後、新玉川線ができて渋谷駅への所要時間が短縮し、やがて大井町—二子玉川園間を大井町線として分離、続いて新玉川線と直通運転を開始して新玉川線を飲み込んで渋谷—長津田、さらには中央林間まで延伸して、渋谷—中央林間間を田園都市線とした。さらに渋谷駅で東京メトロ半蔵門線と相互直通をするとともに、副都心線に乗り換えれば新宿や池袋まで簡単に行けるようになった。

田園都市線沿線の宅地化で東急としては田園都市線の建設費のもとをとれたが、他の不動産会社による土地開発もなされ、それによって爆発的に田園都市線の乗降客が増えた。開発で他社は潤っても東急の収益にはならない。それなのに溝の口駅まで大井町線の電車が乗り入れたりする建設費は馬鹿にならない。さらに割引率が高い定期運賃の収入が多く、これでは建設費の償還もままならない。

いっそのこと田園都市線を造らなかったほうがよかったかもしれない。他線でも相互直通をしたり複々線化したりして便利になったものの、乗客が増えて、さらに輸送力増強に追われている。

田園都市線は、今後、乗客を増やさないどころか減らす方策を東急は考えているようである。青葉台駅周辺の再開発構想があったが、東急はこれを中止することを発表した。再開発によって魅力ある駅前になってしまうと青葉台周辺の人口が増えてさらに通勤客が集まってくる。今のままだとそれほど増えない。

また、南町田駅のアウトレットはリニューアル工事中だが、今後、準急などを南町田駅通過にしたり、優等列車の半数程度を中央林間発から長津田発に変更したりするという。そして後述する小田急の複々線化で田園都市線の利用客が減ることも狙っている。混雑率を下げるには不便にするしかない。少なくとも青葉台以西の乗客増を阻止したいと考えているようである。

小田急は2018年春に代々木上原―登戸間の複々線化が完了する。朝ラッシュ時に町田↓

新宿間で最大12分短縮して最速は37分になる。こうなると混んでいる田園都市線を使わずに小田急に切り替える人も出てくる。横浜線で長津田駅に出て田園都市線に乗り換えていた人が町田駅で小田急に乗り換えたり、あるいは江ノ島線の乗客が田園都市線に乗り換えずにそのまま小田急に乗り続けて都心に向かう。登戸駅でも南武線の稲田堤経由の京王線、あるいは武蔵溝ノ口経由の田園都市線を使っている人が、小田急に切り替えるだろう。多摩ニュータウンの住人も小田急利用が増える。結局、複々線化して便利で混雑が緩和されたとしても、10年後にはまた、混雑が深刻になるかもしれない。

２０１８年春からの小田急線では、複々線区間の朝ラッシュ時の上りは10分サイクルで快速急行2本、通勤急行1本、通勤準急1本、各停2本の計6本、1時間に36本が基本的に走るが、代々木上原↓新宿間では快速急行2本、通勤急行1本、各停1本の計4本、1時間に24本程度となり、現行の6分サイクルに優等列車1〜2本、各停1本の計25本にくらべると輸送力が減っている。とくに普通の運転本数が大きく減る。当面は代々木上原↓新宿間の輸送力増強が必要になる。

また、新百合ヶ丘↓向ヶ丘遊園間では1時間に30本近くの運転となってノロノロと走るようになるので、この解消策が必要になる。当面のやり方としては同区間の各駅を上り線だけ交互発着できるようにすることだが、それだけでも大変な工事になる。

便利にすると、また乗客が増えて輸送力増強に追われることになる。このため第2段階の登戸—新百合ヶ丘間の複々線化が要求されることになるだけでなく、新百合ヶ丘—相模大野間の複々線化をしなければ運びきれなくなる恐れもある。なお、町田―相模大野間の複々線化は相模大野駅付近ですでに準備ができている。

いずれにしても便利になれば乗客が増えて、さらに輸送力増強に追い込まれるということを地でいくことになるかもしれない。ということは、なにもしなかったほうがよかったということになる。

では、混雑率196%となっている東急田園都市線はどうだろう。現在、東京メトロ半蔵門線経由での中央林間駅から表参道駅までの朝ラッシュ時の所要時間は長津田駅での準急乗り換えで61分である。

複々線化後の小田急の中央林間駅から代々木上原駅までは朝ラッシュ時の快速急行で40分、代々木上原―表参道間の東京メトロ千代田線の所要時間は5分、計45分である。乗り換え時間を5分としても50分で小田急利用のほうが断然速い。

中央林間駅から表参道駅に行くのは小田急のほうが便利になる。また、小田急江ノ島線から田園都市線に乗り換えて表参道駅に行く人も減る。ただし、小田急快速急行は座れない。

仮に田園都市線中央林間↓半蔵門線表参道以遠間を利用していた人の2割が小田急利用に切り替えたとすると5000人の利用客が減る。そのうち30%がピーク時間帯の乗客だとすると池尻大橋↓渋谷間の輸送人員は3000人減る。

仮に平成26年度の輸送人員から3000人を引いて混雑率を計算すると189%に減少する。おそらく、もっと小田急利用に移行し、さらに下がるだろう。

東急としては輸送人員が減って減収になるが、もうこれ以上輸送力増強をしなくてもよくなるし、ラッシュ時の混雑をしのぐためにやむをえず二子玉川↓渋谷間各駅停車の準急にしていたのを急行に戻せる。乗客にとっても少しは余裕のある混雑になる。

つまり、なにもしなくても東急田園都市線は混雑が緩和する。国も補助をした小田急の複々線化で東急の混雑も緩くなる。とはいっても、田園都市線も小田急もその混雑が緩和しても、また乗客が集まり、もとの混雑に戻り、やはり混雑緩和策を講じなくてはならなくなる。結局はイタチごっこなのである。

なにもしなければ、東京は交通が不便なうえ電車は満員ということで、東京への一極集中はなかったとも考えられる。そして横浜や大阪も含めて、地方都市の鉄道の混雑緩和を優先していれば、政治や経済面でも地方に分散したままになっていたかもしれない。

今後、東京への一極集中を避け地方分散化を図るためには、東京の満員電車はそのままにして地方都市の鉄道整備に費用を投入するのが手っとり早いかもしれない。地方都市の土地の値段は安いから、鉄道の用地獲得費用も安くなる。こちらのほうが費用はさほどかからないといえよう。そういうことで地方都市の通勤電車状況も紹介した。

そうはいっても、東京都市圏では、いつまでたっても混雑電車から抜けられない。らくらく通勤ができるような方策は必要である。今の20m4扉の通勤形電車で全員が着席できる混雑率は36%、この車両でできるだけ多くの座席を配置した近鉄の急行用では67%になる。これくらいまで混雑を緩和する必要がある。しかし、ここまで緩和させるのは並大抵のことではない。結局全員着席して電車に乗ることができるには、それなりの費用を乗客も負担するしかない。その電車を利用することで、一般通勤電車も空いてくる。そして一般通勤電車の当面の混雑緩和の目標は130%台とすることが現実的である。

参考文献

『都市交通年報・各年度版』（運輸省地域交通局、運輸省運輸政策局または国土交通省総合政策局監修／運輸政策研究機構または運輸総合研究所）
『鉄道統計年報・各年度版』（運輸省地域交通局、運輸省鉄道局または国土交通省鉄道局監修／政府資料等普及調査会または電気車研究会）
『鉄道ピクトリアル・各号』（電気車研究会）
『普通列車編成両数表・各号』（交通新聞社）
『ＪＲ電車編成表・各号』（交通新聞社）
『ＪＲ気動車客車編成表・各号』（交通新聞社）
『私鉄車両編成表・各号』（交通新聞社）
『ＪＲ時刻表・各号』（交通新聞社）
『【図説】日本の鉄道　東海道ライン』各巻（川島令三編・著／講談社）
『【図説】日本の鉄道　中部ライン』各巻（川島令三編・著／講談社）
『【図説】日本の鉄道　山陽・山陰ライン』各巻（川島令三編・著／講談社）
『【図説】日本の鉄道　四国・九州ライン』各巻（川島令三編・著／講談社）
『【図説】日本の鉄道　東北ライン』各巻（川島令三編・著／講談社）
『【図説】日本の鉄道　北海道ライン』各巻（川島令三編・著／講談社）
『【図説】日本の鉄道　特別編成　京阪神スペシャル』（川島令三編・著／講談社）
『【図説】日本の鉄道　特別編成　首都近郊スペシャル』（川島令三編・著／講談社）
『【図説】日本の鉄道　特別編成　全国新幹線ライン』（川島令三編・著／講談社）
『【図説】日本の鉄道　鉄道配線大研究　乗る、撮る、未来を予測する』（川島令三著／講談社）

川島令三（かわしま・りょうぞう）

1950年、兵庫県に生まれる。鉄道アナリスト。芦屋高校鉄道研究会、東海大学鉄道研究会を経て鉄道図書刊行会に勤務、「鉄道ピクトリアル」「電気車の科学」を編集。 現在は「鉄道アナリスト」として執筆を中心に活動中。早稲田大学非常勤講師。

2009年にスタートした『【図説】日本の鉄道』シリーズ（講談社）では、日本全国の鉄道を全線乗車して、どこにも公開されていなかった鉄道配線図を紹介。全52巻で完結した。

他の著書には『全国鉄道事情大研究』シリーズ（草思社）、『新線鉄道計画徹底ガイド』シリーズ（山海堂）、『徹底チェック』車両シリーズ、『鉄道再生論』（以上、中央書院）、『日本の鉄道名所100を歩く』『鉄道カレンダー』『至高の名列車名路線の旅』（以上、講談社+α新書）、『〈図解〉日本三大都市　幻の鉄道計画』『〈図解〉日本三大都市　未完の鉄道路線』『〈図解〉超新説　全国未完成鉄道路線』（以上、講談社+α文庫）、『〈図解〉新説 全国寝台列車未来予想図』『【図説】日本 vs. ヨーロッパ「新幹線」戦争』『【図説】日本の鉄道　鉄道配線大研究　乗る、撮る、未来を予測する』（以上、講談社）などがある。

カバー、本文写真、配線図作成／川島令三
本文デザイン／野本 渉、今田 毅（DNPメディア・アート）
装丁／伊勢弥生（DNPメディア・アート）
編集協力／富田康裕

【図説】日本の鉄道
全国《ぜんこく》 通勤電車大解剖《つうきんでんしゃだいかいぼう》　満員電車《まんいんでんしゃ》を解消《かいしょう》することはできるのか？
2018年3月14日　第1刷発行

著者　川島令三《かわしまりょうぞう》

発行者　渡瀬昌彦
発行所　株式会社講談社
東京都文京区音羽2-12-21　〒112-8001
電話　編集 03-5395-3529
販売 03-5395-3606
業務 03-5395-3615

印刷所　大日本印刷株式会社
製本所　株式会社国宝社

定価はカバーに表示してあります。ISBN978-4-06-295183-8